C·H·Beck
PAPERBACK

Mit der alliierten Invasion begann die Befreiung Westeuropas von deutscher Besatzung. Gemeinsam mit der fast zeitgleich stattfindenden Operation *Bagration*, der entscheidenden Offensive der Roten Armee im Osten, besiegelte sie das Schicksal des Dritten Reiches. Am Abend des *D-Day* hatten die amerikanischen, kanadischen und britischen Truppen einen ersten Brückenkopf im besetzten Frankreich gesichert. Mitte September standen alliierte Soldaten an der Reichsgrenze. Peter Lieb blendet in die deutschen Widerstandsnester an den Stränden der Normandie ebenso wie in die alliierten Landungsboote, schildert die mühsamen Materialschlachten der ersten Wochen sowie den rasanten Vormarsch nach dem Zusammenbruch des deutschen Widerstands und fragt nach den Reaktionen der französischen Bevölkerung. Dabei verbindet er den „Feldherrenblick" von oben mit den Kampferfahrungen der einzelnen Soldaten und bettet das Geschehen in die strategischen Rahmenbedingungen des Zweiten Weltkriegs sowie die deutsche Besatzungspolitik in Frankreich ein.

Peter Lieb war bis 2015 Senior Lecturer im Department of War Studies an der Royal Military Academy Sandhurst. Danach wechselte er als Wissenschaftler ans Zentrum für Militärgeschichte und Sozialwissenschaften der Bundeswehr in Potsdam. Derzeit ist er Referent im Bundesministerium der Verteidigung. Er ist einer der führenden Experten für die Geschichte des besetzten Frankreichs und der Wehrmacht im Zweiten Weltkrieg.

Peter Lieb

# Unternehmen Overlord

## Die Invasion in der Normandie und die Befreiung Westeuropas

C.H.Beck

Für Magdalena, Franziska und Xaver

1. Auflage. 2014
2., durchgesehene Auflage. 2014

Mit 13 Bildern, 5 Karten und 4 Schaubildern

3. Auflage 2022


www.chbeck.de
Satz, Druck u. Bindung: Druckerei C.H.Beck, Nördlingen
Umschlagabbildung: Britische Commandos der 1st Special Service Brigade und Panzer der 13th/18th Royal Hussars am Sword Beach, Sector Queen Red © J. L. Evans/IWM
Umschlagentwurf: Kunst oder Reklame, München
Printed in Germany
ISBN 978 3 406 66071 9

myclimate

klimaneutral produziert
www.chbeck.de/nachhaltig

**Inhalt**

**1. Prolog: Zwei Gefechte in einer gigantischen Schlacht**

**1.1.** Das Widerstandsnest 62 am Omaha Beach, 6. Juni 1944 ··· **7**

**1.2.** Das 5th Battalion der Duke of Cornwall's Light Infantry an der Höhe 112, 10./11. Juli 1944 ··· **12**

**2. Strategie: Der Westen 1940–1943**

**2.1.** Deutsche Besatzungspolitik in Frankreich ··· **19**

**2.2.** Vichy-Frankreich und die Résistance ··· **28**

**2.3.** Die Alliierten: Mittelmeer oder Westeuropa? ··· **35**

**3. Planung: Vorbereitungen auf die Landung**

**3.1.** Die deutsche Seite ··· **46**

**3.2.** Die alliierte Seite ··· **57**

**4. Operation Neptune: Der D-Day, 6. Juni 1944**

**4.1.** Die Luftlandungen ··· **68**

**4.2.** Die amphibischen Operationen ··· **75**

**5. Normandieschlacht I: Krieg von „oben"**

**5.1.** Die Briten und Kanadier in den Kämpfen um Caen ··· **90**

**5.2.** Die Amerikaner in den Kämpfen auf der Cotentin-Halbinsel und um St. Lô ··· **102**

**5.3.** Die deutschen Gegenmaßnahmen ··· **112**

**6. Normandieschlacht II: Krieg von „unten"**

**6.1.** Die Soldaten, ihre Mentalität und die Realität des Krieges ··· **126**

**6.2.** „Dreckiger Krieg":
Die Ermordung von Kriegsgefangenen ··· **135**

**6.3.** Zwischen den Fronten:
Die französische Zivilbevölkerung ··· **144**

**7. Befreiung: Frankreich im Sommer 1944**
**7.1.** Der Zusammenbruch der Normandiefront und die Befreiung von Paris ··· **155**
**7.2.** „Anvil-Dragoon“: Die Landungen in Südfrankreich ··· **163**
**7.3.** Der französische Widerstand und seine Bekämpfung ··· **171**
**7.4.** Ein innerlich zerrissenes Land: Frankreich nach dem Bürgerkrieg und der Befreiung ··· **184**

**8. Stillstand: Herbst 1944**
**8.1.** Market Garden: Das Luftlandeunternehmen bei Arnheim ··· **193**
**8.2.** Die Kämpfe an der Reichsgrenze ··· **198**
**8.3.** Die Ardennenoffensive ··· **205**

**9. Erbe und Mythos einer Schlacht** ··· 211

**Deutsche und alliierte Stellenbesetzungen 1944** ··· 220

**Zeittafel** ··· 224

**Anmerkungen** ··· 229

**Weiterführende Literatur** ··· 243

**Danksagung** ··· 247

**Bildnachweis** ··· 249

**Personenregister** ··· 251

## 1. Prolog
## Zwei Gefechte in einer gigantischen Schlacht

### 1.1. Das Widerstandsnest 62 am Omaha Beach, 6. Juni 1944

„Herr Unteroffizier, Leutnant Bauch will Sie sprechen!" Verschlafen nahm Unteroffizier Förster dem Gefreiten den Hörer ab. Noch bevor er etwas sagen konnte, tönte es ruhig vom anderen Ende der Leitung: „Die Armee hat Alarmstufe II befohlen. Sie wissen, was das für Ihr Widerstandsnest heißt." Förster wusste natürlich, was sein Kompaniechef Bauch meinte. Es war die höchste Alarmstufe. In den letzten Wochen hatte es allerdings bereits mehrmals falschen Alarm gegeben. Ob nun dieses Mal wirklich die lang erwartete Landung der Briten und Amerikaner in Frankreich kurz bevorstand? Zweifel schienen angebracht, denn das Wetter war schlecht. Es war bewölkt, manchmal fielen sogar ein paar Tropfen Regen. Bauch konnte auch nichts Genaueres zur Feindlage sagen. Feindliche Bomberströme flogen zwar am Himmel, aber auch das war seit Wochen ein gewohntes Spektakel. In Abwesenheit des eigentlichen Kommandanten, Leutnant Claus, sowie seines Stellvertreters befahl Förster den gut 20 Mann im Widerstandsnest 62 ihre Stellungen zu beziehen. Sie gehörten zur 3. Kompanie des Grenadier Regiments 726. In der nächsten Stunde erschien auch der Chef der 1. Batterie des Artillerie Regiments 352, Oberleutnant Bernhard Frerking, mit einem Vorgeschobenen Beobachter (VB) seiner Batterie sowie dem dazu gehörigen Trupp. Der VB sollte bei einer feindlichen Landung das Artilleriefeuer am Strand leiten. Insgesamt waren nun 31 Mann im Widerstandsnest 62.

Dieses Widerstandsnest 62 war eine imposante Bunkeranlage, hier am Plage d'Or in der Normandie. Maschinengewehrstellungen, Granatwerfer, zwei 50 mm Panzerabwehrkanonen sowie vor allem zwei tschechische 75 mm Geschütze in massiven Kasematten bildeten sein Waffenarsenal. Umgeben war die Anlage von hunderten Metern Stacheldraht, einem Panzergraben, Minenfeldern sowie vor allem Stahl- und Betonhindernissen am

Strand 100 Meter weiter unten. Vor wenigen Monaten, am 29. Januar 1944, war sogar Generalfeldmarschall Erwin Rommel zur Inspektion da gewesen, hatte sich aber über den Zustand der Verteidigungsanlagen sehr unzufrieden gezeigt. In den folgenden Wochen waren die Befestigungen zwar in aller Eile stark verbessert worden, doch fertig waren sie an jenem 6. Juni noch nicht. Auch der Kompaniechef war erst vor sechs Wochen ausgetauscht worden. Leutnant Edmond Bauch, der Ostfront-Veteran, hatte Hauptmann Ottemeyer abgelöst. Ottemeyer war zwar ein hoch dekorierter Offizier aus dem Ersten Weltkrieg gewesen, hatte jedoch hier in der Normandie über all die Besatzungsjahre kaum mehr Energie und Tatkraft versprüht.

Entlang der französischen Küste hatten die Deutschen mithilfe der Organisation Todt den „Atlantikwall" mit hunderten solcher Widerstandsnester angelegt. An dem sechs Kilometer langen und landschaftlich sehr reizvollen Plage d'Or gab es 14 solcher Anlagen verschiedenster Größe, durchnummeriert von 60 bis 73. Das Widerstandsnest 62 war das stärkste. 600 Meter weiter rechts lag auf einer Höhe das Widerstandsnest 60, das den östlichen Abschluss des Strandes bildete. Nur etwa 200 Meter entfernt, rechts vorne im Taleinschnitt und direkt am Strand, lag das Widerstandsnest 61 mit einer gefürchteten „Acht-Acht". Diese 8,8 cm Flak konnte fast den gesamten Strand entlang Ziele direkt bekämpfen. Durch die Talsenke führte eine kleine Straße 800 Meter landeinwärts zum Dorf Colleville-sur-Mer, wo Leutnant Bauch im Widerstandsnest 63 seinen Gefechtsstand hatte. Obwohl es sich in diesem Gelände eigentlich angeboten hätte, lagen auf dem gegenüberliegenden Talhang keine deutschen Stellungen. Personalmangel zwang zur Improvisation. Alle Widerstandsnester waren personell weit unter ihrer eigentlichen Stärke besetzt und zudem oft mit Beutewaffen ausgerüstet.

Die Männer des Widerstandsnests 62 standen nun in ihren ausgebauten Stellungen und warteten. In der Dunkelheit war nichts zu sehen, ruhig lag das Meer vor ihnen. Doch dann im Morgengrauen tauchten viele kleine Punkte am Horizont auf. Zunächst ganz klein, dann immer deutlicher. Es waren zweifellos feindliche Schiffe. Um kurz vor 5 Uhr begann dann das

Inferno. Feindliche Schiffsartillerie ließ einen halbstündigen Hagel auf die deutschen Verteidigungsstellungen niedergehen. Steine, Erdreich und Staub wirbelten durch die Luft, wie es selbst die kampferfahrenen Veteranen von der Ostfront noch nie erlebt hatten. Die Granateneinschläge erschütterten selbst die massivsten Bunkeranlagen im Widerstandsnest 62. Zwischendurch flog ein riesiger Strom von amerikanischen B-24 Bombern über den Strand hinweg, doch ihre Bomben verfehlten das Ziel und landeten etwa zwei Kilometer weiter im Hinterland.

Als der Bombenhagel um etwa Viertel nach 5 Uhr beendet war und Unteroffizier Förster die Verluste in seinem Widerstandsnest zählte, stellte er zu seiner Überraschung fest, dass alle Mann das Bombardement überlebt hatten. Allerdings war die Fernsprechleitung zu seinem Vorgesetzten, Leutnant Bauch, durchtrennt. Die Kommunikation musste nun durch Läufer erfolgen. So hatte Förster auch gar nicht erfahren, dass wenige Kilometer westlich Geräusche von der See her gemeldet worden waren, vermutlich Schiffseinheiten. Doch auch so eröffnete sich für die Männer ein beeindruckendes, aber auch furchterregendes Bild. Eine riesige Armada war auf See zu sehen. Die ersten 60 bis 80 Landungsboote näherten sich rasch der Küste, dahinter waren größere Schiffe zu erkennen: Schlachtschiffe, Kreuzer, Zerstörer.

Es war also endlich so weit, die lang erwartete alliierte Invasion hatte begonnen! Nun gab es für die Männer in ihren Widerstandsnestern am Plage d'Or nur noch eines: Den gelandeten Feind so lange mit allen Waffen am Strand bekämpfen, bis Verstärkungen von weiter hinten eintrafen. Der Kampfauftrag war ihnen immer wieder eingehämmert worden: „Landung des Feindes verhindern, gelandeten Gegner vernichten, Widerstandsnest verteidigen bis zum letzten Mann." Ein Rückzug war praktisch nicht möglich, die Aufgabe des Stützpunktes strengstens verboten. Bauch und die anderen Offiziere hatten vor einigen Wochen sogar unterschreiben müssen, dass sie bis zur letzten Patrone die Widerstandsnester verteidigen würden.

Förster sah auf die Uhr: Kurz vor halb sechs. Unten am Strand gingen jetzt die ersten feindlichen Soldaten an Land. Trotz des Nebels, den der Feind geschossen hatte, erkannte Förster an den

Helmkonturen, dass es sich um amerikanische Soldaten handelte. Es waren offenbar Pioniere, die sich unten beim Widerstandsnest 61 daran machten, die deutschen Strandhindernisse zu beseitigen. Feuererlaubnis hatte Förster seinen Männern schon längst erteilt, und so mähten die deutschen Maschinengewehre die feindlichen Soldaten massenweise nieder.

Nur wenige Minuten später landete eine weitere, viel größere Welle an Landungsbooten zwischen den Widerstandsnestern 60 und 62. „Auf die aufgehenden Laderampen halten", schrie Förster seinen Soldaten zu. An einen geleiteten Feuerkampf war aber nicht mehr zu denken, jeder seiner Landser feuerte wild in die feindliche Menge. Daneben schlugen immer wieder Artillerie- und Mörsergranaten ein. Der VB machte seine Arbeit gut. Die Amerikaner mussten von ihren Landungsschiffen gut 100 Meter über den freien Stand laufen, bis einige von ihnen hinter einem kleinen Erdwall verschwanden, wo die deutschen Waffen nicht wirken konnten. Doch auf diesen 100 Metern lagen zwischen den Strandhindernissen schon Dutzende, wenn nicht sogar schon Hunderte gefallene Gegner, wie Förster im Rauch und Nebel schätzte. Außerdem irrten einige angelandete Sherman-Panzer orientierungslos umher. Sie waren bisher noch keine Gefahr, doch die feindliche Schiffsartillerie hämmerte nun mit Präzision auf die deutschen Stellungen und verursachte empfindliche Verluste im Widerstandsnest 62.

Doch nicht nur dort: Ein Zufallstreffer hatte bereits um 7.15 Uhr die 8,8 cm Kanone im Widerstandsnest 61 zum Schweigen gebracht. Damit waren die Deutschen in diesem Verteidigungssektor ihrer stärksten Waffe beraubt, die Talsenke Richtung Colleville für den Feind offen. Zwar wüteten noch immer die deutschen Waffen schrecklich am Strand, wo nun schon mehrere hundert tote Amerikaner lagen. Doch schon landete eine neue große Welle mit feindlichen Landungsbooten direkt vor dem Widerstandsnest 62 an. Es war 9 Uhr, seit über zweieinhalb Stunden standen die Landser im heftigsten Verteidigungskampf. Die eigene Linie begann jetzt aber zu bröckeln. Förster erhielt Meldung, dass einige Widerstandsnester weiter links von ihm in Feindeshand gefallen waren. In der Tat sah er dort amerikanische

Infanterie die Höhen erstürmen und in Richtung Colleville vorrücken. Seine linke Flanke war damit offen und es bestand die Gefahr, dass sein Widerstandsnest 62 nun von hinten angegriffen würde. Auch beim Widerstandsnest 60 ganz rechts war der Feind eingedrungen, konnte aber im Gegenstoß wieder zurückgeworfen werden (bis heute steht in fast allen Büchern über den Omaha-Beach fälschlich, das Widerstandsnest 60 sei um 9 Uhr als erstes komplett in amerikanische Hände gefallen). Auch im Widerstandsnest 62 waren bereits amerikanische Soldaten eingedrungen, konnten aber wieder vertrieben werden. Um 10.15 Uhr gingen die beiden tschechischen Geschütze verloren, gegen Mittag schoss nur noch ein einziges Maschinengewehr; Förster war gefallen, ebenso sein Kompaniechef Bauch in Colleville. Zudem ging langsam aber sicher die Munition zu Neige; die Artilleriegranaten waren bereits verbraucht.

Wo waren nur die versprochenen Verstärkungen? Sie kamen gar nicht bis zum Strand vor, sondern waren in schwere Kämpfe in Colleville verwickelt. Die dezimierte Besatzung im Widerstandsnest 62 erhielt nur spärliche Meldungen von dort, aber offenbar wechselte das Dorf mehrmals den Besitzer. Das Widerstandsnest selbst war nun vollkommen umzingelt, aber noch immer hielten sich die Überlebenden. Eine Kapitulation war nicht möglich, die Amerikaner würden in der Hitze des Gefechts keine Gefangenen machen. Um kurz vor 14.00 Uhr keimte noch einmal Hoffnung auf. Teile des II. Bataillons vom Grenadier Regiment 915 sollten zum Gegenstoß antreten. Doch nur knapp eine halbe Stunde später war auch diese letzte Hoffnung dahin. Die Soldaten gerieten in einen so starken Feuerhagel der feindlichen Schiffsartillerie, dass ihr Angriff schon im Ansatz stecken blieb. Also entschlossen sich die letzten Überlebenden des Widerstandsnests 62, den Ausbruch nach Colleville zu wagen. Um etwa halb vier Uhr Nachmittags war somit eines der letzten deutschen Widerstandsnester am Strand geräumt. Die Kämpfe aber sollten in Colleville die gesamte Nacht und den nächsten Tag weitergehen.

Nur zwei Männer aus dem Widerstandsnest 62 erreichten die eigenen Linien und überlebten auch den Rest des Kriegs, die beiden Gefreiten Franz Gockel und Hein Severloh. Lange sprachen sie nicht über das grausame Geschehen jenes 6. Juni 1944, brachen aber später ihr Schweigen und standen als letzte deutsche Zeitzeugen des Widerstandsnests 62 Historikern und Journalisten Rede und Antwort. Gockel war bereits am Vormittag an der Hand verwundet und evakuiert worden. Er geriet im Herbst 1944 in US-Gefangenschaft. Bis zu seinem Tod im November 2005 pflegte der gelernte Dachdecker einen intensiven Kontakt zu den US-Veteranen sowie der französischen Familie, wo er in den Wochen vor der Landung untergebracht gewesen war. Hein Severloh, der „Bursche" von Oberleutnant Frerking, hatte nach eigenen Angaben mit seinem MG im Laufe des Tages 12 000 Schuss verfeuert und war für den Tod ungezählter US-GI's verantwortlich. Einige nannten ihn daraufhin das „Beast of Omaha Beach". Dabei hatte Severloh nichts anderes getan als um sein eigenes Leben in dieser Hölle gekämpft. Auch er setzte sich bis zu seinem Tod 2006 für die Aussöhnung mit den ehemaligen Feinden ein. David Silva, den vermutlich er am 6. Juni verwundet hatte, wurde sein Freund. Der Strand hatte längst einen neuen Namen erhalten: Omaha Beach, benannt nach dem amerikanischen Codenamen von jenem 6. Juni 1944. Aus dem Plage d'Or, dem „Goldstrand", war der „Bloody Omaha" geworden.

### 1.2. Das 5th Battalion der Duke of Cornwall's Light Infantry an der Höhe 112, 10./11. Juli 1944

„Bloody Tankies", fluchte Captain C. L. Blackwell im feinsten Englisch. Gemeint war damit eine Panzer-Kompanie vom 7th Battalion, Royal Tank Regiment (7 RTR). Sie war dem 5th Battalion der Duke of Cornwall's Light Infantry (5 DCLI) für den bevorstehenden Angriff zugeteilt worden. Der Brigadebefehl war bereits um 17 Uhr herausgegangen, doch waren seither zwei Stunden nutzlos verstrichen, weil es wieder einmal Schwierigkeiten in der Verbindungsaufnahme mit zugeteilten fremden Panzerkräften gab. Keiner wusste so recht, wo sich die Panzer befanden. Auch auf massive Luftunterstützung konnte das 5 DCLI nicht zählen, denn an diesem 10. Juli war der Himmel bedeckt und gelegentlich regnete es sogar. Immerhin hatte Blackwell mit seiner C Company, 5 DCLI, die Verbindung mit der Royal Artillery hergestellt; auf die „Gunners" konnte man sich wie immer fest verlassen.

Wäre es für die Alliierten in den letzten fünf Wochen seit dem *D-Day* nach Plan gegangen, hätten sie schon längst irgendwo in Zentralfrankreich stehen müssen. Nun aber war das 5 DCLI knapp zehn Kilometer südwestlich von Caen in die Front eingeschoben, gerade einmal 20 Kilometer Luftlinie von der Küste entfernt. Erst vor gut einer Woche war es in Frankreich gelandet, hatte aber bereits die ersten kleineren Gefechte hinter sich. Blackwell und seine Männer verstanden sehr schnell, warum der Feldzug in der Normandie bisher so schleppend vorangegangen war: Die Deutschen verteidigten sich geschickt. Nun war das 5 DCLI erstmals Teil einer größeren Offensive und sollte gleich das Schlüsselgelände nehmen, die Höhe 112.

Blackwell sah auf die Uhr. Es war kurz nach 19 Uhr. Erst jetzt setzte endlich heftiges Trommelfeuer der eigenen Artillerie ein. Der Captain konnte die Einschläge in etwa einem Kilometer Entfernung nicht sehen, doch der Lärm und der Rauch bezeugten, dass die Royal Artillery exzellente Arbeit leistete. Wo die Panzer vom Royal Tank Regiment blieben, war nach wie vor unklar. Es schien nun aber loszugehen. Blackwells C Company formierte sich in einem Weizenfeld, rechts eines breiten Feldwegs. Neben ihm war die B Company, hinter den beiden Kompanien folgte die D bzw. die A Company. Auf dem Bataillon lag bereits deutsches Mörserfeuer, das aber keine Verluste verursachte. Dann, um 19.30 Uhr, kam endlich der Bataillonsbefehl zum Angriff. Ziel: Ein kleiner Obstgarten oder Wäldchen, der später sogenannte „Cornwall Wood", auf der Höhe 112. Dieser sollte in den zwei noch verbleibenden Stunden vor Sonnenuntergang genommen werden, und anschließend das Bataillon dort zur Verteidigung übergehen. Der Kommandeur der 43rd (Wessex) Infantry Division, Major-General Ivor Thomas, hatte unmissverständlich in seinem Befehl insistiert, die Höhe 112 unter allen Umständen noch an diesem Abend zu nehmen. Alle bisherigen

Angriffe waren den gesamten Tag über erfolglos geblieben, mit dem 5 DCLI setzte Thomas nun seine letzte Reserve ein. Auf der Höhe selbst wurden SS-Truppen in unbekannter Stärke vermutet.

Langsam marschierte das 5 DCLI nach Süden in Richtung Höhe 112, durch die Stellungen des 4th Battalion, Somerset Light Infantry, hindurch. Deren Angriff war am Vormittag im feindlichen Feuer liegen geblieben. Die britische Artillerie beackerte weiterhin die vermuteten deutschen Stellungen, vom Feind aber bisher keine Spur. Die Felder waren von kleinen Granattrichtern überzogen, das Getreide zumeist niedergetrampelt. Überall standen ausgebrannte Churchill- oder Sherman-Panzer, „Tommy Cooker" („Tommy-Kocher") wie sie die britischen Soldaten sarkastisch tauften. Beide Modelle waren an Feuerkraft und Panzerung den deutschen Panzern, allen voran dem „Panther" und dem „Tiger" hoffnungslos unterlegen. Seltsam, warum in den vorherigen Tagen so heftig um diese Höhe 112 gekämpft worden war, dachte sich Blackwell. Sie war als signifikanter Geländepunkt überhaupt nicht wahrzunehmen, ihre angeblich operative Bedeutung erschloss sich dem Captain nicht.

Dann, kurz nachdem das Bataillon eine Querstraße passiert hatte, eröffnete plötzlich links aus einem Obstgarten ein deutsches Maschinengewehr das Feuer auf die B Company. Schon schlugen die ersten Mörsergranaten auch bei Blackwells Kompanie ein und kurz darauf erhielt er Feuer von rechts, wo deutsche Einzelschützen unsichtbar in den Getreidefeldern lagen. Innerhalb von wenigen Momenten war von der schulbuchmäßigen Gefechtsformation des Bataillons nicht mehr viel übrig. Über Funk bestätigte der Bataillonskommandeur, der 26-jährige Lieutenant-Colonel R. W. James, Blackwell solle mit seiner Kompanie weiterhin auf das ursprüngliche Ziel, den „Cornwall Wood", vorgehen. Die Orientierung war durch den von der Artillerie aufgewirbelten Staub und den von den Explosionen verursachten Rauch schwierig, aber irgendwie erreichte die C Company in etwa 300 Meter Entfernung ein kleines Wäldchen, angelehnt an eine verwaiste Pferdekoppel. Der Wald hatte unter den Kämpfen der vorherigen Tage schon erheblich gelitten, die Astkronen waren teilweise abgebrochen. Vom Feind war wieder nichts zu sehen, er lag vermutlich in dem nicht einsehbaren, konkav abfallenden Hang nur etwa 300 Meter südlich. Gleichzeitig erschloss sich Blackwell nun aber die Bedeutung dieser Höhe 112: Er hatte einen kilometerweiten freien Blick auf das gesamte Gelände südlich und westlich. Es war wirklich ein signifikanter Geländepunkt, eine dominierende Höhe.

Doch wo waren die drei anderen Kompanien? Blackwell versuchte, über Funk das Bataillon zu erreichen – vergeblich, keine Antwort. 500 Meter weiter links hatte sich inzwischen der Gefechtslärm merklich intensiviert. Kettengeräusche waren zu hören und auch Einschläge von vermutlich deutschen Panzergeschützen. Einsehen konnte Blackwell dieses Gelände nicht, doch dort stand sicherlich der Rest des 5 DCLI im Kampf, während bei der C Company noch alles ruhig war. Das Lagebild stellte sich für Blackwell völlig unklar dar. Wenigstens hatten sich inzwischen knapp zehn Mann einer Panzerabwehrkanone, eines 17-pounders, bei Blackwell gemeldet. Damit hatte sich das Waffenarsenal der C Company merklich verstärkt, denn der 17-pounder galt als die effektivste Panzerabwehrkanone der Alliierten in der Normandieschlacht.

Endlich, nach gut einer Stunde meldete sich der Bataillonskommandeur James auf Funk. Blackwell solle sich mit seiner Kompanie eingraben und die Stellung im südwestlichen Teil der Höhe 112 halten. James berichtete auch, der Rest des Bataillons habe bereits einen ersten kleineren deutschen Gegenangriff abgewehrt, doch den großen Angriff erwarte er erst für den nächsten Morgen. Blackwell befahl seinen Männern, sofort Schützenlöcher auszuheben; den 17-pounder dirigierte er nach vorne rechts, angelehnt an die Pferdekoppel. Die Soldaten der C Company waren natürlich wenig erfreut, die Nacht über Stellungen anlegen zu müssen; an Schlaf war kaum zu denken.

Mit dem ersten Tageslicht vernahmen die Männer der C Company Kettengeräusche. Die Deutschen griffen also an! Die eigene Artillerie schoss bereits in die vermutete Richtung der Angreifer. Blackwell befahl umgehend, die Gefechtsbereitschaft herzustellen. Übermüdet wollte die Crew des 17-pounder gerade die

Holme auseinanderklappen, schon kam der erste Tiger-Panzer hinter dem Hang zum Vorschein und feuerte den ersten Schuss ab. Volltreffer! Der 17-pounder und somit die stärkste Panzerabwehrwaffe war vernichtet. Die Soldaten der C Company wussten, nun ging es ums nackte Überleben, und sie verteidigten sich hartnäckig in ihren Schützenlöchern. Doch der ungleiche Kampf war schnell vorbei. Die deutsche Kampfgruppe, bestehend aus einer Kompanie der schweren SS-Panzerabteilung 102 sowie aus zwei Kompanien Panzergrenadiere der 9. SS-Panzer Division „Hohenstaufen", überrannte die britischen Stellungen. Verzweifelt forderte Blackwell Artillerieunterstützung an. Durch Nebel hoffte er die feindlichen Panzer von den nachfolgenden Grenadieren zu trennen. Und es gelang: Im Nebel trauten sich die deutschen Panzer nicht mehr weiter auf der Höhe 112 vorzugehen. Sherman Tanks der Scots Grey verstärkten zudem das 5 DCLI. Die Deutschen zogen sich zurück – vorerst.

Denn es war nur eine Verschnaufpause. Bereits um 10 Uhr rollte der nächste Angriff der Waffen-SS. Nun gab es für Blackwells Soldaten kein Halten mehr, alle Überlebenden des Infernos fluteten nach hinten und rannten über die Felder der Höhe 112. Der Bataillonskommandeur James war tot, an seiner Stelle hatte Major J. E. E. Fry übernommen. Auch beim Nachbarn rechts hinten, dem 4th Battalion, Somerset Light Infantry, war die Lage bedrohlich. Deren Kommandeur, Lieutenant-Colonel C. G. Lipscombe, griff zu drastischen Mitteln, um die Disziplin in seinem Bataillon aufrechtzuerhalten. Mit gezückter Pistole schrie er: „Ich erschieße den ersten Somerset-Soldaten, der zurückgeht!" Erneut versuchten die Scots Grey in die Schlacht einzugreifen. Ihre Wirkung blieb aber mit Ausnahme der mit einer 17-pounder Kanone ausgestatteten „Fireflies", einer britischen Variante des Shermans, bescheiden. Die gewöhnlichen Shermans dagegen bestätigten erneut ihren zweifelhaften Ruf als „Tommy Cookers".

Am Vormittag erreichten die ersten Tiger-Panzer die Höhe 112 und eigentlich bestand keine zusammenhängende britische Verteidigungslinie mehr; ein deutscher Durchbruch war zu befürchten. Unvermindert hämmerte die britische Artillerie auf die angreifenden SS-Truppen ein, auch deren Verluste waren hoch. Und noch viel wichtiger: Die britischen Nebelgeschosse konnten endlich die SS-Grenadiere von den Panzern trennen. Isoliert und ohne Infanterieunterstützung wagte der Kommandeur der schweren SS-Panzerabteilung 102 keinen weiteren Vorstoß über die Höhe 112 hinaus und befahl den Übergang zur Verteidigung. Wie schon so oft in der Normandieschlacht hatte wieder einmal die Royal Artillery die britische Infanterie vor der völligen Vernichtung gerettet – diesmal das 5 DCLI.

Am Nachmittag um 15.00 Uhr kam für das 5 DCLI der erlösende Rückzugsbefehl hinter die Höhe 112, das 4th Battalion der Somerset Light Infantry hielt nun allein die Stellung, die Deutschen griffen nicht mehr weiter an. Das 5 DCLI hatte diesen Abwehrerfolg teuer erkauft. Etwa 380 Mann waren am 10. Juli um 20.30 Uhr zum Angriff auf die Höhe angetreten. Beim Rückzug am 11. Juli um 15.30 Uhr hatte das Bataillon noch eine Gefechtsstärke von 60 Mann. Innerhalb von 19 Stunden hatte es 85 Prozent eingebüßt, 320 Mann waren tot, verwundet, vermisst oder in deutsche Kriegsgefangenschaft geraten.

Militärisch gesehen war das Opfer der Männer im Widerstandsnest 62 vergeblich, sie hatten nicht die amerikanische Landung am Omaha-Beach aufhalten können. Die Überlebenden des 5 DCLI konnten sich zumindest damit trösten, dass sie mit ihren gefallenen Kameraden einen großen deutschen Panzerangriff abgewehrt und einen feindlichen Vorstoß über die Höhe 112 hinaus verhindert hatten. Und mit noch etwas können sich die Angehörigen der Toten des 5 DCLI bis heute trösten: Diese britischen Gefallenen trugen zur Befreiung Westeuropas von der nationalsozialistischen Besatzungsherrschaft bei. Die deutschen Soldaten des Widerstandsnests 62 hingegen hatten für eine verbrecherische Sache gekämpft – ganz unabhängig von ihrer persönlichen Tapferkeit und der Tatsache, dass sie sich selbst nichts Verwerfliches zu Schulden hatten kommen lassen und glaubten, ihrem Vaterland dienen zu müssen.

Die Kämpfe um das Widerstandsnest 62 am 6. Juni 1944 sowie auf der Höhe 112 am 10./11. Juli waren nur zwei winzige Ausschnitte einer großen Schlacht. Einer Schlacht, die vom 6. Juni bis Ende August 1944 etwa 50 000 bis 55 000 deutsche, 55 000 bis 65 000 alliierte Soldaten sowie 18 000 bis 19 000 französische Zivilisten das Leben kostete. Viele Städte und Dörfer der Normandie waren verwüstet. Es war eine der größten Schlachten der Weltgeschichte; in der angelsächsischen Welt wird sie heute vielleicht sogar als die bedeutendste Schlacht überhaupt wahrgenommen. In Deutschland hingegen steht die Normandie seit jeher im Schatten der Ostfront.

„An der Westfront!? Hahaha. Ja, mein Gott na! Da ham Sie ja gar nix erlebt! Da könna Sie ja gar net mitred'n!" So parodierte der bayerische Kabarettist Gerhard Polt das Gespräch zweier Weltkriegsveteranen in dem Sketch „Vom Krieg". Polt griff damit ein weitverbreitetes Stereotyp in Deutschland nach 1945 auf: Der Westen war kein „echter" Krieg – zumindest im Gegensatz zur Ostfront. Diese Sicht ist aber in vielerlei Hinsicht falsch. Schon für die Zeitgenossen stellte sich die Sache anders dar. Die alliierte Landung und die Normandie galten vor allem für Hitler und seine Militärs als die bedeutendste Operation des Jahres 1944. Mit der anschließenden Niederlage ging das wichtigste deutsch besetzte Gebiet, Frankreich, verloren. Für viele Zeitgenossen übertrafen die Kämpfe in der Normandie an Intensität die Westfront des Ersten und die Ostfront des Zweiten Weltkriegs. So resümierte beispielsweise General Leo Geyr von Schweppenburg, der Oberbefehlshaber der Panzergruppe West: „Die [...] Kampf- und Schlachtfelder bei der Invasion waren in meinem insgesamt zehnjährigen Kriegserleben zwischen Kaspischem Meer und Atlantik die denkbar schwersten und furchtbarsten."[1]

Dieses Buch möchte der unterschätzten Bedeutung des westlichen Kriegsschauplatzes im Allgemeinen sowie der Normandie im Speziellen entgegenwirken. Es waren für den Verlauf und den Ausgang des Zweiten Weltkriegs entscheidende Schlachten.

## 2. Strategie
## Der Westen 1940–1943

### 2.1. Deutsche Besatzungspolitik in Frankreich

Es erschien den meisten Zeitgenossen wie ein militärisches Wunder. Was den deutschen Heeren zwischen 1914 und 1918 nicht gelungen war, schaffte die Wehrmacht 1940 in nur sechs Wochen. Das Deutsche Reich bezwang triumphal den „Erbfeind" Frankreich. Nebenbei hatten die Deutschen auch noch die Niederlande, Belgien und Luxemburg überrannt sowie das britische Expeditionskorps vom Kontinent vertrieben. Dabei hatte die französische Armee als die stärkste Streitmacht der Welt gegolten, doch es bestätigte sich eine alte Regel: Armeen bereiten sich im Frieden häufig nicht auf den nächsten Krieg vor, sondern auf den letzten. So glaubten die Franzosen mit einem imposanten Festungswerk, der Maginot-Linie, den Ersten Weltkrieg erneut kämpfen zu müssen. Die Wehrmacht hingegen focht mit ihren – wenn auch zahlenmäßig eher geringen – motorisierten Verbänden einen neuartigen Bewegungskrieg. Die moderne, in die Zukunft gewandte deutsche Militärdoktrin siegte über den französischen Blick nach hinten auf verkrusteten Ruhm alter Tage. Am 22. Juni 1940 musste die neue französische Regierung des Marschalls Philippe Pétain einen Waffenstillstand unterzeichnen, der drei Tage später in Kraft trat. Der Verhandlungsort war genau der gleiche wie 1918: Der Wald von Compiègne in jenem gleichen Eisenbahnwaggon, in dem am 11. November 1918 der Waffenstillstand unterzeichnet worden war.

Doch blieb der deutsche Sieg über Frankreich nur ein Teilerfolg, weil der neue britische Premierminister Winston Churchill grimmig entschlossen war, weiterzukämpfen und dem Deutschen Reich die Stirn zu bieten. Erfolgreich, denn nach der verlorenen Luftschlacht um England im Herbst 1940 wendete Hitler seinen Blick nach Osten. Dort, gegen die Sowjetunion, sollte er ab Juni 1941 seinen eigentlichen Krieg führen. Für die weitere Politik im Westen hatte er kaum mehr Interesse. Hier waren nur die politischen Vorstellungen für die Niederlande klar. Sie sollten unter dem Reichskommissar Arthur Seyß-Inquart in eine „neue gemeinsame Ordnung"[1] mit Deutschland geführt werden. Für Belgien hingegen und viel mehr noch für Frankreich war die weitere Zukunft unklar. Fest stand nur, dass die einstige *Grande Nation* keinesfalls mehr Großmachtstatus erreichen sollte, weder wirtschaftlich, noch politisch, noch militärisch. So wurde das Staatsterritorium im Waffenstillstandsvertrag von 1940 zerstückelt. Der Norden und der Westen, insgesamt etwa drei Fünftel des Landes, kamen unter deutsche Militärverwaltung (Besetzte Zone), während der Süden des Landes – getrennt durch die Demarkationslinie – als *Etat Français* unter Pétain vorerst unabhängig blieb (Freie Zone). Die industriell wichtigen nordfranzösischen Départements Nord und Pas-de-Calais wurden dem Militärbefehlshaber in Belgien und Nordfrankreich zugeschlagen, Elsass-Lothringen faktisch an das Deutsche Reich angeschlossen. Erst im November 1942 besetzten die Deutschen auch Südfrankreich, lösten die französische Regierung aber nicht auf.

An der Spitze der deutschen Militärverwaltung stand als Inhaber der vollziehenden Gewalt der Militärbefehlshaber in Frankreich, von 25. Oktober 1940 bis 16. Februar 1942 General Otto von Stülpnagel. Ihm folgte bis zum 21. Juli 1944 General Carl-Heinrich von Stülpnagel, anschließend für die letzten Wochen der Besatzung General Karl Kitzinger. Die Militärverwaltung zeigte sich weitgehend pragmatisch in ihrer Besatzungspolitik, zumindest in der Anfangszeit. Sie gewährte den Franzosen in einigen Bereichen eine überraschend große Autonomie. Die französische Polizei und Verwaltung blieben während der gesamten Besatzungszeit intakt. Die deutsche Militärverwaltung begnügte sich mit ihren Feldkommandanturen – Stäben von nicht mehr als 100 Mann – in den jeweiligen Département-Hauptstädten damit, die Ausführung der Verwaltungsmaßnahmen zu überwachen. Es war ein System der indirekten Herrschaft, die „Aufsichtsverwaltung".

Die Deutschen verzichteten lange Zeit auf Gewaltmaßnahmen gegenüber der Bevölkerung. Solange Interventionen aus dem

**Bild 1**

**Etappe Paris: In der französischen Hauptstadt tummelten sich von 1940 bis 1944 wichtige wie auch überflüssige Stäbe des deutschen Besatzungsapparats.**

Führerhauptquartier ausblieben, hielt sich die Militärverwaltung – abgesehen von ersten wirtschaftlichen Maßnahmen gegen Juden im Herbst 1940 – weitgehend an die Haager Landkriegsordnung. Das lag zum Teil an einer nicht zu leugnenden Frankophilie vieler Militärs, allen voran im Stab des Militärbefehlshabers. Zudem bestand bei der konservativen Militärelite noch ein Rest von Rechtsbewusstsein in der Besatzungspolitik, selbst in einem Totalen Krieg. Vorrangig jedoch entsprang diese – im Vergleich zu anderen deutsch besetzten Gebieten – moderate Besatzungspolitik dem Bewusstsein, dass der Militärverwaltung die Machtmittel fehlten, um eine totale Besatzungspolitik durchzusetzen. Die Anzahl des Besatzungspersonals war nämlich erstaunlich niedrig. Im Schnitt hielten weniger als 1000 deutsche Beamte, 2500 Polizisten und – je nach Zeitpunkt –

zwischen 40 000 und 80 000 Besatzungssoldaten die Ordnung in einem Land mit 40 Millionen Einwohnern aufrecht.

Das System der „Aufsichtsverwaltung“ kam im Herbst 1941 auf den Prüfstand, als sich nach dem deutschen Überfall auf die Sowjetunion erstmals der kommunistische Widerstand bemerkbar machte. Seit August kamen bei Attentaten einzelne deutsche Soldaten ums Leben, die innere Sicherheit des Landes war damit aber keinesfalls gefährdet. Als Otto von Stülpnagel eine kleine Anzahl von Geiseln erschießen lassen und ansonsten die Anschläge polizeilich aufklären wollte, intervenierte Hitler und befahl stattdessen für jeden toten deutschen Soldaten 100 Geiseln zu erschießen. Es folgte ein wochenlanges Tauziehen zwischen dem Militärbefehlshaber und dem Führerhauptquartier. Stülpnagel bestand auf einer flexiblen Handhabung der Geiselfrage, da „französische Verhältnisse anders sind als polnische“[2], wie er es ausdrückte. Hitler blieb aber unerbittlich und so wurden in Bordeaux und Nantes am 20./21. Oktober insgesamt 98 Geiseln erschossen.

Die Attentate nahmen aber nicht ab und als sich immer mehr herauskristallisierte, dass die Täter aus kommunistischen Kreisen kamen und es überdies häufig Juden waren, schlug Stülpnagel am 5. Dezember 1941 dem OKH vor, als „Sühne“ 100 Geiseln zu erschießen, den Juden von Paris eine Geldbuße von 1 Milliarde Francs aufzuerlegen und schließlich 1000 Juden und 500 Jungkommunisten „zum Arbeitseinsatz“ in das deutsch besetzte Osteuropa zu deportieren. Bis heute ist unklar, was den Militärbefehlshaber zu diesem radikalen Vorschlag veranlasste. Ging die Initiative von ihm selbst aus, „um die Dinge sich überschlagen zu lassen und ad absurdum zu führen“[3], wie er es selbst kryptisch formulierte? Oder stand sein Verwaltungschef, der SS-Mann Werner Best dahinter? Oder war der deutsche Botschafter in Paris, Otto Abetz, der Drahtzieher? Sicher ist: Stülpnagels antisemitischer Vorschlag markierte den Beginn der Judendeportationen aus Frankreich, wenngleich wegen Transportmangel der erste Zug erst fast vier Monate später in den Osten rollte. Unklar ist, inwiefern Stülpnagel von den Judenmorden im Osten allgemein Kenntnis hatte; von der systematischen Vernichtung der Deportierten konnte er aber sicher nichts wissen. Er glaubte vermutlich, sie würden in Osteuropa zum Arbeitseinsatz herangezogen werden, eine Praxis, wie sie aus dem Ersten Weltkrieg bekannt war. Denn in Stülpnagels Zielgruppe befanden sich explizit nur arbeitsfähige Männer.

Die Auseinandersetzungen zwischen dem Militärbefehlshaber und dem Führerhauptquartier in dieser „Geiselkrise" hatten damit aber kein Ende gefunden, so dass Stülpnagel im Februar 1942 um seinen Rücktritt bat. Hitler nutzte gleich die Gelegenheit, um den gesamten Besatzungsapparat in Frankreich umzustrukturieren, und setzte einen Höheren SS- und Polizeiführer (HSSPF) Frankreich ein, den SS-Brigadeführer Carl Albrecht Oberg. Dieser erhielt formell das polizeiliche Exekutivrecht im besetzten Frankreich und war somit zukünftig für die Erschießungen von Geiseln sowie die Verhängung von Repressalien verantwortlich. Damit hatte Himmlers SS ihre Machtbasis in Frankreich erheblich ausbauen können, die Wehrmacht hingegen hatte sich in Hitlers Augen als zu moderat gezeigt. Da Oberg jedoch auch nicht Anhänger einer radikalen Geiselpolitik war, änderte sich an der Besatzungspolitik kaum etwas. Die kommunistischen Attentate und die folgenden deutschen Geiselerschießungen trieben keinen tiefen Keil zwischen Besatzer und Besetzte, die „Aufsichtsverwaltung" funktionierte nach wie vor. Lediglich die sich verändernde Kriegslage dämpfte ab 1942 die französische Bereitschaft zur Zusammenarbeit.

Eine bedeutende Änderung aber brachte Obergs Ernennung: Sein neu aufgebauter Apparat von Sicherheitspolizei und Sicherheitsdienst (Sipo/SD) organisierte im ganzen Land die Massendeportationen von Juden. Bis zum Ende der Besatzung im August 1944 wurden etwa 76000 Juden aus Frankreich in die Vernichtungslager Osteuropas deportiert, nur 2500 davon überlebten. Dennoch konnten die Deutschen „nur" gut 20 Prozent der schätzungsweise 350000 in Frankreich lebenden Juden habhaft werden. Die Rolle der Vichy-Regierung im Holocaust ist bis heute nicht vollständig aufgeklärt. An dem Schicksal der sogenannten „staatenlosen" oder erst kürzlich eingebürgerten Juden, meist in der Zwischenkriegszeit nach Frankreich eingewanderte

Osteuropäer, hatte die französische Regierung keinerlei Interesse. Die französische Polizei organisierte bis 1943 sogar die Razzien für die anschließenden Deportationen in die Vernichtungslager. Strittig ist aber, inwieweit die Vichy-Regierung langeingesessene französische Juden vor dem deutschen Zugriff schützte.

Erfolgreicher als die „Judenpolitik" verlief aus nationalsozialistischer Sicht hingegen die Wirtschaftspolitik. Der Westen im Allgemeinen und Frankreich im Speziellen waren die wichtigsten besetzten Gebiete für die deutsche Kriegsindustrie. Anders als in Osteuropa schlachteten die Deutschen aber nicht die Kuh, sondern molken sie. Dies hieß langfristige und nicht kurzfristige Ausbeutung. Die westeuropäischen Länder hatten extrem hohe Besatzungskosten zu zahlen und produzierten Konsumgüter für den Export nach Deutschland. Das wiederum setzte Kapazitäten für die Rüstungsindustrie im Reich frei. So gingen 70 Prozent der Farb-, 60 Prozent der Gummi- und 55 Prozent der französischen Holzproduktion ins Reich. Französische, belgische und niederländische Unternehmen produzierten aber auch Kriegsgerät. So lag 1943 der Anteil der besetzten Westgebiete an der deutschen Rüstungsproduktion bei Flugzeugen bei 8 Prozent, bei Kraftfahrzeugen bei 14 Prozent, bei Nachrichtengeräten bei 24 Prozent und beim Schiffsbau gar bei 32 Prozent. Hinzu kamen umfangreiche Rohstoffexporte. Allein Frankreich und Belgien lieferten 37 Prozent des deutschen Verbrauchs an Zinn, 27 Prozent an Eisenerz und jeweils 24 Prozent an Bauxit und Kupfer.[4] Hinzu kam ein Heer an Arbeitskräften. Ende 1943 arbeiteten im Reich etwa 660 000 französische und gut 50 000 belgische Kriegsgefangene sowie 650 000 französische, 275 000 holländische und gut 220 000 belgische zwangsverpflichtete Zivilarbeiter. Verantwortlich für die Aufbringung der zivilen Arbeitskräfte war Fritz Sauckel. Vergeblich hatten sich der Militärbefehlshaber in Frankreich sowie der Oberbefehlshaber West (OB West) mehrmals gegen Sauckels Politik gewendet. Zu Recht befürchteten sie negative Auswirkungen auf die Stimmung in den besetzten Gebieten und zudem einen erheblichen Zulauf für die französische Widerstandsbewegung.

So wichtig der besetzte Westen für das Deutsche Reich in wirtschaftlicher Hinsicht war, so wenig galt dies von 1941 bis 1943 in militärischer Hinsicht. Seit Hitlers „Weisung Nr. 21. Fall Barbarossa" vom 18. Dezember 1940 war der Westen Nebenkriegsschauplatz. Lediglich die Häfen waren für die Kriegsmarine und ihren „Kampf im Atlantik" von Bedeutung. Doch für das Heer galt der Westen zwischen 1940 und 1943 als beschaulicher und ruhiger Ort, wo „Badebetrieb" herrschte, wie es spöttisch hieß. Häufig kamen abgekämpfte Divisionen aus dem Osten für ein paar Monate nach Frankreich zur „Auffrischung".

Während der vier Besatzungsjahre gab es lediglich drei größere Landoperationen, wobei jeweils nur kleine Teile des Westheeres zum Einsatz kamen: Erstens, die Abwehr des britisch-kanadischen Landeunternehmens in Dieppe am 19. August 1942 durch Einheiten einer einzigen Division; zweitens, die Besetzung Südfrankreichs am 11. November 1942 (Unternehmen Anton) mit zehn Divisionen; drittens, die Entwaffnung der italienischen Truppen in Südostfrankreich im September 1943 (Unternehmen Achse) mit vier Divisionen. In all diesen Auseinandersetzungen blieben die Deutschen siegreich, im Falle der Besetzung Südfrankreichs 1942 sogar völlig ohne Blutvergießen.

Nicht immer erfolgreich hingegen war die Wehrmacht bei der Bekämpfung von mehreren kleineren und kleinsten britischen Kommando-Unternehmen. So konnte am 27./28. Februar 1942 eine britische Fallschirmjäger Kompanie ein komplettes „Würzburg"-Radargerät bei Brunéval in der Normandie einnehmen und über See nach England abtransportieren (*Operation Biting*). Ebenso gelang es britischen Kommandos am 28. März 1942, die Trockendocks in St. Nazaire zu sprengen (*Operation Chariot*). Zwar kehrten nur 228 der ursprünglich 622 beteiligten Soldaten wieder nach Großbritannien zurück, doch die Deutschen konnten für den Rest des Kriegs das deutsche Schlachtschiff Tirpitz nicht mehr in einem französischen Hafen reparieren.

Die Kommando-Unternehmen riefen bei Hitler erregte Reaktionen hervor und zeigten, wie leicht sich der Krieg im Westen radikalisieren konnte. In St. Nazaire wollte er ursprünglich eine Anzahl französischer Geiseln erschießen lassen, da die Kriegsmarine meldete, die Bevölkerung habe sich an den Kämpfen beteiligt. Eine von der Militärverwaltung eigens eingesetzte Untersuchungskommission konnte jedoch zweifelsfrei „friendly fire" als Ursache der Schießereien nachweisen. Nachdem bei einem weiteren Kommando-Unternehmen auf der Kanalinsel Sark deutsche Gefangene erdrosselt aufgefunden worden waren und zudem bei Dieppe ein britisches Handbuch über zweifelhafte Fesselungstechniken aufgetaucht war, gab das OKW im Auftrag Hitlers am 18. Oktober 1942 den berüchtigten „Kommandobefehl" heraus. Zukünftig waren gefangene alliierte Kommandos sofort nach Gefangennahme zu erschießen oder dem Sicherheitsdienst zu übergeben – ganz gleich ob die Gefangenen Uniform getragen hatten oder nicht. Der „Kommandobefehl" war später ein wichtiger Anklagepunkt im Nürnberger Hauptprozess 1945/46 und gilt bis heute neben „Kommissarbefehl" und „Kriegsgerichtsbarkeitserlass" als einer der zentralen verbrecherischen Befehle der Wehrmacht.

Militärisch waren all die Kommando-Unternehmen nichts weiter als Nadelstiche, eine alliierte Großlandung hingegen war zwischen 1940 und 1943 nicht ernsthaft zu erwarten. Dennoch war die Zahl der im Westen stationierten Truppen weiterhin beträchtlich: Im Mai 1941 waren es noch 35 Infanterie Divisionen mit 380 000 Mann allein vom Heer. Diese Kampftruppen unterstanden dem OB West und waren im Gegensatz zu den Besatzungstruppen des Militärbefehlshabers fast ausschließlich in den Küstenregionen stationiert. Die horrenden Verluste an der Ostfront wirkten sich aber spätestens ab dem Winter 1942/43 auch auf den Zustand des Westheeres aus, und das nicht nur quantitativ, sondern auch qualitativ. Voll ausgebildete und ausgestattete Divisionen mussten in immer kürzeren Abständen in den Osten abgegeben werden. Zwar hatte der OB West Mitte November 1943 gut 1,2 Millionen Soldaten, davon etwa 786 000 vom Heer, unter seinem Kommando, doch die Anzahl der Panzer war auf gerade einmal 256 Stück zusammengeschrumpft.

Dies änderte sich erst Ende 1943. Ausgangspunkt war die Weisung Nr. 51 vom 3. November 1943. Sie leitete „die letzte große Phase der Strategie Hitlers"[5] ein: „Der harte und verlustreiche Kampf der letzten zweieinhalb Jahre gegen den Bolschewismus hat die Masse unserer militärischen Kräfte und Anstrengungen aufs Äußerste beansprucht. Dies entsprach der Größe der Gefahr und der Gesamtlage. Diese hat sich inzwischen geändert. Die Gefahr im Osten ist geblieben, aber eine größere im Westen zeichnet sich ab: Die angelsächsische Landung! [...] Gelingt dem Feind hier ein Einbruch in unsere Verteidigung in breiter Front, so sind die Folgen in kurzer Zeit unabsehbar. [...] Ich kann es daher nicht mehr verantworten, dass der Westen zu Gunsten anderer Kriegsschauplätze weiter geschwächt wird. Ich habe mich daher entschlossen, seine Abwehrkraft zu verstärken [...]."[6]

Genau genommen hatten die Deutschen mit dieser Weisung Nr. 51 erstmals seit langem wieder eine Gesamtstrategie; die Zeit der operativen Aushilfen seit dem Scheitern von „Barbarossa" schien vorbei. Eine rationale Grundüberlegung hatte die Weisung Nr. 51 durchaus. Im Osten war die Übermacht der Roten Armee so erdrückend, dass deutsche Erfolge nur mehr zeitlich und örtlich begrenzt blieben. Im Westen Europas hingegen sah die Lage anders aus. Die deutsche Herrschaft war hier nach wie vor unangefochten, und mit dem besetzten Frankreich standen dem Deutschen Reich noch ungeheure wirtschaftliche Ressourcen zur Verfügung. Wollten die Westalliierten Hitler-Deutschland niederringen und diese Aufgabe nicht alleine den Sowjets überlassen, so mussten sie früher oder später im Westen angreifen. Genau darin schien die deutsche Chance zu liegen. Nach der Abwehr einer Invasion würden sich die frei werdenden Truppen wieder in den Osten verlegen lassen und zudem wäre der gegnerischen Koalition irreparabler Schaden zugefügt. Der Westen war für Hitler somit wieder zum bedeutendsten Kriegsschauplatz geworden. Dennoch: Die Masse des Heeres war nach wie vor an der Ostfront eingesetzt: Etwa 165 Divisionen kämpften im Juni 1944 gegen die Rote Armee. Dem standen im Westen nur knappe 60 Divisionen gegenüber. Die von Hitler gewünschte strategische Schwerpunktbildung ließ sich in diesem Mehrfrontenkrieg 1944 nicht mehr verwirklichen.

## 2.2. Vichy-Frankreich und die Résistance

Vernichtende militärische Niederlagen ziehen stets tiefe politische und gesellschaftliche Umbrüche nach sich. Das war in Frankreich 1940 nicht anders. Das Land war ideologisch verwirrt, politisch ziellos, sich nicht mehr seiner republikanischen Traditionen und Identität bewusst, das Selbstvertrauen als *Grande Nation* verschwunden. Symbolisch standen hierfür die 8 Millionen Flüchtlinge aus den Kampfgebieten Nordfrankreichs. Deren Flucht war in gewisser Weise „symptomatischer als die militärische Niederlage als solche".[7]

Und wie so häufig in Zeiten der Unsicherheit gab es den Wunsch nach einem starken Retter. Dieser schien schnell gefunden zu sein: Der 84-jährige *Maréchal* Philippe Pétain. Noch während des Feldzugs zunächst zum stellvertretenden Ministerpräsidenten, dann am 16. Juni zum Ministerpräsidenten berufen, setzte er sich umgehend für einen Waffenstillstand mit den Deutschen ein. Doch Pétain ging es nicht nur um ein Ende der Kampfhandlungen, er wollte auch eine politisch-moralische Wende. Er, der Held von Verdun 1916 und Schlichter der großen Heeresmeuterei 1917, prangerte den gesellschaftlichen Verfall Frankreichs seit 1918 an: „Seit dem Sieg hat der Geist des Genusses über den Geist der Opferbereitschaft gesiegt. Anstatt dienen zu wollen, hat man lieber Ansprüche gestellt."[8] Der Sündenbock waren die Vertreter der linken „Volksfront"-Regierung aus der Vorkriegszeit. Eine Fehleranalyse in den eigenen Reihen, allen voran im Offizierskorps, betrieben die Rechten hingegen nicht.

Ähnlich wie bei Hitler 1933 lässt sich auch bei Pétain 1940 von einer „Machtergreifung" sprechen. Am 10. Juli 1940 trat die Nationalversammlung zusammen und beschloss mit einer Mehrheit von 85 Prozent der Anwesenden (darunter 77 Prozent der Stimmen der Linken), die Dritte Republik zu Grabe zu tragen. Pétain erhielt die Vollmachten, eine neue Verfassung auszuarbeiten und zu verkünden – ein Schritt, den er und seine Anhänger niemals tun sollten. Der greise *Maréchal* war fortan der autoritäre *Chef d'Etat Français*; ihm zur Seite stand von 1940 bis 1944 sein Regierungschef Pierre Laval, zwischenzeitlich von Februar 1941 bis April 1942 François Darlan.

Der *Etat Français* – nach dem Sitz seiner Regierung auch Vichy(-Frankreich) genannt – hatte jeweils ein innenpolitisches und ein außenpolitisches Hauptziel. Innenpolitisch sollte die französische Gesellschaft erneuert und die ideologische Spaltung der Dritten Republik überwunden werden. Die Werte *Famille, Travail, Patrie* ersetzten die republikanischen Schlagworte von *Liberté, Egalité, Fraternité*. Pétain diente als Integrationsfigur, ein gewaltiger Personenkult wurde um ihn aufgebaut. So blieb die *Marseillaise* zwar weiterhin die offizielle Nationalhymne, wurde aber vom *Maréchal, nous voilà* ergänzt. Die Sympathie für die Person Pétain hielt sich in weiten Teilen der französischen Öffentlichkeit bis zum Ende der deutschen Besatzung, selbst als das Regime bereits abgewirtschaftet und sich vollkommen kompromittiert hatte.

Bestimmten Bevölkerungsgruppen blieb dieses neue Frankreich von vornherein verschlossen, allen voran Kommunisten sowie Juden. So überschnitten sich zwei zentrale Feindbilder von Nationalsozialisten und Vichy. Nicht umsonst beteiligten sich daher die französische Polizei und Verwaltung lange Zeit an der Verfolgung dieser beiden Gruppen. Das Regime schützte einen Teil seiner Bürger nicht, sondern lieferte sie den Nationalsozialisten aus. Es war genau jene Staatskollaboration, die damals wie heute Vichy vorgeworfen wurde und wird.

Um die Gründe für diese Staatskollaboration zu verstehen, muss man sich das außenpolitische Ziel Vichys vergegenwärtigen. Frankreich sollte als unabhängiger Staat einen bevorzugten Platz in einem deutschen Europa haben. Auch wenn Laval 1942 erklärte, er wünsche sich einen deutschen Sieg, kollaborierte Vichy keinesfalls aus Deutschfreundlichkeit mit dem Reich. Symptomatisch war hierfür bereits die örtliche Wahl des Regierungssitzes, Vichy im unbesetzten Frankreich. Es war nicht nur die geographische, sondern auch die politische Distanz zu Paris. Denn in der Metropole schien die Gefahr einer direkten deutschen Einflussnahme zu groß. Überdies tummelten sich dort schon die „waschechten" französischen Faschisten, wie die einstigen Kommunisten bzw. Sozialisten Jacques Doriot und Marcel Déat, und buhlten – vergeblich – um die Gunst der Besatzer.

Außenpolitisch fanden Vichy und das Deutsche Reich aber nie so recht zusammen. Der Handschlag Pétains mit Hitler am 24. Oktober 1940 in Montoire war eher ein Symbol für die Kollaboration als dass bei dem einzigen Treffen der beiden Staatsmänner konkrete Resultate herausgekommen wären. Deutschland wünschte einen Beitritt Vichys zur Achse, doch Frankreich erklärte Großbritannien nicht den Krieg, wenngleich es sich faktisch mit seinem ehemaligen Verbündeten im Kriegszustand befand. Beim britischen Angriff auf die französische Flotte in Mers-el-Kebir am 3. Juli 1940 fielen 1300 französische Soldaten; während der Besetzung Syriens vom 8. Juni bis 14. Juli 1941 gab es über 1000 Tote auf Vichy-Seite, weitere 150 bei der britischen Besetzung Madagaskars zwischen dem 5. Mai und 6. November 1942. Und schließlich kostete die *Operation Torch* in Nordafrika zwischen dem 8. und 16. November 1942 1350 Franzosen das Leben, diesmal auch aus der Hand der Amerikaner. Doch spätestens mit dem Beginn des Unternehmens „Barbarossa" im Sommer 1941 war Frankreich für das Deutsche Reich diplomatisch uninteressant geworden. Vichys Hoffnungen auf eine bevorzugte außenpolitische Behandlung erfüllten sich nicht und auch innenpolitisch führte die Kollaboration zu keinen konkreten Ergebnissen. Es gelang weder, eine generelle Freilassung der französischen Kriegsgefangenen zu erwirken, noch die Besatzungskosten zu drücken, noch die deutsch kontrollierte Demarkationslinie zwischen besetztem und unbesetztem Gebiet durchlässiger zu machen.

Das völlige Scheitern der Außenpolitik offenbarte sich im November 1942, als deutsche Truppen in Folge von *Torch* in das bisher unbesetzte Südfrankreich einmarschierten. Frankreich war nun vollkommen unter deutscher (und italienischer) Besatzung. Doch das Reich löste die französische Regierung nicht auf, die Besatzer waren nach wie vor auf die Kooperation von Polizei und Verwaltung angewiesen. Auf dem Papier bestand Vichy-Frankreich fort und neutrale Staaten wie die Schweiz oder Schweden pflegten weiterhin ihre diplomatischen Beziehungen zu Vichy – und nicht zu de Gaulles Gegenregierung in London.

Obgleich die Kollaboration mit Deutschland keinerlei Erfolge vorweisen konnte, setzte Vichy diese Politik unbeirrt fort. Mit der Einführung des *Service du Travail Obligatoire* (STO) verspielte der *Etat Français* den letzten innenpolitischen Kredit. Laut Gesetz vom 16. Februar 1943 mussten alle Männer der Jahrgänge 1920 bis 1922 für zwei Jahre Zwangsarbeitsdienst für die deutsche Kriegswirtschaft leisten; für jeweils drei Zivilarbeiter versprach das Reich die Freilassung eines Kriegsgefangenen. Doch viele junge Männer entzogen sich dem Zwangsdienst, flüchteten in die abgelegenen Gegenden Südfrankreichs und brachten somit der Résistance regen Zulauf.

In deren Bekämpfung sah die Vichy-Regierung ihre letzte Möglichkeit, die Scheinsouveränität gegenüber dem Besatzer zu bewahren. Neben der Polizei hatte das Regime eigene para-militärische Gruppierungen aufgebaut, so die bereits 1941 aufgestellten, 11 600 Mann zählenden *Groupes Mobiles de Réserve* (GMR). Doch Polizei, Gendarmerie, Garde Mobile und GMR erwiesen sich als immer unzuverlässiger. So bildete eine neue Polizeitruppe das Korsett der Vichy-Repression: Die *Milice Française*. Sie verstand sich als die Speerspitze der *Révolution Nationale* und ihr Führer Joseph Darnand übernahm ab 30. Dezember 1943 als *Secrétaire Général au Maintien de l'Ordre* den gesamten französischen Polizeiapparat. Mit Darnand kam erstmals ein echter Faschist in die Regierungsverantwortung; Philippe Henriot im Propagandaressort (6. Januar 1944) und Déat als Arbeitsminister (16. März 1944) sollten folgen. Vichy radikalisierte sich somit politisch in den letzten Monaten der Besatzung noch einmal.

Diese Ernennungen waren auf deutschen Druck und gegen den Willen Pétains geschehen, doch den Verfall Vichys konnten diese Faschisten nicht aufhalten. Vor allem schafften es die Polizeikräfte nicht, die Résistance in Schach zu halten. Von Januar bis März 1944 belagerten GMR und *Milice* vergeblich etwa 600 *Maquisards* auf dem Hochplateau von Glières in Hoch-Savoyen. Als Ende März deutsche Gebirgsjäger anrückten, waren die Kämpfe nach zwei Tagen beendet. Vichys Polizeikräfte hatten ihre Machtlosigkeit offenbart – in den Augen der Besatzer und auch der französischen Bevölkerung war dies ein irreparabler Schaden.

Zu jenem Zeitpunkt sahen viele Franzosen die Résistance längst als eine echte politische Alternative zu Vichy. Dabei war es zu Beginn ein sehr steiniger Weg gewesen. Den Auftakt machte Charles de Gaulle mit seinem berühmten und emotionalen Appel vom 18. Juni 1940. Frankreich – so der General sinngemäß – habe zwar eine Schlacht verloren, jedoch nicht den Krieg, denn dieser Krieg sei ein Weltkrieg. Doch der Aufruf eines unbekannten Generals aus dem Londoner Exil interessierte im Mutterland kaum jemanden. De Gaulle konnte nur für ein Weiterkämpfen plädieren, da er komfortabel im Ausland saß. Im Mutterland selbst war derlei im Sommer 1940 undenkbar; Frankreich war militärisch vernichtend geschlagen, woran auch der Erhalt der Kolonien und der Flotte nichts änderte.

De Gaulle gelang es im Exil relativ schnell, sich als Führer der „Freien Franzosen" zu etablieren, und er behauptete seine Macht auch 1942/43 gegen die scharfe Konkurrenz des einst vichytreuen Generals Henri Giraud. De Gaulles *Résistance Extérieure* nahm den Kampf gegen das Deutsche Reich und Vichy aus dem Ausland auf. De Gaulles Truppen, die Freien Franzosen, waren zunächst zahlenmäßig sehr klein und kämpften an der Seite von Commonwealth-Truppen in Syrien, Eritrea und Nordafrika. Erst nach *Torch* erhielten sie erheblich Verstärkung, als große Teile der ehemaligen vichytreuen *Armée d'Afrique* zu den Freien Franzosen wechselten. Ab Ende 1943 war in Italien ein französisches Expeditionskorps eingesetzt, zuletzt vier Divisionen mit insgesamt 112 000 Mann. Etwa 60 Prozent davon waren Kolonialsoldaten aus dem Maghreb. Im Sommer 1944 hatte de Gaulle acht Divisionen zur Verfügung, ausgerüstet mit amerikanischem Material. Damit hatten die Freien Franzosen nicht nur ein gewisses militärisches, sondern durchaus auch politisches Gewicht. Doch bei den anderen Alliierten und den neutralen Staaten fand de Gaulle wenig Anerkennung. Lediglich Großbritannien und die Sowjetunion erkannten – wenn auch noch nicht im vollen Umfang – das *Comité Français de la Libération Nationale* (CFLN) als die legale französische Regierung an. Es ist übrigens vollkommen falsch, von einer „Exil-Regierung" de Gaulles in London bzw. Algier zu sprechen; vielmehr war es eine völkerrechtlich damals nicht anerkannte Gegenregierung zu Vichy. So hielten beispielsweise die USA bis November 1942 ihre diplomatischen Beziehungen mit Vichy aufrecht. De Gaulles CFLN hingegen erkannten sie erst am 23. Oktober 1944 – also nach der Befreiung – als „Provisorische Regierung" an.

Im Mutterland selbst war es für de Gaulle ein harter und steiniger Weg, seinen Führungsanspruch in der *Résistance Intérieure* durchzusetzen. Zu Beginn waren die Widerstandsbewegungen klein, politisch atomisiert und durch die Demarkationslinie räumlich getrennt. Erst im Mai 1943 gelang es de Gaulles Mittelsmann Jean Moulin nach mühevoller und zäher Arbeit, die meisten großen Widerstandsgruppen zum *Conseil National de la Résistance* zu vereinen und de Gaulle als den Führer anzuerkennen. Obwohl im *Conseil* vertreten, blieb die Zusammenarbeit mit den Kommunisten wegen der ideologischen Gräben und der entgegengesetzten Widerstandsstrategien schwierig. Während de Gaulle den Widerstand zunächst nur organisieren und erst in Abstimmung mit den Alliierten bei der Landung militärisch zuschlagen wollte, plädierten die Kommunisten für die *actions immédiates*, also für sofortige Aktionen. Sie hofften, ihre Attentatsserie auf deutsche Soldaten im Sommer/Herbst 1941 würde die Deutschen zu blutigen Repressalien verleiten und somit einen Keil zwischen Besatzer und Besetzte treiben. Doch die Rechnung ging nicht auf, die erwünschte unkontrollierbare Eskalationsspirale setzte nicht ein. Denn die Deutschen wählten als Geiseln meist Kommunisten oder ausländische Juden aus, Bevölkerungsgruppen also, die am Rande der französischen Gesellschaft standen. Enttäuscht mussten die Kommunisten erkennen, wie gering ihr Rückhalt in der Bevölkerung 1941 noch war.

Von ihrer Strategie der *actions immédiates* ließen die Kommunisten aber nicht ab, sondern gründeten im Februar 1942 ihren bewaffneten Arm, die *Francs-Tireurs et Partisans Français* (FTPF). Mit ihrer Beharrlichkeit gewannen die Kommunisten unter der französischen Bevölkerung immer mehr an Legitimität, vor allem, da sich das Kriegsschicksal gegen das Deutsche Reich und somit indirekt auch gegen Vichy wendete. Um nicht völlig ins Hintertreffen zu geraten, musste auch de Gaulle im Mai 1943 widerwillig die Strategie der *actions immédiates* einschlagen. Dennoch hielt sich die gaullistische *Armée Secrète* mit militärischen Aktionen bis in den Juni 1944 weitgehend zurück.

Dieses Abwarten galt noch mehr für die dritte große Widerstandsbewegung neben Kommunisten und Gaullisten: Die *Organisation de Résistance de l'Armée* (ORA), die sich aus ehemaligen Militärs zusammensetzte. Je näher die alliierte Landung rückte, desto mehr gewannen militärische Gesichtspunkte an Bedeutung. So sahen die Alliierten in der ORA das größte Potential, mehr als in der politisch sensiblen *Armée Secrète* oder in den ideologisch suspekten FTPF. Die ORA und die Kommunisten beäugten sich mit äußerstem Argwohn. Während die ORA eine Machtübernahme der Kommunisten befürchtete, sahen jene die Ex-Militärs als Opportunisten und verkappte Vichy-Anhänger.

Nicht nur politische Querelen lähmten lange Zeit die Handlungsfähigkeit der Résistance. Sie musste auch immer wieder herbe Rückschläge hinnehmen, weil es die deutsche Sipo/SD immer wieder schafften, Widerstandszellen zu infiltrieren und zu zerschlagen. Im Juni 1943 gelang mit der Verhaftung von Jean Moulin und General Charles Déléstraint gleich ein Doppelschlag gegen die Spitze der *Armée Secrète*. Doch während in einigen deutsch besetzten Ländern wie in Jugoslawien oder in Griechenland der nationale und der kommunistische Widerstand bisweilen gegeneinander kämpften, blieb dies der französischen Résistance erspart. Ja, es gelang sogar im Februar 1944, die *Armée Secrète*, die FTPF und die ORA zu den *Forces Françaises d'Intérieur* (FFI) zu vereinigen und von London bzw. Algier aus zu steuern – zumindest in der Theorie. Wenngleich die FTPF weiterhin eine Sonderrolle für sich beanspruchten, so waren nach dreieinhalb Jahren die einst zersplitterten Widerstandsbewegungen zu einer militärischen Organisation vereint.

Es ist unklar, ob sich die Résistance je zu einem militärischen Faktor hätte entwickeln können, hätte Vichy im Februar 1943 nicht den STO eingeführt. Viele junge Franzosen entzogen sich aus verständlichen Gründen dem Arbeitsdienst für den Besatzer und flüchteten in abgelegene ländliche Gebiete, wo sie dem Zugriff der Deutschen und der Vichy-Verwaltung entzogen waren.

Der *Maquis* – aus dem korsischen Wort „macchia" für „Gestrüpp" abgeleitet – war geboren. Die *Maquisards* waren zu Beginn jedoch nicht gleich automatisch Widerstandskämpfer. Ein großer Teil von ihnen glaubte viel eher den Jugendtraum als Abenteurer und Rebellen in der Illegalität ausleben zu dürfen. Die lokalen Führer der Résistance erkannten aber sofort das personelle Potential und begannen den *Maquis* zu organisieren. So wurden aus den *Maquisards* langsam Widerstandskämpfer, der Name *Maquis* ein Synonym für die Résistance. Mitunter blieb diese Transformation nicht ohne innere Reibungen, denn soeben der staatlichen Autorität entkommen, mussten sich die jungen Männer nun einer neuen, militär-ähnlichen Hierarchie unterordnen. Vor allem waren aber die mangelnde Bewaffnung und Ausbildung die Hauptprobleme der Résistance.

Trotz des *Maquis* war die Résistance bis in den Sommer 1944 keinesfalls eine Massenbewegung. Manche Franzosen sahen in den *Maquisards* nichts anderes als plündernde Landstreicher. In einer Erklärung vom 17. Februar 1944 brandmarkten die katholischen Bischöfe die Anschläge der Résistance gar als Terrorismus. Gewiss, ein großer Teil der Franzosen sympathisierte zwar vor allem mit dem gaullistischen Widerstand, war aber keinesfalls zu einer aktiven Mitarbeit bereit. Zu groß war die Furcht vor deutschen Repressionen, zu unsicher die Aussicht auf Erfolg. Die Mehrheit der Bevölkerung verharrte in einer Mischung aus Fatalismus und geduldigem Warten auf die Befreiung; eine Haltung, die den bezeichnenden Namen *Attentisme* erhielt.

## 2.3. Die Alliierten: Mittelmeer oder Westeuropa?

Im Sommer 1940 war nicht nur die *Grande Nation* besiegt. Auch Großbritannien musste eine schwere Niederlage einstecken, verlor es doch seinen wichtigsten Verbündeten sowie das militärische Standbein auf dem Kontinent. Wenigstens konnten zwischen dem 27. Mai und dem 4. Juni in einer beispiellosen Improvisationsaktion etwa 335 000 Soldaten von Dünkirchen über den Ärmelkanal nach England evakuiert werden (*Operation Dynamo*). Der Kern des britischen Berufsheeres war damit gerettet, womit

Hitlers Sieg im Westen kein strategischer Sieg wurde. Jedoch: Der englische Löwe war schwer angeschlagen. Der neue Premierminister Winston Churchill konnte seinen Landsleuten zunächst nicht viel mehr als Blut, Schweiß und Tränen anbieten, gepaart mit dem eisernen Willen, niemals zu kapitulieren. Großbritannien stand in der vielleicht schwärzesten Stunde seiner Geschichte alleine da. Ein Weltreich schien zu zerbrechen.

Hitler holte nun zum letzten Schlag aus und befahl seiner siegeserprobten Wehrmacht die Landung in Südengland, das „Unternehmen Seelöwe". Zunächst wollte er die deutsche Luftherrschaft sichern, doch die Royal Air Force blieb gegen die Luftwaffe siegreich. Hitler verschob daher „Seelöwe" auf unbestimmte Zeit; Großbritannien war damit gerettet. Doch ein britischer Sieg in diesem Krieg lag noch in fast unerreichbarer Ferne. Der Versuch im Frühjahr 1941, in Südosteuropa erneut auf dem Kontinent Fuß zu fassen, scheiterte kläglich. Wiederum zog die *British Army* gegen die Wehrmacht den Kürzeren und musste sich zunächst überhastet vom griechischen Festland und schließlich Anfang Juni von Kreta zurückziehen.

Als das Deutsche Reich ab Anfang 1941 seine Kriegsanstrengungen gegen die Sowjetunion konzentrierte, konnte Großbritannien zunächst kaum militärischen Nutzen daraus ziehen. Im Sommer 1940 hatte der Ärmelkanal das Land vor einer deutschen Invasion geschützt. Nur ein Jahr später war genau jenes Gewässer das geographische Hindernis, um offensiv gegen Hitler-Deutschland vorzugehen. Für eine Landung in Westeuropa hatte Großbritannien vorerst weder das Material noch die entsprechende Armee. So blieben nur drei Offensivlösungen übrig: Erstens die Unterstützung von Untergrundbewegungen auf dem deutsch besetzten Kontinent, zweitens der strategische Bombenkrieg über Deutschland sowie drittens die Mittelmeer-Strategie.

Für die Unterstützung von Widerstandsbewegungen gründete Churchill eigens eine neue Dachorganisation zur Koordinierung der Aktionen, den *Special Operations Executive* (SOE). Er wollte damit Europa in Flammen setzen, wie er es wörtlich ausdrückte. Doch mehr als ein kleines Fünkchen kam dabei zunächst nicht heraus. Die Bevölkerung der besetzten Länder Westeuropas zö-

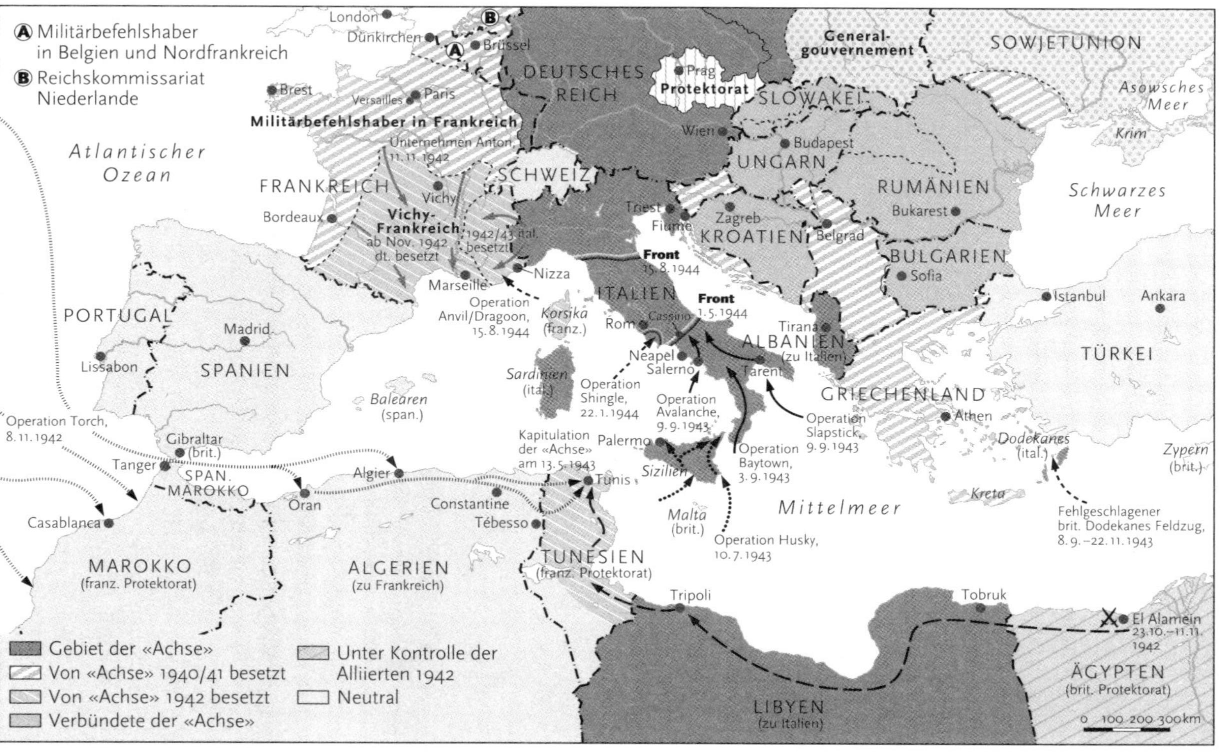
A Militärbefehlshaber in Belgien und Nordfrankreich
B Reichskommissariat Niederlande
Atlantischer Ozean
London
Dünkirchen
Brüssel
Brest
Versailles
Paris
Militärbefehlshaber in Frankreich
Unternehmen Anton, 11.11.1942
FRANKREICH
Vichy
Bordeaux
Vichy-Frankreich
ab Nov. 1942 dt. besetzt
1942/43 ital. besetzt
Marseille
Nizza
SCHWEIZ
DEUTSCHES REICH
Prag
Protektorat
Wien
General-gouvernement
SOWJETUNION
Asowsches Meer
Krim
SLOWAKEI
Budapest
UNGARN
RUMÄNIEN
Bukarest
Schwarzes Meer
Triest
Fiume
Zagreb
KROATIEN
Belgrad
BULGARIEN
Sofia
Istanbul
Ankara
TÜRKEI
Front 15.8.1944
ITALIEN
Front 1.5.1944
Operation Anvil/Dragoon, 15.8.1944
Korsika (franz.)
Rom
Cassino
Tirana
ALBANIEN (zu Italien)
Neapel
Salerno
Tarent
PORTUGAL
Madrid
Lissabon
SPANIEN
Sardinien (ital.)
Operation Shingle, 22.1.1944
Operation Avalanche, 9.9.1943
Operation Slapstick, 9.9.1943
GRIECHENLAND
Athen
Balearen (span.)
Operation Torch, 8.11.1942
Gibraltar (brit.)
Tanger
SPAN. MAROKKO
Kapitulation der «Achse» am 13.5.1943
Palermo
Operation Baytown, 3.9.1943
Dodekanes (ital.)
Zypern (brit.)
Algier
Tunis
Sizilien
Oran
Constantine
Tébesso
Casablanca
Malta (brit.)
Mittelmeer
Kreta
Operation Husky, 10.7.1943
Fehlgeschlagener brit. Dodekanes Feldzug, 8.9.–22.11.1943
MAROKKO (franz. Protektorat)
ALGERIEN (zu Frankreich)
TUNESIEN (franz. Protektorat)
Tripoli
Tobruk
El Alamein 23.10.–11.11.1942
ÄGYPTEN (brit. Protektorat)
LIBYEN (zu Italien)
0 100 200 300 km
Gebiet der «Achse»
Von «Achse» 1940/41 besetzt
Von «Achse» 1942 besetzt
Verbündete der «Achse»
Unter Kontrolle der Alliierten 1942
Neutral

gerte noch, sich aktiv am Kampf gegen den deutschen Besatzer zu beteiligen. Zu vage waren die Erfolgsaussichten, zu risikoreich die Unternehmen, zu groß die Furcht vor deutschen Repressalien.

Auch die Ergebnisse des strategischen Bombenkriegs blieben zunächst bescheiden. Die Briten griffen ab Februar 1942 verstärkt auf eine militärische Denkschule aus der Zwischenkriegszeit zurück, das *strategic bombing*. Unter seinem Oberbefehlshaber *Air Marshal* (seit Anfang 1943 *Air Chief Marshal*) Arthur Harris entwickelte sich der *Bomber Command* zu einer bevorzugten Offensivwaffe. Doch trotz des spektakulären 1000-Bomber-Angriffs auf Köln in der Nacht vom 30. auf den 31. Mai 1942 zeigte die Bomberoffensive über dem Reich bis 1943 kaum Erfolge. Die deutsche Luftverteidigung war effektiv organisiert, die britischen Verluste folglich hoch, die Bombardierung bei Nacht häufig ungenau und die erhoffte Wirkung auf die Moral der deutschen Zivilbevölkerung blieb auch aus.

Am erfolgversprechendsten schien die dritte Option zu sein, um gegen das Deutsche Reich wieder offensiv vorzugehen: die Mittelmeer-Strategie. Sie war bis Ende 1943 die Hauptmarschroute der Briten und sollte zu hitzigen Debatten mit dem amerikanischen Verbündeten führen. Die Briten wollten den schwächelnden deutschen Bündnispartner Italien treffen. Dieser Ansatz war durchaus logisch, denn bei keiner anderen kriegführenden Macht gingen politischer Anspruch und militärische Wirklichkeit so weit auseinander wie im Imperium des *Duce* Benito Mussolini. Seit 1940 jagte eine militärische Pleite die nächste, ob in Griechenland, Frankreich, Somaliland oder Nordafrika. Die italienische Armee war der willkommene moralische Aufbaugegner für die Briten. Hitler musste im Februar 1941 Erwin Rommel mit seinem Afrika-Korps nach Nordafrika schicken, um dort den italienischen Zusammenbruch zu verhindern. In den nächsten eineinhalb Jahren gelang weder der deutsch-italienischen Achse noch den Briten mit den verbündeten Commonwealth-Truppen ein entscheidender Erfolg. Trotzdem blieb der strategische Fokus der Briten über all die Zeit hinweg das Mittelmeer. Mehr war aufgrund der beschränkten militärischen Kapazitäten zunächst nicht möglich.

Der US-amerikanische Verbündete sah dies allerdings anders. Seit Hitler und Mussolini am 11. Dezember 1941 der USA den Krieg erklärt hatten, hatte sich das alliierte Kriegspotential erheblich vergrößert. Freilich sollte es noch etwas dauern, bis der amerikanische Wirtschaftsmotor in Gang kam. Doch bereits sehr früh legten die beiden Staatschefs Winston Churchill und Franklin D. Roosevelt auf der „Arcadia" Konferenz in Washington (22. Dezember 1941 bis 14. Januar 1942) ihr strategisches Ziel fest. Trotz der ersten schnellen Erfolge der Japaner im Pazifik 1941/42 gaben sie das Schlagwort „Germany first!" aus. Strittig blieb jedoch, wo der Hauptschlag gegen das Deutsche Reich geführt werden sollte: In Nordwest-Europa oder im Mittelmeer?

Während die Briten nach wie vor ihrer Mittelmeer-Strategie anhingen, wollten die USA schnellstmöglich in Frankreich landen, um das Deutsche Reich am stärksten Punkt zu treffen und somit rasch die Kriegsentscheidung herbeizuführen. Alles andere hielten sie für Zeitverschwendung, befürchteten sie doch jederzeit einen sowjetischen Zusammenbruch im Osten. Und auch Stalin selbst drängte seine neuen Verbündeten unentwegt auf die Eröffnung einer „Zweiten Front" in Westeuropa, um den deutschen Druck auf die Rote Armee zu vermindern.

Bereits am 2. April 1942 legte der *Chief of Staff* der US-Army, General George C. Marshall, ein Memorandum für den Westen vor. Demnach sollten im Frühjahr 1943 48 Divisionen, unterstützt von 5800 Kampfflugzeugen, zwischen Le Havre und Boulogne landen. Dieser Plan basierte auf reinem Wunschdenken. Weder hatten die Alliierten die notwendige Anzahl an Landungsbooten, noch besaßen sie ein Langstrecken-Jagdflugzeug, das die Luftherrschaft im Landungsgebiet hätte sichern können. Das zeigte sich vor allem beim kläglich gescheiterten Überfall auf die französische Hafenstadt Dieppe am 19. August 1942 (*Operation Jubilee*). Innerhalb weniger Stunden konnte die Wehrmacht die gelandeten alliierten Truppen wieder ins Meer werfen. Von den 6100 Mann – allen voran Kanadier – kamen nur etwa 2500 wieder zurück, der Rest war tot oder geriet in deutsche Kriegsgefangenschaft.

Es ist bis heute nicht ganz klar, was die Briten damals zu diesem Unternehmen bewog. Möglicherweise stand sogar der Plan dahinter, die Landung absichtlich scheitern zu lassen, um den Amerikanern die Unmöglichkeit einer Invasion in Westeuropa drastisch vor Augen zu führen. Denn die Briten favorisierten nach wie vor ihre Mittelmeer-Strategie. Die Umständen waren nun günstig, denn seit dem Sieg der *8th Army* unter General Bernard Montgomery bei El Alamein im November 1942 war das Pendel auf dem afrikanischen Kriegsschauplatz endgültig zu Gunsten der Briten ausgeschlagen. Zudem hatten die Amerikaner in eine Landung auf vichy-französischem Gebiet in Marokko und Algerien eingewilligt (*Operation Torch*). Damit waren die deutschen und italienischen Kräfte in Nordafrika seit dem 8. November 1942 von Osten und Westen bedroht. Harte Kämpfe in Tunesien folgten, bis am 13. Mai 1943 letztlich die Heeresgruppe Afrika in Tunis kapitulierte; etwa 250 000 deutsche und italienische Soldaten gerieten in Kriegsgefangenschaft. Es war der bisher größte Sieg der Alliierten über das Deutsche Reich.

Wie sollte es aber nun für die Alliierten weitergehen? Schwenk nach Westeuropa oder nach wie vor das Mittelmeer? Bereits Ende 1942 hatten der britische *Chief of the Imperial General Staff*, General Alan Brooke, und andere Spitzenmilitärs darauf hingewiesen, dass eine duale Strategie im Mittelmeer und in Nordwest-Europa rein logistisch nicht möglich sei, da die benötigte Ladekapazität fehlte. Brooke bevorzugte weiterhin die Mittelmeer-Strategie. Das Festhalten der Amerikaner an einer Landung in Frankreich erfüllte ihn nach eigener Aussage mit „Depression, zuweilen fast mit Verzweiflung“[9]. Churchill sprach mit Hinblick auf eine mögliche Landung im Mittelmeer stets vom „soft underbelly of Europe“, dem „weichen Unterleib Europas“, und meinte hier vor allem den Balkan.

Es brauchte zwei Konferenzen, um die strategische Marschroute der Westalliierten für das Jahr 1943 festzulegen. Vom 14. bis. 24. Januar 1943 verständigten sich Churchill und Roosevelt in Casablanca (*Symbol*) auf ein vorläufiges Festhalten an der Mittelmeer-Strategie. Die Dritte Washington-Konferenz (*Trident*) zwischen dem 12. und 25. Mai 1943 bestimmte schließlich Sizilien und anschließend das italienische Festland als nächste Landungsziele. Die Ergebnisse dieser beiden Konferenzen waren in

**Bild 2**
**Juli 1943: Der Sturm auf die „Festung Europa" hat begonnen, die Alliierten landen auf Sizilien. Ein Transportschiff mit Munition explodiert.**

dreierlei Hinsicht bedeutsam. Erstens musste Churchill auf seinen eigentlich favorisierten Plan verzichten, eine Landung in Griechenland. Übrig blieb hiervon nur ein großangelegtes Täuschungsmanöver des britischen Geheimdienstes, das der Achse einen Angriff auf den Balkan vorspielte (*Operation Mincemeat*). Zweitens war aus dem „Germany First" in Wirklichkeit ein „Italy First and Germany Second" geworden. Der schwache Achsenpartner Rom sollte mit einer Invasion des Heimatlandes direkt bedroht und aus dem Krieg gekegelt werden. Schließlich, drittens, war die Entscheidung für eine Landung in Italien ein strategischer Kompromiss zwischen den Briten und den Amerikanern. Zunächst wurde zwar der Mittelmeer-Strategie der Vorrang gegeben, allerdings nur mit beschränkten Ressourcen. Der Hauptschlag sollte später in Westeuropa geführt werden. Damit war das Pendel zwischen den beiden Alliierten zugunsten der US-Amerikaner ausgeschlagen. Das spiegelte sich auch in der militärischen Hierarchie für den kommenden Italien-Feldzug wider. Der britische *Field-Marshal* Harold Alexander befehligte zwar die *15$^{th}$ Army Group* mit den verbündeten amerikanischen und Commonwealth-Streitkräften, *Theater Commander* wurde aber US-General Dwight D. Eisenhower.

Ab dem 10. Juli landeten die Allierten auf Sizilien (*Operation Husky*) und griffen damit erstmals das Heimatgebiet eines Achsenstaates an. In dieser bisher größten amphibischen Landung des Kriegs kamen 2500 Schiffe der *Royal Navy* und der *US Navy* zum Einsatz, um die Landstreitkräfte von etwa 200 000 Mann zu unterstützen und zu versorgen. Das Überraschungsmoment glückte vollends, die Täuschungsoperation *Mincemeat* stellte sich als Erfolg heraus. Auch politisch führte *Husky* sehr schnell ans gewünschte Ziel: Zwei Wochen nach Beginn der Landung, am 25. Juli 1943, wurde Mussolini gestürzt, der Ausstieg Italiens aus dem Krieg war – trotz gegenteiliger Bekundungen der neuen Regierung des Marschalls Pietro Badoglio – nur mehr eine Frage der Zeit. *Husky* zeigte auch, wie sehr dieser Krieg ein Weltkrieg war mit all den Interdependenzen der einzelnen Kriegsschauplätze. Als Hitler von der Landung der Alliierten auf Sizilien erfuhr, ließ er sofort die Großoffensive bei Kursk („Unternehmen Zitadelle") abblasen, wenngleich er nur wenig Truppen und Flugzeuge von der Ostfront nach Italien verlegen ließ. Die von Stalin lange geforderte „Zweite Front" war nun Realität und hatte umgehend Auswirkungen auf die Operationen im Osten gezeitigt. Militärisch blieb *Husky* aber der durchschlagende Erfolg verwehrt. 110 000 Soldaten, die Hälfte davon deutsche, konnten sich über die Straße von Messina retten („Unternehmen Lehrgang") und standen nun zur Verteidigung des italienischen Festlands bereit.

Die Alliierten mussten also die militärische Entscheidung auf der Appenin-Halbinsel suchen. Die operativen Ziele steckten sie dabei sehr hoch. In drei Landungen bei Messina, Tarent sowie Salerno (*Operation Avalanche*) sollte die *15$^{th}$ Army Group* den Gegner in Süditalien komplett abschneiden und damit die deutsche Gesamtverteidigung in Italien zum Einsturz bringen. Die Alliierten verstanden meisterhaft die Interdependenzen von Politik und militärischen Operationen. Nur Stunden vor Beginn der

Hauptlandungen gaben sie am 8. September 1943 den Waffenstillstand mit Italien bekannt. Der „Verrat" Italiens traf die Deutschen zwar militärisch nicht unerwartet, doch psychologisch konnten sie dem ehemaligen Verbündeten diesen Akt nicht verzeihen. Zu sehr schien die Situation an 1915 zu erinnern, als Italien trotz des Dreibundes ins alliierte Lager übergewechselt war. Als die Deutschen die Nachricht vom Ausscheiden Italiens aus dem Krieg erfuhren, entwaffneten sie schnell und energisch die Truppen des Ex-Verbündeten. In Italien selbst gelang dies weitgehend unblutig, in den besetzten Gebieten hingegen nicht immer. Hier begingen die Deutschen teilweise Massaker an italienischen Soldaten, die sich zur Wehr setzten, allen voran auf der ionischen Insel Kephallonia. Nur eine Minderheit der Italiener entschied sich zum Weiterkämpfen auf deutscher Seite, die Mehrheit hingegen wurde nach der Entwaffnung als „Militärinternierte" ins Reich zum Arbeitsdienst deportiert. Bewusst verweigerten die Deutschen ihnen den völkerrechtlichen Status als Kriegsgefangene.

Das Ausscheiden Italiens aus dem Krieg bedeutete auch, dass die Deutschen ihre Verteidigungspläne auf dem italienischen Festland schnell umdisponieren mussten. *Avalanche* schien daher ein alliierter Erfolg zu werden, doch der Oberbefehlshaber der *5th US Army, Lieutenant-General* Mark W. Clark, ging bei Salerno zu zaghaft vor; die Deutschen konnten schnell Verstärkungen an den Landekopf werfen. Zwar vereinigten sich bereits am 16. September die britische *8th Army* aus Kalabrien und die *5th US Army* in Salerno, doch der deutsche Oberbefehlshaber, Generalfeldmarschall Albert Kesselring, konnte seine Truppen geordnet auf eine Linie nördlich von Neapel zurückziehen, die sogenannte Gustav-Linie. Anstelle eines schnellen alliierten Siegs in Süditalien folgte ein langwieriger Abnutzungskrieg in Mittelitalien. Die kalte Jahreszeit, das gebirgige Gelände und taktisches Geschick der Wehrmacht brachten den weiteren alliierten Vormarsch unter hohen Verlusten zum Stehen.

Ende 1943 entwickelten britische Stäbe einen neuen Plan, um die Patt-Situation auf der Apennin-Halbinsel auszuhebeln: Mittels einer erneuten amphibischen Landung bei Anzio (*Operation*

*Shingle*) – also etwa 80 Kilometer nördlich der „Gustav-Linie" und 40 Kilometer südlich von Rom – sollte die deutsche Verteidigungslinie ausgehebelt und vom Nachschub abgeschnitten werden. Gleichzeitig sollte eine Großoffensive an der „Gustav-Linie" bei Monte Cassino Kesselrings Kräfte zersplittern. Doch wegen der bereits laufenden Vorbereitung für die Invasion in Frankreich waren ab Dezember 1943 beträchtliche Mengen an Material und Personal aus Italien abgezogen worden, darunter auch die beiden bisherigen militärischen Schlüsselpersonen Eisenhower und Montgomery.

Dennoch schien Anzio zunächst ein Erfolg zu werden, aber erneut zögerten die Alliierten und die Deutschen bedrohten ihrerseits mit drei Gegenoffensiven sogar den Brückenkopf – letztlich allerdings auch erfolglos. Erst der alliierte Durchbruch in der vierten Schlacht bei Monte Cassino Ende Mai 1944 sorgte – fast zeitgleich mit der Landung in der Normandie – erstmals für einen schnellen Vormarsch in Italien. Am 4. Juni befreiten alliierte Truppen Rom und die Wehrmacht konnte sich erst nördlich von Florenz an der sogenannten Goten-Linie noch einmal fangen. Bis Ende April 1945 blieb Norditalien in deutscher Hand, wo Mussolini seine Marionettenregierung der *Repubblica Sociale Italiana* führen konnte. Italien war zu diesem Zeitpunkt aber längst Nebenkriegsschauplatz geworden.

Wie will man die alliierte Mittelmeer-Strategie beurteilen? War sie richtig oder war sie nur eine Verschwendung von Zeit und kostbaren Ressourcen? Hätte eine frühere Landung in Westeuropa ein schnelleres Kriegsende herbeigeführt? Zunächst einmal muss man festhalten, dass der britischen Mittelmeer-Strategie kein durchschlagender Erfolg beschieden war. Selbst der Wechsel Italiens ins alliierte Lager brachte keine Entscheidung des Kriegs, sondern vielmehr einen langwierigen und verlustreichen Abnutzungskrieg im Appenin. Viel Schuld trifft dabei die alliierten Oberbefehlshaber, die sowohl in Sizilien sowie später bei Salerno und Anzio vielversprechende Ausgangspositionen verspielten und stattdessen scheinbar sichere Optionen bevorzugten. Damit konnte kein operativer Durchbruch gelingen – ein Muster, das sich später in der Normandie häufig wiederholen sollte. Nach dem Krieg ärgerte sich Churchill zu Recht über das zögerliche Verhalten der Militärs bei Anzio: „Ich hoffte, dass wir eine Wildkatze an den Strand werfen würden, aber alles, was wir bekamen, war ein gestrandeter Wal.“[10]

War wegen dieser operativen Fehlschläge die gesamte Mittelmeer-Strategie falsch? Nein. Vielmehr war sie die einzig machbare Option im Jahr 1943. Aus heutiger Sicht war es für die Alliierten sehr vorteilhaft, dass die Briten ihre amerikanischen Verbündeten von einer frühzeitigen Landung im Westen abgebracht hatten. Diese hätte mit an Sicherheit grenzender Wahrscheinlichkeit zu einer militärischen Katastrophe geführt. Die Alliierten verfügten damals noch nicht über die notwendigen Landungskapazitäten. Vor allem die US-Army war noch reichlich unerfahren im Kampf, wie ihre mageren militärischen Leistungen in Tunesien Anfang 1943 zeigten. Demgegenüber stand eine vergleichsweise leistungsfähige Wehrmacht. Die deutsche Luftwaffe war noch einigermaßen intakt und hätte der alliierten Landungsflotte sowie den Bodentruppen empfindliche Verluste beibringen können. Zudem beherrschte die Wehrmacht 1943 meisterhaft das „Schlagen aus der Nachhand“, also eine operative Gegenoffensive. All dies sollte ein Jahr später in der Normandie aber anders aussehen.

# 3. Planung
## Vorbereitungen auf die Landung

### 3.1. Die deutsche Seite

„Es mag die plutokratische Welt im Westen ihren Landungsversuch unternehmen wo sie will, er wird scheitern", tönte Hitler in seinem Tagesbefehl vom 1. Januar 1944.[1] Was veranlasste Hitler zu diesem Optimismus? War er berechtigt? War die Wehrmacht auf eine Abwehr der Invasion im Westen gut vorbereitet? Immerhin hatten die Deutschen fast vier Jahre Zeit gehabt, sich darauf vorzubereiten. Auch wenn eine alliierte Großlandung vorerst nicht zu befürchten war, hatte das OKW bereits am 14. Dezember 1941 – nur drei Tage nach der Kriegserklärung an die USA – den Bau eines „neuen Westwalls" an den Küsten in Westeuropa befohlen. Es war die Geburtsstunde des „Atlantikwalls". Im September 1942 konkretisierte Hitler seine Vorstellungen: Bis zum 1. Mai 1943 sollten vom Nordkap bis zur Biskaya 15 000 Befestigungswerke entstehen, pro Kilometer 15 bis 20 Bunker.

Das Projekt war in diesen Dimensionen natürlich illusorisch. Im Oktober 1943 gab der OB West, Generalfeldmarschall Gerd von Rundstedt, einen pessimistischen Zustandsbericht an das Führerhauptquartier: Die Verteidigungsvorbereitungen waren völlig ungenügend. Zeitgleich schickte auch der Oberbefehlshaber der 15. Armee, Generaloberst Hans von Salmuth, an den Chef des Wehrmachtführungsstabs, Generaloberst Alfred Jodl, einen niederschmetternden Bericht über den Zustand des „Atlantikwalls". Dieser gleiche einer Perlenkette mit einigen befestigten Bunkeranlagen, aber keinesfalls könne man ihn als formidables Befestigungswerk sehen. Die Besatzungen bestünden hauptsächlich aus Buben, die erst noch zu Soldaten ausgebildet werden müssten.

Hitler reagierte auf diese Meldungen. Er gab die Weisung Nr. 51 heraus und verlegte nur wenige Tage später zur Organisation der Befestigungsanlagen den Stab der Heeresgruppe B von

Norditalien in den Westen. Der Oberbefehlshaber dieser Heeresgruppe war ein besonderer: Generalfeldmarschall Erwin Rommel, der Propaganda- und Volksgeneral. Seine Ernennung war ein militärischer und politischer Akt zugleich. Militärisch, weil kein zweiter deutscher General mehr Erfahrungen im Kampf gegen die Briten und Amerikaner gesammelt hatte. Politisch, weil Rommel seit seiner Zeit in Afrika 1941/43 einen klingenden Namen bei Freund und Feind hatte. Der einstige „Wüstenfuchs" sollte dem Gegner Respekt einflößen und der eigenen Bevölkerung feste Zuversicht für die kommende Invasion geben. Rommel legte sehr schnell seine Verteidigungskonzeption fest. Sie drehte sich um den „Atlantikwall" und Rommel tat alles, um den Ausbau zu beschleunigen.

Welche Grundidee stand hinter dieser gigantischen Verteidigungsanlage? Hitler war 1941 so etwas wie der „Vater des Atlantikwalls" gewesen. Die statischen Befestigungswerke waren allerdings mehr als eine bloße Reminiszenz des ehemaligen Gefreiten an die Grabenkämpfe des Ersten Weltkriegs. Der „Atlantikwall" bedeutete auch nicht einen Rückschritt des deutschen militärischen Denkens in der zweiten Kriegshälfte, also weg von der mobilen und wieder zurück zur linearen Kriegführung. Der „Atlantikwall" war etwas anderes. Er war zunächst einmal ein Testmodell, denn historische Beispiele für die Abwehr einer modernen amphibischen Großlandung gab es kaum. Ein zentraler Gedanke stand hierfür Pate: Wie konnten die Deutschen möglichst viele Soldaten einsparen? Die hohen Verluste an der Ostfront und als Folge die immer dünnere Personaldecke im Westen zwangen zu einer Lösung dieses dringlichen Problems. Ausgebaute und befestigte Verteidigungsstellungen bildeten hier den offensichtlichen Ausweg. So entstand der „Atlantikwall", errichtet durch Zwangsarbeiter der „Organisation Todt", bezahlte einheimische Arbeitskräfte sowie deutsche Soldaten selbst.

Das Verteidigungskonzept „Atlantikwall" war – und das muss in aller Deutlichkeit betont werden – kein Selbstzweck, auch wenn die NS-Propaganda diesen Eindruck erweckte. Imposante Geschütze mit der 406 mm Kanone SK C34 waren ein gern gefilmtes Objekt für die Wochenschau. Sie trugen Namen wie „Batterie Todt“ oder „Batterie Lindemann“[2]. Doch weder die Militärs noch Hitler selbst glaubten, die alliierten Landetruppen könnten nur mit Bunkeranlagen und befestigten Stellungen besiegt werden. Vielmehr war der „Atlantikwall“ Teil eines viel komplexeren Verteidigungssystems. Dieses kreiste um zwei Komponenten: Einerseits eine statische Verteidigung und andererseits eine mobile Verteidigung.

Die statische Verteidigung war eben jener „Atlantikwall“ mit seinen Bunkeranlagen an wichtigen und dominierenden Geländepunkten. Bis etwa Ende 1943 gingen die deutschen Planungen noch davon aus, die gegnerische Landungsflotte so weit wie möglich auf See zu zerstören. Doch mit dem Niedergang von Luftwaffe und Kriegsmarine war diese Idee tot. Das Heer musste die kommenden Kämpfe praktisch alleine tragen. Dem trug die neue Weisung Rechnung, den Feind erst bei der Anlandung am Strand zu bekämpfen. Dabei musste die feindliche Landungsflotte erst durch eine Anzahl von „Vorstrandhindernissen“ hindurch wie den „Tschechenigeln“, die den Rumpf der Landungsboote aufreißen sollten, oder den „Hemmkurven“, die eine Anlandung von Panzern erschweren sollten. Am Strand erwartete den Feind ein kompliziertes System von Stacheldrähten, Panzergräben und -wällen, gar gänzlich mit Meerwasser geflutetes Gebiet oder Minenfelder. 1944 wurden wöchentlich 200 000 bis 300 000 Minen verlegt. Besonders Rommel war ein Anhänger all dieser pioniertechnischen Finessen. In einer Mischung aus Respekt und Überspitzung nannte sein Piongeneral Wilhelm Meise ihn einmal „den größten Pionier des Zweiten Weltkriegs“[3]. So trugen auch die im Hinterland gegen feindliche Luftlandungen aufgestellten Baumpfähle den Namen „Rommel-Spargel“.

Der „Atlantikwall“ alleine konnte aber keine Landung aufhalten. Das war allen deutschen Befehlshabern klar. Er konnte aber den gelandeten Gegner massiv schwächen, seine Bewegungen kanalisieren und ihn am Strand so lange aufhalten, bis Reserven in die Kämpfe eingreifen konnten. Diese mobilen Reserven komplettierten die statischen Befestigungsanlagen des

Bild 3
**Zwei Symbole für die deutsche Hoffnung auf eine erfolgreiche Abwehr der Invasion: Generalfeldmarschall Erwin Rommel am „Atlantikwall".**

„Atlantikwalls". Innerhalb weniger Stunden sollten sie an den Strand verlegt werden, um den Feind aufzufangen und im Gegenstoß wieder ins Meer zurückzuwerfen. Der Faktor Zeit war dabei entscheidend. Der OB West betonte schon sehr frühzeitig: „Jede halbe Stunde, die eine höhere Kommandostelle durch gute Organisation und Befehlstechnik mehr herausholen kann, kann entscheidend sein. Jede halbe Stunde, die ein Truppenführer durch gute Vorbereitung und Einsatz seiner ganzen Persönlichkeit mehr herausholt, ist entscheidend und wird ihm Verluste ersparen."[4]

Über dieses Grundkonzept zur Verteidigung im Westen, mit einem statischen („Atlantikwall") und einem mobilen Element (Eingreifreserven), gab es in den deutschen Reihen keine Diskussionen. Die Debatte entzündete sich aber am Einsatz der Eingreifreserven, namentlich der Panzer Divisionen. Die Hauptprotagonisten dieser selbst nach 1945 weiter geführten „Panzer Kontroverse" waren Rommel sowie der Oberbefehlshaber der Panzergruppe West, General Leo Geyr von Schweppenburg. Die konträren Meinungen der beiden Generäle resultierten aus ihren bisherigen und völlig verschiedenartigen Kriegserfahrungen: Rommel in Afrika und Geyr in der Sowjetunion.

Rommel wollte die Panzerkräfte zersplittern und möglichst nah an der Küste einsetzen, damit sie noch in den ersten Stunden nach der Landung in die Kämpfe eingreifen konnten. Eine solche Zersplitterung gepanzerter Kräfte bedeutete eine komplette Abkehr von herkömmlichen militärischen Grundprinzipien und besonders der traditionellen deutschen Militärdoktrin „Klotzen statt Kleckern". Doch Afrika hatte dem „Wüstenfuchs" gelehrt, dass aufgrund der alliierten Luftherrschaft ein ungestörtes Operieren der Panzerkräfte nicht möglich war. Geyr, ein erfahrener Panzerfachmann, hingegen wollte die Panzer Divisionen im Hinterland belassen und abwarten, bis die Alliierten gelandet waren. Erst dann wollte er sie in einer großen Gegenoffensive – oft auch als „Schlagen aus der Nachhand" bezeichnet – in den Kampf werfen. Obwohl Geyr in den 1930er Jahren Militärattaché in London gewesen war, hatte er kaum Erfahrung im Kampf gegen die Alliierten. Sein militärischer Erfahrungshorizont waren vielmehr die Kämpfe an der Ostfront, wo die Luftwaffe zumindest Parität in der Luft herstellen konnte und somit ein relativ freies Manövrieren der Panzerkräfte möglich war.

Rommel und Geyr führten ihre Kontroverse mit außergewöhnlicher Schärfe aus. Rundstedt tendierte in dieser Debatte eher zu Geyrs Lösung, doch letztlich hing alles von Hitler ab. Dieser konnte sich aber zu keiner Entscheidung durchringen und blieb seinem „divide et impera"-Prinzip treu: Einige Panzer Divisionen kamen an die Küste, andere in Geyrs Panzergruppe West, wo sie nur auf persönlichen Befehl Hitlers eingesetzt werden konnten. Dieser faule Kompromiss befriedigte keine der beiden Seiten und verschlimmerte nur noch die Schwierigkeiten für die Vorbereitungen auf eine feindliche Invasion. Hinzu kam, dass sich die Deutschen von den Alliierten täuschen ließen und an eine Landung am Pas-de-Calais glaubten.

Die „Panzer-Kontroverse" war deshalb so bedeutsam, da es sich bei der Panzerwaffe um die scheinbare Trumpfkarte der deutschen Verteidigung handelte. Die 10 Divisionen (davon vier von der Waffen-SS)[5] sowie drei schweren Panzerabteilungen (davon zwei von der Waffen-SS) versprühten mit ihren insgesamt über 1600 Panzern und Jagdpanzern noch einen Rest vom militärischen Ruhm der ersten Hälfte dieses Weltkriegs. Sie waren allgemein personell und materiell – wenn auch mit einigen Abstrichen – gut ausgestattet, ihre Offiziere und Unteroffiziere allesamt kampferfahren. Vor allem waren die deutschen Panzermodelle, besonders der Panzer V „Panther" und der Panzer VI „Tiger", ihren alliierten Pendants von Sherman, Cromwell und Churchill an Panzerung und Bewaffnung klar überlegen. Neben der Panzertruppe galten auch die drei Fallschirmjäger Divisionen – wenn auch mit beträchtlichen Unterschieden – als kampfstark und gleichzeitig als besonders stark NS-indoktrinierte Großverbände.

Bisher hatte sich die Wehrmacht in diesem Krieg in ihrer Führungskunst – zumindest auf taktischer Ebene – stets flexibler als die Alliierten gezeigt. Das Bild vom „Kadavergehorsam" der Wehrmacht ist heute genauso weit verbreitet wie es grundlegend falsch ist – zumindest in rein militärischen Belangen. Schlüssel für den deutschen Erfolg war das „Führen durch Auftrag“ oder auch „Auftragstaktik“ genannt. In der Ausführung von Aufträgen hatten Untergebene stets eine große Freiheit in der Wahl der Mittel. Vom General bis zum Schützen wurde damit eine geistige Wendigkeit abverlangt, um sich an die jeweilige militärische Lage anzupassen.

Diese taktische Überlegenheit hatte aber auch ihre Kehrseiten. Es gab auf deutscher Seite eine gefährliche Tendenz, die Alliierten zu unterschätzen. Zwar galten die Briten als „hart und zäh“[6] und sie seien „sich der Notwendigkeit des Kampfes bewußt“[7], doch brachen bei der Beurteilung der Amerikaner häufig ideologische Stereotypen durch, so ihre angeblich „materialistische Einstellung“. Einer, der es aus Nordafrika wissen musste, sah es allerdings anders: Rommel glaubte, die Wehrmacht könne in organisatorischer Hinsicht noch viel von ihrem Gegner lernen.[8]

An eigenen Problemen mangelte es den Deutschen im Westen nicht. Die Befehlshierarchien waren nach vier Jahren Besatzung reichlich verworren und reflektierten die für den Nationalsozialismus so typischen polykratischen Strukturen. Rundstedts Bezeichnung „Oberbefehlshaber West“ war irreführend, denn er hatte keinesfalls weitreichende Vollmachten im Westen. Für alles gab es Sonderregelungen, jede Organisation erhielt ihre Sonderrechte, ganz gleich ob SS, Luftwaffe, Kriegsmarine, Militärverwaltung, Deutsche Botschaft oder Befehlshaber des Ersatzheeres. Zeitzeugen nannten diese Organisation „geradezu erschütternd“.[9] Die Reibungsverluste durch Kompetenzstreitigkeiten waren immens und sollten sich später auf die Normandieschlacht auswirken.

Auch mit dem Zustand des Westheeres war es nicht zum Besten bestellt. Das fing bereits mit der Generalität an. Häufig handelte es sich um Offiziere, die vorher wegen unbefriedigender militärischer Leistungen oder Gesundheitsproblemen im Osten abgelöst worden waren. Dazu gehörte Rundstedt ebenso wie Salmuth und letztlich auch Geyr. Generaloberst Friedrich Dollmann (7. Armee) sowie Generaloberst Johannes Blaskowitz (Armeegruppe G) waren nie im Osten gewesen. Der eine, weil er militärisch als nur durchschnittlich begabt galt, der andere, weil er nach Protesten gegen die Morde der SS in Polen 1939/40 bei Hitler in Ungnade gefallen war. Mit den meisten Kommandierenden Generälen der Armeekorps und Divisionskommandeuren sah es nicht anders aus; sie waren nach einigen Monaten Einsatz in der Sowjetunion abgelöst und in den Westen aufs Abstellgleis geschoben worden. Lediglich der jüngste Generalfeldmarschall der Wehrmacht, Erwin Rommel, wollte nicht so recht in das Bild der „alten Garde" passen. Rastlos inspizierte er fast täglich den „Atlantikwall"; dagegen verließ sein direkter Vorgesetzter Rundstedt als ältester aktiver Generalfeldmarschall der Wehrmacht gerade einmal alle drei Wochen sein Hauptquartier in St. Germain-en-Laye bei Paris, um sich bei der Truppe blicken zu lassen.

Personell war die Wehrmacht im fünften Kriegsjahr ausgebrannt, die Verluste an Menschen und Material waren immens. Alleine an der Ostfront waren bis Mai 1944 insgesamt 1,85 Millionen Soldaten durch Tod oder Gefangenschaft verlorengegangen. Durch stetig neue „Auskämmaktionen" in der Heimat und den besetzten Gebieten konnten zwar immer wieder die Lücken gefüllt werden, doch die Qualität des „Menschenmaterials" nahm im Laufe der Jahre unweigerlich ab. Trotzdem konnten die Deutschen am Vorabend der Invasion etwa 1,5 Millionen Soldaten im Westen zusammenkratzen. Knapp 1,4 Millionen waren Teil der Wehrmacht, die restlichen gut 100 000 Mann kamen von der Waffen-SS. Bei der Wehrmacht entfielen gut 900 000 auf das Heer, 350 000 auf die Luftwaffe und 100 000 auf die Kriegsmarine. Luftwaffe und Marine waren nach den langen Abnutzungskämpfen über dem Reich bzw. im Atlantik völlig ausgezehrt. Auf sie konnten sich die deutschen Verteidigungsanstrengungen kaum stützen. Die Luftflotte 3 unter Generalfeldmarschall Hugo Sperrle verfügte über gerade einmal 919 Flugzeuge, wovon etwa 500 einsatzbereit waren. Gegen die alliierte Luftherrschaft über Frankreich konnten diese Maschinen praktisch nichts mehr ausrichten, ihre Piloten waren immer schlechter ausgebildet. Dies zeigen folgende erschreckende Zahlen: Anfang Januar 1944 besaß die Luftwaffe insgesamt 2395 Piloten für ihre Jagdflugzeuge; in den folgenden fünf Monaten verlor sie 2262 Jagdflieger, eine

 Verlustrate von fast 99 Prozent.[10] Der mangelhaft ausgebildete Ersatz wurde eine immer leichtere Beute für die alliierten Flieger. Dennoch hielt sich die Luftwaffe einen riesigen Unterstützungsapparat, der in Anbetracht ihrer eigentlichen Aufgaben völlig überdimensioniert war. Hermann Göring hielt mehrmals bei „Auskämmaktionen" die schützende Hand über seine Luftwaffe.

Die Masse der Landstreitkräfte war auf 58 Divisionen verteilt, die sich freilich untereinander beträchtlich unterschieden – so an Ausrüstung, Ausbildung, Einsatzauftrag, Personalstärke und Selbstverständnis.[11] Qualitativ war die Wehrmacht 1944 im Westen nicht mehr mit jener Armee zu vergleichen, die 1941 die Sowjetunion angegriffen hatte. Die Masse stellten – wie an der Ostfront – die gewöhnlichen Infanterie Divisionen, wobei über die Hälfte dieser Divisionen „bodenständig" war. Sie waren am „Atlantikwall" eingesetzt und verfügten über keine Transportmittel. Die personelle Stärke der einzelnen Infanterie Divisionen variierte abhängig von Gliederung und Stand der Aufstellung zwischen etwa 7000 und 13 000 Mann. Fast alle waren seit 1941 im Westen neu aufgestellt worden, sei es als Besatzungsdivisionen oder als Ersatz für im Osten zerschlagene Divisionen. Die Bewaffnung war häufig ein Sammelsurium verschiedenster Beutewaffen aus früheren Feldzügen. Die Munitions- und sonstige Versorgung litt unter generellen Engpässen in der Kriegswirtschaft des Deutschen Reichs sowie den steten alliierten Luftangriffen.

Durch regen Personalaustausch hatten viele Soldaten Kampferfahrung von der Ostfront, allen voran das Führungspersonal. So verfügten beispielsweise bei der 7. Armee – also genau dort, wo die alliierte Landung stattfinden sollte – immerhin 60 Prozent der Offiziere über „Osterfahrung".[12] Für die Mannschaften galt in etwa folgender Schlüssel: Ein Rückgrat von 40 Prozent stellten kampferfahrene Leute, weitere 40 Prozent waren junge Rekruten und 20 Prozent setzten sich aus ursprünglich „uk (unabkömmlich)-Gestellten" und „Ausgekämmten" zusammen, das hieß meist Rekruten älteren Jahrgangs.[13] Daraus ergab sich eine altersmäßige Zweiteilung, wie es der Obergefreite Heinrich Böll von der 348. Infanterie Division anschaulich beschrieb: „Bei der alten Kompanie sah ich soviel neue Gesichter, wohl mehr als die Hälfte, dass ich kaum noch jemand wiedererkannte! Vor allem ganz, ganz junge Bengels, wirkliche Lausbubengesichter, die nicht einmal im Stimmbruch sind, und dann sehr alte Kameraden, die tatsächlich die Väter der Jungen sein könnten."[14] Durch die kurze Ausbildungszeit waren häufig Führung und Truppe noch nicht eng genug zusammengewachsen.

Der deutsche Personalmangel war so groß, dass man sich seit 1942 mit allen erdenklichen Mitteln behelfen musste. Beispielsweise waren ganze Ausbildungsdivisionen, die sogenannten Reserve Divisionen, in den Westen verlegt worden. Fast schon einer personellen Bankrotterklärung kamen die aus Ohren- und Magenkranken gebildeten Bataillone gleich. Über fünfzehn solcher Einheiten wurden bis zum Sommer 1944 im Westen aufgestellt. Die Mannschaften setzten sich aus Soldaten mit schweren Kriegsverletzungen wie Gehörschäden oder Bauchschüssen zusammen.

Ein Teil der Soldaten in Wehrmachtsuniform waren ethnisch nicht einmal mehr Deutsche. Im Westen kamen über 10 Prozent der Mannschaften aus den nach 1939 annektierten Gebieten, wo im Laufe des Kriegs die allgemeine Wehrpflicht eingeführt worden war: Elsässer, Lothringer und Luxemburger, aber auch Slowenen aus der Oberkrain und vor allem Polen aus den eingegliederten Ostgebieten. Sie blieben trotz aller Integrationsbemühungen in der Truppe Soldaten zweiter Klasse. Eine Beförderung zum Offizier war nicht möglich, zum Unteroffizier nur nach Überwindung vieler Hürden. Ihre Kampfmoral war logischerweise als gering zu veranschlagen.

Noch skurriler muteten die zahlreichen sogenannten Osttruppen an, Verbände, die sich aus ehemaligen Rotarmisten rekrutierten. Sie bestanden entweder aus Russen („Ostbataillone") oder nationalen Minderheiten wie Aserbaidschanern, Georgiern oder Kalmyken („Ostlegionen"). Seit 1942 ursprünglich zum „Kampf gegen den Bolschewismus" im Osten eingesetzt, waren viele dieser Soldaten im Laufe des Jahres 1943 wieder zur Roten Armee übergelaufen. Um Desertionen zukünftig zu erschweren oder gar unmöglich zu machen, wurden diese Einheiten daher im Herbst 1943 in den Westen, nach Italien oder auf den Balkan verlegt. Dort wurden sie entweder bataillonsweise in deutsche Regimenter integriert oder in der Partisanenbekämpfung selbstständig eingesetzt. Über 60 000 solcher Soldaten standen im Juni 1944 auf verlorenem Posten im Westen. Zwar war kein einziger ehemaliger Rotarmist zum Dienst auf deutscher Seite gezwungen worden, doch ganz freiwillig dienten die meisten von ihnen auf Seiten der Wehrmacht auch nicht. Oftmals wollten sie den teils mörderischen Bedingungen in den Kriegsgefangenenlagern entgehen und meldeten sich daher zum Dienst an der Waffe. Ihre Kampfmoral war folglich nicht sehr hoch. Hinzu kamen 2000 Inder vom Infanterie Regiment 950. Als Soldaten der *British Indian Army* hatten sie zuvor in Nordafrika und Italien gekämpft und sollten nach Gefangennahme bevorzugt behandelt werden. Aber auch dieses Experiment misslang. Hitler selbst nannte die Indische Legion gegen Kriegsende „einen Witz“[15].

Um die Moral war es aber auch in vielen rein deutschen Einheiten nicht zum besten bestellt. Viele Soldaten zweifelten an einem siegreichen Ende des Kriegs. Gegen diesen Defätismus ging das NS-Regime mit aller Energie vor. Vielmehr noch: Es verschärfte das Feindbild der Westalliierten. Aus den „Angelsachsen“ wurde gemäß einer Goebbels-Anweisung die „englisch-amerikanische Plutokratie“. Das zeigte das Anfang 1944 veröffentlichte Büchlein „Wofür kämpfen wir?“, eine Art nationalsozialistische Bibel für die Wehrmacht. Vier Gegner hatte demnach das nationalsozialistische Deutschland: das Judentum, den Bolschewismus, England und Amerika. Zwei Kapitel setzten sich also explizit mit den Westalliierten auseinander. Offenbar bestand hier in den Augen der Nationalsozialisten ideologischer Nachholbedarf für die Wehrmacht.

In der weltanschaulichen Schulung versuchten die Nationalsozialistischen Führungsoffiziere (NSFO) die Stimmung in der Truppe aufzuheizen. Der NSFO der 15. Armee hetzte beispielsweise: „Wer kommt: Die plutokratischen Massen des Weltjudentums. Der Anglo-Amerikaner ohne Maske, um kein Haar besser als der Bolschewik, genau von demselben Vernichtungswillen erfüllt wie der asiatische Rotarmist. Die Luftgangster und Wohnblockknacker, die deine Heimat zerstören, deine Kinder, Frauen, Eltern und Großeltern töten."[16] Der „Jüdische Bolschewik" im Osten hatte mit dem „Jüdischen Plutokraten" in der NS-Propaganda sein westliches Pendant gefunden. Doch so richtig verfing dies alles nicht bei den Wehrmachtssoldaten. Viele Kommandeure maßen den NSFOs nur wenig Bedeutung zu.

Bei der Waffen-SS hingegen waren derartig radikale Töne nichts Neues, denn bei „Hitlers politischen Soldaten"[17] hatte der ideologische Kampf gegen den westlichen Liberalismus eine lange Tradition. Der Kommandeur der 10. SS-Panzer Division „Frundsberg", SS-Gruppenführer Karl Fischer von Treuenfeld, wollte Ende 1943 jeden seiner Männer zu einem „fanatischen Hasser" erziehen, denn „der unbändige Hass gegen jeden Gegner, sei er Engländer, Amerikaner, Jude oder Bolschewist, muss jeden unserer Männer zu höchsten Taten befähigen."[18] Bei der „Götz von Berlichingen" galt als „Grundsatz" der politischen Erziehung: „Deutschland hat nur einen Todfeind: Das Weltjudentum. Jeder Staat, der sich vor dessen Karren spannen lässt, muss in die Knie. Dies muss die heiligste Überzeugung jedes Mannes werden."[19] Nicht umsonst waren überdurchschnittlich viele Divisionen der Waffen-SS 1944 im Westen eingesetzt. Sie schienen dem NS-Regime eine verlässlichere Stütze für die erwartete Landung zu sein als die Wehrmacht. Insgesamt war das Westheer am Vorabend der Invasion trotz einiger unbestreitbarer Stärken einer feindlichen Großlandung kaum gewachsen.

## 3.2. Die alliierte Seite

Die militärische Ausgangslage war für die Alliierten alles andere als einfach. Um in Westeuropa Fuß zu fassen, mussten sie auf die vielleicht schwierigste und anspruchsvollste militärische Operationsart zurückgreifen: eine amphibische Landung. Die drei Teilstreitkräfte Heer, Marine und Luftwaffe mussten in Planung und Ausführung eng zusammenarbeiten. Zudem war ein gewaltiger logistischer Aufwand notwendig, um die gelandeten Truppen zu versorgen und schneller zu verstärken, als die Verteidiger ihre Reserven gegen den Landekopf werfen konnten. Nach den schmerzhaften Erfahrungen in Gallipoli 1915 gab es sogar Stimmen, die behaupteten, amphibische Landungen seien im modernen Krieg nicht mehr möglich. Die improvisierten deutschen Operationen in Norwegen 1940 sowie auf Kreta 1941 straften solche Aussagen Lügen. Auch die meisten späteren amphibischen Landungen des Zweiten Weltkriegs waren bis auf wenige Ausnahmen (Dieppe, Dodekanes, Kertsch) erfolgreich.

Dennoch war das Risiko stets groß und daher planten, anders als die Deutschen, die Alliierten ihre Landungen sorgsam und von langer Hand, um Unwägbarkeiten möglichst zu minimieren. Bereits seit 1941 entwarfen die Briten und später auch die Amerikaner erste Pläne für eine Landung in Frankreich. Einerseits resultierten sie aus dem Drängen Stalins auf eine „Zweite Front" in Westeuropa, andererseits waren sie von der Angst getrieben, die Rote Armee könnte kollabieren. Doch sowohl die britische (*Operation Roundup*) als auch die amerikanische Landungsvariante (*Operation Sledgehammer*) waren im Grunde nicht mehr als zu Papier gebrachte Gedankenspiele.

Allerdings war *Roundup* in einem Punkt wegweisend für die spätere Landung 1944: Die britischen Planer legten sich auf die Normandie als Landungsgebiet fest. Bei einer Analyse möglicher Landungspunkte blieben ohnehin nur zwei wirkliche Optionen übrig: der Pas-de-Calais oder eben die Normandie. Eigentlich schien der Pas-de-Calais auf den ersten Blick geeigneter zu sein: Lange flache Strände für die Landungstruppen, kürzester Weg von England nach Frankreich für die Logistik und Luftunterstützung sowie schnellster Weg ins Deutsche Reich für den Ausbruch aus dem Landekopf. Doch andererseits fehlten am Pas-de-Calais weitgehend umschlagsstarke Häfen. Zudem erschien eine alliierte Landung hier als so offensichtlich, dass das Überraschungsmoment gering gewesen wäre und die Deutschen hatten ferner diese Gegend mit Verteidigungsanlagen besonders verstärkt. Demgegenüber standen die Vorteile der Normandie: Die Deutschen würden hier eine Landung weniger vermuten und mit Cherbourg sowie Le Havre gab es dort auch zwei große Hafenstädte, die so wichtig für die alliierte Versorgung sein würden.

Die Planungen für eine Landung in Westeuropa nahmen erst im März 1943 klare Konturen an. Der britische *Lieutenant General* Frederick Morgan erhielt von den alliierten *Combined Chiefs of Staff* den Auftrag, mit einem Stab aus britischen und amerikanischen Offizieren einen konkreten Plan auszuarbeiten, „um die deutschen Kräfte in Nordwest-Europa zu besiegen“[20], wie es offiziell in seiner Anweisung hieß. Morgan trug den sperrigen Titel *Chief of Staff to the Supreme Allied Commander* oder kurz: COSSAC genannt. Aus *Roundup* war der bis heute bekannte Codename geworden: *Overlord*.

Bereits am 27. Juli 1943 präsentierte COSSAC das Ergebnis der viermonatigen Arbeit. Drei Divisionen sollten in der Normandie zwischen der Orne Mündung und Vierville-sur-Mer landen. Morgan wollte die Landungskräfte in den kommenden Tagen verstärken und nach 14 Tagen Cherbourg einnehmen. Anschließend sollte – je nach militärischer Lage – entweder Richtung Paris oder Westfrankreich vorgestoßen werden. Als Zieldatum der Landung gab Morgan den 1. Mai 1944 an. Rückblickend hatte dieser erste COSSAC Plan einige gravierende Schwächen, vor allem die schwachen Landungskräfte von nur drei Divisionen sowie die weite Entfernung nach Cherbourg. Allerdings hatten die Alliierten nun erstmals einen konkreten und durchdachten Landungsplan, einen „wichtigen Meilenstein in der Invasionsplanung […], auf den die *Combined Chiefs of Staff* bauen konnten.“[21] Auf der Konferenz in Québec im August 1943 bestätigten Churchill und Roosevelt den 1. Mai 1944 als Landungstermin und stimmten auch Morgans Plan im Prinzip zu, wenngleich Modifikationen unerlässlich waren.

Nun begann im alliierten Lager das Geschachere um die Schlüsselposten für *Overlord*. Dabei ging es nicht nur darum, die fähigsten Militärs zu finden, sondern vor allem auch um politischen Einfluss im Lager der Alliierten. Trotz des gemeinsamen Ziels, NS-Deutschland zu besiegen, waren Großbritannien und die USA Koalitionspartner und nicht Freunde. Eine *special relationship* der beiden Länder gab es damals genauso wenig wie heute. Sicher ist aber auch: Großbritannien konnte auf eine lange historische Tradition in der Koalitionskriegführung zurückblicken. Alle großen militärischen Siege hatte es stets in einer Koalition erfochten, ganz gleich ob bei Höchstädt (Blenheim) 1704, bei Waterloo 1815 oder in der 100-Days-Campaign 1918. Und so war es auch im Zweiten Weltkrieg. Bereits im Januar 1942 beschlossen Roosevelt und Churchill auf der *Arcadia* Konferenz, einen *Combined Chiefs of Staff* (CSS) einzusetzen, einen gemeinsamen militärischen Planungs- und Operationsstab für die globale Kriegführung. Der CSS bestand aus den amerikanischen *Chiefs of Staffs* aller Teilstreitkräfte sowie der *British Joint Staff Mission* in Washington. Bei den großen Kriegskonferenzen kamen die britischen *Chiefs of Staff* hinzu. Der CSS war Roosevelt und Churchill direkt unterstellt, das Primat der Politik somit gewährleistet. Und letztlich fand sich auch für *Overlord* ein für alle Seiten tragbarer Kompromiss.

Zwar hatte es eine Zeit lang – vor allem während der Québec Konferenz – so ausgesehen, als ob ein Brite *Supreme Commander* werden würde. Schließlich war England das Sprungbrett für *Overlord*. Doch der immer gewichtigere amerikanische Kriegsbeitrag ließ das Pendel schließlich in die andere Richtung des Atlantiks ausschlagen. Churchill fand sich damit erstaunlich ruhig ab, machte aber zugleich klar, wen er als *Supreme Commander* haben wollte: Dwight D. „Ike" Eisenhower. Der US General hatte seit August 1942 als Oberbefehlshaber der alliierten Streitkräfte im Mittelmeer stets diplomatisches Fingerspitzengefühl gezeigt. Kritische Stimmen blieben allerdings stete Begleiter seiner Karriere im Zweiten Weltkrieg. Denn als Truppenführer hatte er vor dem Krieg maximal ein Bataillon kommandiert und nun sollte er plötzlich hundertausende von Soldaten befehligen. Doch die erfolgreichen Landungen in Nordafrika, Sizilien und Salerno 1942/43 ließen schließlich die Kritiker verstummen. Eisenhower war dabei stets als effizienter Koordinator der Land-, Luft- und Seestreitkräfte hervorgetreten und hielt auch die in einer Koalition so wichtigen Verbindungen zur politischen Ebene. Genau diese Qualitäten waren auch für *Overlord* gefragt. Wenn man so will, war die Ernennung Eisenhowers zum *Supreme Allied Commander* (SAC) nur eine logische Entscheidung. Ihm stand ein riesiger Stab mit fast 5000 Mann zur Verfügung, der *Supreme Headquarters Allied Expeditionary Force* (SHAEF).

Der wichtigste Posten war damit mit einem Amerikaner besetzt und so mussten die restlichen Schlüsselpositionen mit Briten besetzt werden. Als Stellvertreter erhielt Eisenhower den britischen *Air Chief Marshal* Arthur W. Tedder zur Seite gestellt. Der Oberbefehl über die Luftstreitkräfte ging an *Air Chief Marshal* Trafford Leigh-Mallory, jener über die Seestreitkräfte an *Admiral* Bertram Ramsay; beide erhielten wiederum einen Amerikaner als Stellvertreter. Mit Ausnahme von Leigh-Mallory hatten alle alliierten Oberbefehlshaber bereits im Mittelmeer zusammengearbeitet.

Die wichtigste Teilstreitkraft war allerdings das Heer. Die Wahl für den *Commander Land Forces* fiel auf *Lieutenant General* Bernard Montgomery. Als Oberbefehlshaber über die *21st Army Group* unterstanden ihm in den ersten Wochen von *Overlord* die *1st US Army* (*Lieutenant General* Omar N. Bradley) und die *2nd British Army* (*Major General* Miles Dempsey). „Monty", der Sieger von El Alamein, war gewiss kein einfacher Charakter und von grenzenlosem Selbstbewusstsein geprägt.[22] Seine Untergebenen suchte er sorgfältig aus; sein Stabschef, *Brigadier* Francis de Guingand, füllte diese Rolle bereits in Nordafrika in der *8th Army* aus. Für Montgomery waren nur kampferfahrene Generale „proper chaps". Und Eisenhower gehörte in seinen Augen eben nicht dazu. Zudem wollte Montgomery so weit wie möglich britischen Einfluss auf die militärischen Operationen und somit auch auf die Politik geltend machen, was in der Normandieschlacht zu Friktionen mit dem US-Verbündeten führen sollte. Wirklich geniale Momente hatte Montgomery während seiner Karriere nur selten, aber dafür war er zweifellos ein eifriger und sehr sorgfältiger Planer. Genau diese Eigenschaften waren für Overlord sehr wichtig.

Großbritannien musste seine Koalition nicht nur mit den USA schmieden, sondern auch mit den Commonwealth-Staaten. Neuseeland, Australien, Südafrika und Kanada hatten bereits in Nordafrika und teilweise auch in Italien auf alliierter Seite mitgekämpft, doch zum D-Day stellte nur mehr Kanada Bodentruppen bereit, insgesamt drei Divisionen. Hinzu kamen kleinere Kontingente vieler Exilregierungen: Polen, Tschechoslowakei, Griechenland, Norwegen und Belgien. Deren militärischer Beitrag zur Normandieschlacht war meist nur symbolisch, sieht man vielleicht von den etwa 16 000 Mann der Polnischen 1. Panzer Division unter Generalmajor Stanisław Maczek ab. Zwar war eines klar: Wer in dieser Koalition zur Befreiung Westeuropas mitmachte, musste sich den politischen und militärischen Entschlüssen der Amerikaner und Briten anschließen. Doch andererseits erhielten die kleineren Staaten einen respektvollen Umgang und bisweilen sogar prestigeträchtige Kommandos, wie Kanada ab dem 23. Juli 1944 den Oberbefehl über die *1st Canadian Army*. Während sich die Deutschen in internen Kompetenzstreitereien bei der Vorbereitung auf die gegnerische Landung zerrieben, gelang es den Alliierten erstaunlich reibungslos, die Herausforderungen einer Koalitionskriegführung zu meistern.

Eine Ausnahme gab es allerdings: Charles de Gaulle. Der General fühlte sich als einzig legitimer Vertreter des französischen Staats und opponierte vehement gegen die amerikanischen Pläne einer provisorischen alliierten Militärverwaltung für die befreiten Gebiete Frankreichs. Dies war natürlich nicht mit de Gaulles Vorstellungen zu vereinbaren; das republikanische Frankreich sollte sofort wiedererstehen. Militärisch konnte de Gaulle durchaus mit Pfründen aufwarten. Zwar war das frei-französische Truppenkontingent relativ klein, doch hatten sich die vier Divisionen (davon drei Kolonialdivisionen) in Italien nach Anlaufschwierigkeiten hervorragend bewährt. Niemand Geringeres als Hitler selbst bezeichnete die Freien Franzosen als den stärksten Gegner unter den Alliierten. Doch Briten und Amerikaner versuchten den Einfluss von de Gaulle möglichst gering zu halten. Persönlich galt er als Nervensäge und politisch als unberechenbar. Als jemand einmal meinte, de Gaulle fühle sich wie eine Inkarnation der Jungfrau von Orléans, soll Churchill sarkastisch erwidert haben, er finde leider keinen Bischof, um den Franzosen zu verbrennen. In der Tat gelang es Roosevelt und Churchill zunächst, de Gaulles militärischen Einfluss auf ein Minimum zu reduzieren. Am *D-Day* stürmten ge-

**Bild 4**
**Bombardierung der Seine-Brücken bei Rouen, April 1944. Die alliierten Luftbombardements waren Grundvoraussetzung für eine erfolgreiche Landung, forderten aber auch viele Opfer unter der französischen Zivilbevölkerung.**

rade einmal 176 Mann des Kommandos Kieffer an den *Sword Beach* und die *2e Division Blindée* unter Generalleutnant Philippe Leclerq de Hauteclocque landete erst am 31. Juli in der Normandie. Der frei-französische Beitrag war daher in Nordfrankreich verschwindend gering, dafür aber bei der späteren Landung in Südfrankreich Mitte August umso bedeutender.

Neben der Lösung all dieser politisch sensiblen Fragen in einer Kriegskoalition mussten vor dem Beginn von *Overlord* freilich noch einige militärische Hürden genommen werden. Entscheidend war hierbei die Frage der Luftherrschaft über Frankreich, da in einer jeden amphibischen Landung nur eine effektive Unterstützung durch die Luftstreitkräfte den Erfolg garantiert. Das hatte sich bereits auf Sizilien, bei Salerno sowie bei Anzio gezeigt. Der alliierte Plan für *Overlord* sah hier zwei Schritte vor: Erstens die Erringung der Luftherrschaft, zweitens die Ausnützung der Luftherrschaft.

Beim Gewinn der Luftherrschaft im Westen zeigten sich erneut die Wechselwirkungen der einzelnen Kriegsschauplätze. Denn die Alliierten gewannen diese bedeutende Schlacht am Himmel nicht über Frankreich, sondern über dem Deutschen Reich. Der alliierte Bombenkrieg gegen Deutschland wird bis heute kontrovers diskutiert, ob er moralisch gerechtfertigt war und ob er militärisch sein Ziel erreichte. Ganz sicher drückte die *Combined Bomber Offensive* bis in den Sommer 1944 hinein nicht die deutschen Produktionszahlen, doch erzielte sie in Hinblick auf *Overlord* ein sehr wichtiges Resultat: Anfang 1944 errangen die Alliierten in der *Big Week* erstmals die Luftüberlegenheit über dem Reich, die Luftwaffe war nach einem monatelangen Abnützungskrieg ausgebrannt. Dies zeigte schnell Wirkung im Westen, die Alliierten konnten nun praktisch ungestört in der Luft operieren.

Die strategische Bomberwaffe des britischen *Bomber Command* sowie der *US 8^th^* und *15^th^ Air Force* kamen nach einigen hitzigen Diskussionen am 1. April 1944 unter Eisenhowers Kontrolle. Für die nächsten zwei Monate bombardierten die Alliierten zunächst das französische und belgische Eisenbahnnetz, anschließend die Brücken über die großen Flüsse, allen voran die Seine. Damit sollten die deutschen Versorgungslinien in den zukünftigen Invasionsraum empfindlich gestört werden. Um die Deutschen zu täuschen, wurden auch Ziele am Pas-de-Calais massiv getroffen. Die Luftangriffe wirkten sich „sehr schwer" auf die deutsche Nachschubsituation aus. Allein im April wurden 788 zerstörte oder beschädigte Lokomotiven sowie 9731 Waggons gezählt.[23]

Militärisch gesehen war diese Luftoffensive erfolgreich, politisch jedoch sehr gefährlich. Denn natürlich trafen die Bomben nicht nur die eigentlichen Ziele, sondern verursachten auch hohe Verluste unter der französischen und belgischen Zivilbevölkerung. Nach dem Deutschen Reich war Frankreich das am meisten vom Bombenkrieg betroffene Land in Europa während des Zweiten Weltkriegs; etwa 22 Prozent aller alliierten Bomben fielen auf Frankreich, zwischen 60000 und 70000 Menschen verloren dadurch ihr Leben. Allein im Frühjahr 1944 betrugen die Verluste 15000 tote und 19000 verletzte Zivilisten. Das Vichy-Regime versuchte diese Opfer für seine Zwecke zu instrumentalisieren, um die Legitimität im eigenen Volk zurückzugewinnen. Beispielsweise klebten nach der Bombardierung von Rouen im Mai 1944 zahlreiche Poster an den Wänden, worauf die französische Nationalheldin Jeanne d'Arc mit der brennenden Stadt abgebildet war. Dazu stand der symbolgeladene, zweideutige Text: „Les assassins reviennent toujours sur les lieux de leur crime" („Die Mörder kehren immer zu ihren Tatorten zurück"). Bekanntlich hatten die Engländer 1431 die Verbrennung Jeanne d'Arcs in Rouen veranlasst.

Die zuvor eindeutig pro-alliierte Stimmung unter der französischen Bevölkerung drohte zu kippen, denn statt der erwarteten Befreiung gab es massenweise tote Zivilisten zu beklagen. Viele waren „indifférents écœurés", also „parteilos angewidert" von den Bombardierungen, wie es in einem Bericht von de Gaulles Befreiungskomitee im Mai 1944 hieß.[24] Doch nicht nur bei de Gaulle schrillten die Alarmglocken, auch Churchill zeigte sich sehr besorgt über diese unerwünschten politischen Nebenwirkungen der Luftoffensive. Moralisch war es ein zweischneidiges Schwert, das zu befreiende Volk mit einem rücksichtslosen Bombenkrieg zu überziehen. Es war also keineswegs so, dass die Franzosen am Vorabend der Invasion unisono die Alliierten freudig begrüßten.

Zeitgleich mit der Bombenoffensive forcierten die Alliierten die weiteren Vorbereitungen für die Landungsoperationen. Die Amerikaner wollten eigentlich *Overlord* durch eine zeitgleiche Landung in Südfrankreich (*Operation Anvil*) ergänzen. Doch Montgomery und Churchill wehrten sich heftig dagegen, sahen sie darin doch nur eine Vergeudung wichtiger Ressourcen. Die Briten setzten sich schließlich durch, *Anvil* wurde am 21. März 1944 aufgegeben – oder besser gesagt: aufgeschoben.

Dafür lief der alliierte Täuschungsplan *Fortitude* auf Hochtouren; die Deutschen sollten fest daran glauben, der Angriff käme am Pas-de-Calais. Zu diesem Zweck wurde sogar eine fiktive Heeresgruppe, die *First US Army Group* (FUSAG), in Kent „aufgestellt" und erhielt mit General George S. Patton sogar einen „Oberbefehlshaber". Der alliierte Nachrichtendienst spielte den Deutschen einen fingierten Funkverkehr dieser Phantom-Heeresgruppe vor. Die Briten hatten zu diesem Zeitpunkt praktisch alle deutsche Agenten in Großbritannien enttarnt und teilweise „umgedreht". Auch sie sendeten nun falsche Informationen und trugen zum Erfolg von *Fortitude* bei. Die deutsche Luftaufklärung konnte nur mehr wenig gesicherte Erkenntnisse von den britischen Inseln einbringen, und die zahlreichen Panzerattrappen und Stellungen in Kent schienen die Existenz der FUSAG nur zu bestätigen. Die eigentlichen Landungstruppen in Süd- und Südwestengland blieben hingegen unentdeckt. Wie ein Blinder mussten die Deutschen auf den ersten Schlag des Gegners warten.

Der endgültige Operationsplan für *Overlord* selbst trug eindeutig Montgomerys Handschrift. Er modifizierte die ersten COSSAC Pläne, forderte mit Nachdruck, die ursprünglich drei Landungsstrände auf fünf zu erweitern, und drohte kategorisch: „Gebt mir fünf Divisionen oder sucht euch einen anderen für das Kommando aus."[25] „Monty" setzte sich schließlich durch. Fünf bzw. sechs Infanterie Divisionen sollten zu Beginn der Operationen an jeweils einem Strand landen, unterstützt von drei Luftlande Divisionen an den Flanken. Um weitere Transportkapazitäten freizubekommen wurde der *D-Day*, der Landungstag, vom 1. Mai auf den 5. Juni verlegt. Der Codename für die Landungen selbst war *Neptune*. Ansonsten war Montgomerys Plan sehr an frühere Überlegungen von COSSAC angelehnt. Cherbourg sollte möglichst schnell genommen werden, um einen großen Hafen für den Nachschub zu gewinnen. Bis dahin sollte die Logistik über den offenen Strand sowie zwei künstliche Häfen in der Normandie erfolgen, die sogenannten *Mulberry Harbours*. Für die anschließenden Kämpfe im Landesinneren legte Montgomery zeitliche Vormarschlinien fest; die eigentliche Schlacht glaubte er erst in Zentralfrankreich führen zu müssen, wobei offen blieb, ob der Hauptstoß hierzu von den Amerikanern im westlichen Landungsabschnitt oder den Briten aus dem Raum Caen erfolgen sollte.

Südengland glich im Frühjahr 1944 einem einzigen riesigen Truppenübungsplatz. Die Zahl der US Truppen in Großbritannien verdoppelte sich von Dezember 1943 bis Mai 1944 von 775 000 auf 1 527 000 Mann, zumeist gegliedert in 20 Divisionen des Heeres und 102 Air Groups.[26] Zudem standen 14 britische und drei kanadische Divisionen sowie jeweils eine polnische und eine frei-französische Division für *Overlord* bereit. Sie alle sollten Westeuropa von der deutschen Besatzungsherrschaft befreien.

Am D-Day beschwor Eisenhower in einer Rede seine Soldaten in diesem Sinne: „Ihr seid gerade dabei, euch für einen Großen Kreuzzug einzuschiffen, auf den wir die letzten Monate hingearbeitet haben. [...] Mit unseren tapferen Alliierten und Waffenbrüdern an anderen Fronten werdet ihr die deutsche Kriegsmaschine zerstören, die Nazi-Tyrannei über die unterdrückten Völker Europas beseitigen und uns Sicherheit in einer freien Welt bringen. [...] Viel Erfolg! Und lasst uns alle um den Segen des Allmächtigen Gottes bitten für dieses großartige und noble Unternehmen."[27]

Auch Montgomery betonte in seinem Tagesbefehl an die *21st Army Group* den Kampf für die Freiheit: „Wir haben die Ehre, einen Schlag für die Freiheit zu führen, der in der Geschichte weiterleben wird; und in besseren Tagen, die vor uns liegen, werden die Menschen mit Stolz von unseren Taten sprechen. Wir kämpfen für eine großartige und gerechte Sache." Montgomery schloss aber mit dem Satz: „Jedem von euch viel Glück. Und Gute Jagd auf dem europäischen Festland."[28] Zwischen den beiden Oberbefehlshabern bestand offenbar ein gewisser Unterschied, wie sie die größte alliierte Operation des Krieges verstanden. „Großer Kreuzzug" gegen „Gute Jagd", ideologisches Sendungsbewusstsein gegen nüchternen Pragmatismus. Für die USA war *Overlord* ein Weltanschauungskrieg, während Großbritannien noch eher in den klassischen Kategorien staatlicher Machtpolitik dachte.

## 4. Operation Neptune
## Der D-Day, 6. Juni 1944

### 4.1. Die Luftlandungen

Die Befreiung kam zuerst aus der Luft. Eine Viertelstunde nach Mitternacht landete eine Kompanie der *Oxford and Buckinghamshire Light Infantry* („Ox and Bucks") punktgenau neben einer Brücke über den Orne-Kanal und nahm sie ein, ebenso das kleine Café Grondrée direkt am Ufer. Das Café gilt – wenngleich auch fälschlicherweise – als das erste von den Alliierten befreite Haus in Frankreich[1], die Brücke ist heute als „Pegasus-Bridge" bekannt. Die Aktion der „Ox and Bucks" war aber nur ein kleiner Ausschnitt aus einer viel größeren Operation. Im Laufe des 6. Juni setzten die Alliierten aus der Luft drei Divisionen mit insgesamt etwa 20 000 Mann ab. Der Einsatz von Luftlandetruppen war in der Geschichte des Zweiten Weltkriegs zwar nichts Neues, doch wie in so vielen anderen Bereichen bei *Neptune* so setzten die Alliierten auch hier in der Quantität neue Standards.

Die Geschichte der Luftlandetruppen war relativ jung. Im Ersten Weltkrieg kam eine neue räumliche Dimension in der Kriegführung hinzu: die Luft. Flugzeuge konnten nicht nur Truppenbewegungen des Gegners im Hinterland aufklären, sondern ihn dort auch bekämpfen. Mit fortschreitender Technologie kam noch während des Ersten Weltkriegs, vor allem aber später in der Zwischenkriegszeit, ein weiterführender Gedanke auf: Größere Truppenkörper sollten durch die Luft transportiert und im Rücken des Feindes angelandet werden. Eine Umfassungsschlacht konnte somit nicht nur zweidimensional, sondern dreidimensional geführt werden.

Die Rote Armee stellte Mitte der 1930er Jahre die ersten regulären Fallschirmtruppen auf, die Wehrmacht folgte 1936. Sie war es auch, die zu Beginn der Kriegs einige spektakuläre – und auch von der NS-Propaganda entsprechend stilisierte – Erfolge mit dieser neuen Truppengattung errang. Eben Emael und Rotterdam im Mai 1940 sowie vor allem Kreta im Mai 1941 zeigten das

Potential, aber auch die Schwächen von Luftlandetruppen. Einerseits war das Element der Überraschung einer ihrer großen Vorteile und konnte beträchtliche Verwirrung beim Gegner stiften. Zudem zeigten die deutschen Fallschirmjäger taktische Flexibilität, eine hohe Kampfmoral und scheinbar unzertrennlichen Korpsgeist. Das verwundert nicht, wurden die Soldaten doch handverlesen nach harten physischen und psychischen Einstellungsprüfungen aus einer Gruppe von Freiwilligen ausgewählt. Andererseits standen dem einige beträchtliche Schwächen gegenüber. So war nach der Landung die Zuordnung der einzelnen Einheiten und Teileinheiten sehr schwierig, die einheitliche Führung des Gefechts litt darunter. Vor allem aber waren Fallschirmjäger nur leicht bewaffnet und wenig mobil, wenn sie einmal gelandet waren. Zudem mussten sie eine Zeitlang in Isolation vom Rest der Hauptstreitkräfte kämpfen.

Beim Unternehmen „Merkur" zur Eroberung Kretas setzte die Wehrmacht Fallschirmjäger erstmals nicht nur taktisch, sondern operativ ein. „Merkur" war Höhe-, aber auch Wendepunkt im Einsatz der deutschen Fallschirmjägertruppe. Die Insel konnte zwar genommen werden, doch die Verluste waren enorm. Kreta war zwar nicht „das Grab der deutschen Fallschirmjäger", doch für Hitler waren die Tage der großen Luftlandeoperationen gezählt.

Obgleich die britischen und amerikanischen Streitkräfte in der Zwischenkriegszeit zu den Vorreitern in der Luftkriegstheorie gezählt hatten, hatten sie sich bisher dem Aufbau einer Fallschirmtruppe verwehrt. Kreta änderte dies. Die Alliierten waren vom deutschen Erfolg beeindruckt und Churchill befahl den sofortigen Ausbau der bisher winzigen britischen Fallschirmtruppe. Nicht nur bei den zahllosen britischen Kommandounternehmen in Nordafrika und im deutsch besetzten Europa kamen nun Fallschirmspringer zum Einsatz, sondern es wurden auch zwei Divisionen aufgestellt, die *1st* und die *6th Airborne Division*. Auch die *US Army* schickte ihre neuen *82nd* („All-American") und *101st Airborne Divisions* („Screaming Eagles") auf den europäischen Kriegsschauplatz. 1942/43 setzten die Alliierten Teile dieser Divisionen bei verschiedenen großen amphibischen Landeunternehmen im Mittelmeerraum ein. Dabei trat aber eine Reihe von Problemen auf. Beispielsweise landete in Sizilien nur ein Fünftel des *505th Parachute Infantry Regiments* in der Abwurfzone; bereits im Anflug gab es Verluste durch „friendly fire". Bei weitem nicht alle alliierten Kommandeure waren in Italien vom Einsatz der Luftlandetruppen überzeugt.

Dennoch planten die Alliierten auch für den *D-Day* einen Einsatz ihrer Luftlandekräfte, diesmal gleich mit drei Divisionen: Die britische *6th Airborne* sowie die amerikanischen *82nd* und *101st Airborne Divisions*. Die ursprünglichen Pläne waren sehr ambitioniert: Die amerikanischen Divisionen sollten die gesamte Cotentin Halbinsel und damit die Hafenstadt Cherbourg abschneiden. Ein weiterer Vorschlag war eine Landung bei Evreux, fast 150 Kilometer von den Landungsstränden entfernt. Vor allem der Oberbefehlshaber der Luftstreitkräfte Leigh-Mallory sah beide Optionen äußerst kritisch und als zu risikoreich; das Wissen um die deutschen Gegenmaßnahmen wie die Rommel-Spargel-Felder oder die umfangreichen Überflutungen im möglichen Landegebiet verstärkten die Skepsis. Die RAF drängte daher auf eine dritte Alternative.

Schließlich ersannen Bradley und der Kommandeur der *82nd Airborne Division, Brigadier General* James Gavin, den Operationsplan für die beiden *US Airborne Divisions*. Die *82nd Airborne* landete im nördlichen Hinterland des *Utah Beach* und sollte damit einen Vorstoß der Landungstruppen in Richtung Cherbourg erleichtern. Südlich davon sollte die *101st Airborne* wichtige Straßen, Brücken und Eisenbahnlinien – darunter den Verkehrsknotenpunkt Carentan – einnehmen, die Flanke nach Süden sichern und die Verbindung zu den Landungstruppen am *Omaha Beach* weiter östlich ermöglichen. Die britische *6th Airborne Division* sollte östlich des *Sword Beach* zwischen dem Orne-Kanal und der Dives landen. Bei den Briten ging es um drei Ziele. Erstens, die Eroberung wichtiger Brücken über die Orne und den Orne-Kanal, um eine Verbindung zu den Landungstruppen vom *Sword Beach* herzustellen; zweitens, die Zerstörung von Dives-Brücken, um einen deutschen Gegenangriff von Osten zu vereiteln; und drittens, um die Einnahme der deutschen Batterie in Merville.

**Bild 5**
**„You are about to embark upon the Great Crusade." General Dwight D. Eisenhower in einem letzten Gespräch mit Fallschirmjägern der US *101st Airborne Division*, 5. Juni 1944.**

Deren Geschütze – so glaubten die britischen Planer – konnten die Landungen am *Sword Beach* empfindlich stören. Insgesamt verzichtete der endgültige Operationsplan für den Einsatz der drei Luftlande-Divisionen auf unkalkulierbare Risiken. Die Divisionen sollten die äußerste rechte und linke Flanke der *21st Army Group* sichern. Ihr Einsatz verfolgte also keine eigenen Ziele, vielmehr sollten sie *Neptune* unterstützen. Die Männer waren exzellent ausgebildet, verfügten aber bis auf Teile der *6th* and *82nd Airborne* über keine Kampferfahrung.

Am späten Abend des 5. Juni starteten die Flugzeuge von zahlreichen Flugfeldern in Südengland. Kurz nach Mitternacht sprangen die *Pathfinder* ab und sollten die Abwurf- und Landezonen mit Lichtsignalen für die folgenden Luftlandetruppen markieren. Doch wie fast immer bei Luftlandeoperationen, so zeigte sich auch hier sehr schnell das, was Clausewitz „Friktion" nannte: Der Unterschied zwischen dem Krieg auf dem Papier und der Umsetzung in der Realität.

Beim Anflug an der Küste zerstreute deutsches Flakfeuer die Formationen. Die *Pathfinders* konnten meist keinen Kontakt mit den Flugzeugen aufnehmen, da ihre Kommunikationsmittel, die sogenannten *Eureka Beacons*, beim Abwurf kaputtgegangen waren. Die Beleuchtungsmittel für die Abwurfzonen versagten häufig. So gingen die britischen Fallschirmjäger weit verstreut im Landegebiet nieder. Anstatt in der zwei Quadratkilometer großen Abwurfzone zu landen, verteilten sich beispielsweise die Soldaten des *9$^{th}$ Parachute Battalion* auf einer Fläche von über 300 (!) Quadratkilometern. Erst im Laufe des Tages gelang es einigen Versprengten, zum Bataillon zu finden. Für den Angriff auf die Batterie in Merville jedoch hatte der Kommandeur, *Lieutenant-Colonel* Terence Otway, anstatt der 620 erwarteten Soldaten nur 150 Mann zur Verfügung mit gerade einmal einem einzigen schweren Maschinengewehr. Trotzdem konnte dieses Rest-Bataillon die sorglose deutsche Besatzung gegen 4 Uhr früh überwältigen. Wie auch in zahllosen anderen Fällen in jener Nacht gelang der Coup dank einer nimmermüden Initiative der unteren Führung und der hohen Kampfmoral der Fallschirmjäger. Zudem setzten die Briten viele Lastensegler ein, vornehmlich vom Typ Horsa. Ihren gut geschulten Piloten gelang es häufig, mit erstaunlicher Präzision in der Nähe des Objekts zu landen. Der Handstreich auf die „Pegasus-Bridge" bzw. die benachbarte „Horsa-Bridge" gab dafür ein anschauliches Beispiel: Vier der sechs Lastensegler gingen im Umkreis von 100 Metern an den Brücken nieder, ein weiterer immerhin im Umkreis von 500 Metern. Am Abend um 21 Uhr ging die zweite große Landungswelle mit Lastenseglern und schweren Waffen nieder. So gelang es der *6$^{th}$ Airborne Division*, alle ihre Tagesziele zu nehmen und zu halten; der Flankenschutz östlich der Orne war damit konsolidiert.

Weniger erfolgreich verliefen hingegen die Landungen im Bereich der *US 82$^{nd}$* und *101$^{st}$ Airborne Division*. Genauso wie ihre britischen Kameraden gerieten auch sie beim Anflug in deutsches Flakfeuer und die *Pathfinders* hatten Schwierigkeiten, die Abwurfzonen zu markieren. Drei Faktoren trugen aber dazu bei, dass sich der Einsatz der beiden US Divisionen mit insgesamt etwa 13 000 Mann deutlich schwieriger gestaltete als jener der britischen *6th Airborne*. Erstens kamen viele Flugzeuge beim Einflug in eine dichte Wolkendecke, zweitens war das Terrain mit dem dichten Heckengelände, dem *Bocage*, zerschnitten, was das Sammeln der Einheiten nach dem Absprung – und noch dazu bei Dunkelheit – ungemein erschwerte, und schließlich drittens setzten die Amerikaner fälschlicherweise nur wenig Vertrauen in die viel präziseren Lastensegler. Am Ende sprangen von den sechs US-Regimentern nur drei einigermaßen in ihrer Abwurfzone ab, ihre mit Fallschirmen abgeworfenen Haubitzen gingen jedoch beim Aufprall auf der Erde kaputt. Dennoch gelang es den Fallschirmjägern, einige ihrer Tagesziele zu erreichen. Die Zufahrtsstraßen zum *Utah Beach* konnten von hinten „geöffnet" werden, was die Landungen von See her erleichtern sollte. Auch nahm das *505th Parachute Infantry Regiment* (*82nd Airborne*) in den frühen Morgenstunden Sainte-Mère-Eglise ein, der erste von den Alliierten befreite Ort in der Normandie. Bekannt wurde hierbei Private John Steele, dessen Fallschirm sich am Kirchturm verfing und er somit tatenlos den Kämpfen auf dem Marktplatz zusehen musste.

Doch anderswo entwickelten sich die Ereignisse weniger vorteilhaft. So sprang das verstärkte *501st Parachute Infantry Regiment* (*101st Airborne*) zwar relativ geschlossen ab, doch lag die Abwurfzone bald unter schwerem deutschem Artilleriefeuer. Der Verkehrsknotenpunkt Carentan blieb daher vorerst in deutscher Hand. Auch der Flankenschutz nach Norden konnte nur ungenügend hergestellt werden, der Brückenkopf im Westen über das Flüsschen Merderet ging gar nach örtlichen deutschen Gegenangriffen fast gänzlich verloren. Die *82nd und 101st Airborne Division* gerieten unter einen solchen Druck, dass nur der schnelle Vormarsch der *US 4th Infantry Division* vom Utah Beach die beiden *Airborne Divisions* vor dem vollkommenen Desaster bewahrte. Bereits am Vormittag des *D-Day* war die Verbindung zu den ersten Einheiten hergestellt.

Verliefen die Operationen der alliierten Fallschirmjäger also sehr häufig chaotisch, so stifteten sie aber eine mindestens genauso große Verwirrung bei den deutschen Verteidigern. Immer wieder gingen neue Meldungen über tatsächliche oder vermutete gegnerische Luftlandungen ein, was vor allem bei der 21. Panzer Division zu einer zeitlichen und räumlichen Verzettelung der Gegenangriffe im Raum Caen führte. Dies wog umso schwerer, als dies die einzige sofort verfügbare deutsche Panzer Division im gesamten Landegebiet war. Die 91. (Luftlande-)Infanterie Division war auf der Cotentin Halbinsel sogar direkt von den Angriffen aus der Luft betroffen. Ihr Kommandeur, Generalleutnant Wilhelm Falley, fiel am Morgen des 6. Juni bei einem Hinterhalt von Männern der *82nd Airborne Division*. Außerdem sprangen die beiden US Divisionen teilweise direkt in den Unterkunfts- und Verfügungsraum der 91. (Luftlande-)Infanterie Division hinein. Zu einem Angriff auf den am *Utah Beach* gelandeten Feind war die damit führungslose und psychisch angeschlagene Division nicht mehr fähig. Von diesem Schock sollte sie sich nicht mehr erholen. Die Soldaten hatten völlig ihr Selbstvertrauen verloren und sogar zehn Tage später zeigten sie sich von der „ersten Nacht der Invasion immer noch schwer beeindruckt“[2]. Das zur Division gehörige Grenadier Regiment 1058 hatte sich im Urteil der 7. Armee in den Kämpfen „nicht bewährt“[3]. Die alliierten Luftlandetruppen vereitelten damit deutsche Gegenangriffe der 21. Panzer Division und der 91. (Luftlande-)Infanterie Division, also an den beiden Flügeln des Landekopfes.

Fallschirmjäger gelten gemeinhin als Elite, doch häufig wird dabei übersehen, wie begrenzt ihre Einsatzmöglichkeiten sind. Der *D-Day* zeigte dies sehr anschaulich. Aber die Alliierten verstanden weitgehend die Einsatzdoktrin von Luftlandungen. Es ging dabei um schnelle und harte Schläge im unmittelbaren Hinterland des *Utah* und *Sword Beaches*, wobei die Ziele fest umfasst und nicht zu weitreichend waren. Die Verluste an Toten, Verwundeten, Gefangenen und Vermissten waren aber hoch. Man kann von etwa 6000 Mann allein am *D-Day* ausgehen, wobei die US Fallschirmjäger prozentual schwerer zu tragen hatten. Dennoch war der Einsatz der drei Luftlande Divisionen insgesamt ein Erfolg, wenn auch nur ein begrenzter. Sie mussten ja auch „nur“ die amphibischen Landungen am *D-Day* unterstützen.

## 4.2. Die amphibischen Operationen

Im Morgengrauen des 6. Juni näherte sich eine riesige Armada an Schiffen und Booten der Normandie-Küste. Nicht weniger als 1213 Kriegsschiffe (darunter 7 Schlachtschiffe und 35 Kreuzer) sowie 4124 Landungs- und Hilfsboote aller Art zählte die alliierte Streitmacht: Amerikaner, Kanadier, aber auch kleine Kontingente von Polen, Norwegern oder Griechen. Den weit größten Teil hingegen stellte die *Royal Navy*. Ein letztes Mal in der Weltgeschichte zeigte sie, dass Britannia wahrlich über die Wellen herrschte. In den Landungsbooten saßen die Soldaten, bereit zum Sturm auf den deutschen „Atlantikwall". Sie gingen an fünf separaten Landungsabschnitten an Land, jeder mit einem eigenen Codenamen getauft. Die Boote mit der *US 4th Infantry Division* steuerten auf den *Utah Beach* zu, den westlichsten Strand. Dann folgte der *Omaha Beach* mit Teilen der *US 1st* und *29th Infantry Divisions*. Die östlichen drei Landungsabschnitte waren den Commonwealth Truppen vorbehalten: Der *Gold Beach* mit der britischen *50th (Northumbrian) Infantry Division*, der *Juno Beach* mit der kanadischen *3rd Infantry Division* und schließlich der *Sword Beach* mit der britischen *3rd Infantry Division*. Der Grund, warum die Amerikaner die westlichen Landungsstrände zugewiesen bekommen hatten, war einfach. Seit ihrer Verlegung von den USA nach England waren sie meist in Südwestengland untergebracht worden.

Eine einheitliche Doktrin oder Ausbildung gab es für die Landungstruppen allerdings nicht. Seit Frühjahr 1943 hatten in Schottland drei britische und drei kanadische Divisionen für amphibische Operationen geübt. Parallel dazu eröffneten die Amerikaner im September 1943 bei Woolacombe in Devon das *US Army Assault Training Center*, wo die meisten für *Neptune* bestimmten Einheiten Kurse durchliefen. Das Gelände sah dort so ähnlich wie in der Normandie aus.

Zwar hatten die Alliierten im Mittelmeer viel Erfahrung mit amphibischen Operationen gesammelt, doch traf dies nur auf einen kleinen Teil der für den *D-Day* bestimmten Truppen zu, wie die *US 1st Infantry Division* und die britische *50th Division*. Während bei den Briten zumindest die Generalität auf Kampferfahrung im Mittelmeerraum zurückgreifen konnte, galt dies nicht für ihre amerikanischen Kameraden. Die meisten von ihnen erlebten ab dem 6. Juni ihre „Feuertaufe" in diesem Krieg, darunter praktisch alle Divisionskommandeure und sogar teilweise die Kommandierenden Generäle der Korps.

Die Erfahrungen aus den zahllosen amphibischen Landungen im Pazifikraum fanden in der *US Army* keine Beachtung. Anders als bei der Wehrmacht mit der Ost- und der Westfront gab es bei der *US Army* kaum einen Personalaustausch zwischen dem pazifischen und dem europäischen Kriegsschauplatz. Gerade einmal zwei Generäle hatten gegen die Japaner gekämpft: Die beiden *Major Generals* und Kommandierenden Generäle des *US VII* und *XIX Corps*, J. Lawton „Lightning Joe" Collins und Charles H. Corlett. Dabei hatte der US Generalstab Corlett im Frühjahr 1944 eigens nach Europa versetzt, damit er dort seine Erfahrungen aus den Landungen auf dem Kwajalein Atoll im Januar/Februar 1944 weitergeben konnte. Doch Bradley schien wenig von dieser Expertise zu halten und Cortlett durfte sich stattdessen anhören, dass alles im Pazifik „ausschließlich Busch-Liga Zeug"[4] sei.

*Neptune* war minutiös geplant und erforderte ein extrem hohes Maß an Koordination, zwischen den einzelnen alliierten Armeen sowie zwischen und innerhalb der Luft-, See- und Landstreitkräfte. Beispielsweise transportierte die *Royal Navy* den Großteil der US Truppen und gab auch den Feuerschutz bei der Landung. Die alliierten Landungsboote waren höchst spezialisiert und die Modelle unterschieden sich für ihren jeweiligen Einsatzzweck. Man zählte nicht weniger als 46 verschiedene Kategorien an Landungsbooten, wie das *Landing Craft Assault* (LCA), das *Landing Craft Tank* (LCT), das *Landing Craft Infantry* (LCI), das *Landing Ship Infantry* (LSI) oder das *Landing Craft Headquarters* (LCH).

Eigentlich sollte der Angriff am 5. Juni erfolgen, doch wegen des schlechten Wetters entschied sich Eisenhower, den Termin um einen Tag zu verschieben. Ein Teil der Flotte hatte die Häfen in Südwales bereits verlassen und die Soldaten mussten nun eine kalte und nasse Nacht auf hoher See verbringen. Ab den Abendstunden des 5. Juni setzte sich dann das Gros der Landungsflotte von Südengland aus in Bewegung und traf sich mitten im Ärmelkanal am Sammelpunkt *Piccadilly*. Es war für die deutsche Schwäche bezeichnend, dass weder Luftwaffe noch Kriegsmarine diese gigantische Flotte aufklären konnten. Die Landungszeit, die *H-Hour*, war wegen der Gezeiten unterschiedlich festgelegt: Für die beiden amerikanischen Strände auf 6.30 Uhr, für die britisch-kanadischen zwischen 7.25 Uhr und 7.45 Uhr. Es war so weit, der *D-Day* sollte beginnen. Etwa eine Stunde vor der *H-Hour* spien die Schlachtschiffe, Kreuzer und Zerstörer ein gewaltiges Feuer auf feste Ziele am Strand. Etwa eine halbe Stunde später warfen Flugzeuge der USAAF und der RAF ihre Bomben auf die deutschen Verteidigungsstellungen ab. Der Beschuss war kurz, aber heftig, das Resultat an den einzelnen Stränden verschieden.

Die Alliierten mussten sich durch viele Schichten des „Atlantikwalls" fressen. Noch auf See beseitigten Minenräumer deutsche Seeminen. Der Strand selbst war mit allerlei „Vorstrandhindernissen" übersät: „Tschechenigel" und „Hemmbalken" mit Tellerminen gegen Landungsboote, „Belgische Tore" gegen Panzer. Die Deutschen glaubten, der Feind würde bei Flut angreifen, um die Distanz für die Landungstruppen über den offenen Strand zu verkürzen. Doch die Alliierten landeten bei Gezeitenmitte. Die Vorstrandhindernisse waren damit zumeist zu sehen, die Landungsboote konnten diese umschiffen. Einmal an Land, sollten Stacheldraht, Minenfelder, Panzerhindernisse und Panzergräben die alliierte Bewegung hemmen, während die Deutschen aus ihren befestigten und meist betonierten Stellungen am Strand mit Waffen aller Art feuerten: Infanteriegeschütze, Panzerabwehrkanonen, Maschinengewehre, Granat- und Flammenwerfer. Zudem beschoss die Artillerie nach festgelegten Feuerplänen den Feind am Strand, bis lokale Reserven die Truppen in ihren Bunkern verstärken konnten.

Es war klar, dass die alliierte Infanterie niemals alleine diesen „Atlantikwall" durchbrechen konnte, sondern schwere gepanzerte Kräfte und Pioniere so schnell wie möglich an Land gehen mussten. So bestand die erste Landungswelle aus Pionieren und Panzern. Sie mussten die vielen Hindernisse beseitigen bzw. die deutschen Verteidiger mit direktem Feuer niederhalten. Wenige Minuten darauf folgten weitere Panzer, dann erst die Infanterie. Etwa eine viertel bis eine halbe Stunde später kam eine zweite Panzer- und Infanteriewelle, bevor schlussendlich die Artillerie als Letztes an Land gehen sollte.

Für die ersten Panzer hatten die Alliierten ein besonderes Modell entwickelt: Den *Sherman Duplex Drive* (DD), ein schwimmender Panzer mit Schiffsschraube und aufblasbaren Matratzen um die Panzerung. Der *Sherman DD* war aber nicht der einzige Spezialpanzer für *Neptune*. Der britische *Major General* Percy Hobart ließ eine ganze Palette an Spezialfahrzeugen entwickeln, die sogenannten „Hobart's Funnies". Hobart hatte bereits in der Zwischenkriegszeit als Panzerfachmann in seiner Armee gegolten, wurde aber bei Kriegsbeginn in den Ruhestand geschickt. Wenig später reaktiviert, erhielt er 1943 das Kommando über die *79th Armoured Division*. Diese Division war allerdings kein Kampfverband, sondern ein Großverband für Ausbildung und Entwicklung, speziell für *Neptune*.

Basierend auf dem Sherman- oder Churchill-Fahrgestell konzipierten die Briten eigens auf amphibische Landung spezialisierte Panzer. Diese Modelle waren wegweisend für zukünftige Pionierpanzer. So gab es beispielsweise zum Räumen von Minenfeldern den *Sherman Crab* mit Dreschflegeln, zur Bekämpfung von Bunkern verschiedene Varianten des *Armoured Vehicle Royal Engineers* (AVRE) oder zum Überbrücken von Panzerhindernissen den *Armoured Ramp Carrier* (ARK [sic!]). Insgesamt wurde über ein Dutzend verschiedener Varianten der „Hobart's Funnies" produziert und bei *Neptune* eingesetzt. Die Ausbildung der Mannschaften an diesen spezialisierten Fahrzeugen benötigte freilich viel Zeit – Zeit, welche die Amerikaner glaubten nicht entbehren zu können. Bis auf den *Sherman DD* kamen somit am *Omaha* und *Utah Beach* keine von „Hobart's Funnies" zum Einsatz – mit blutigen Folgen am *Omaha Beach*.

An allen fünf Landungsabschnitten konnten die Alliierten am 6. Juni einen Brückenkopf bilden. Nirgends aber verliefen die Operationen völlig nach Plan und die Erfolge differierten im Einzelnen sehr. Am leichtesten gelang die Landung am *Utah Beach*,

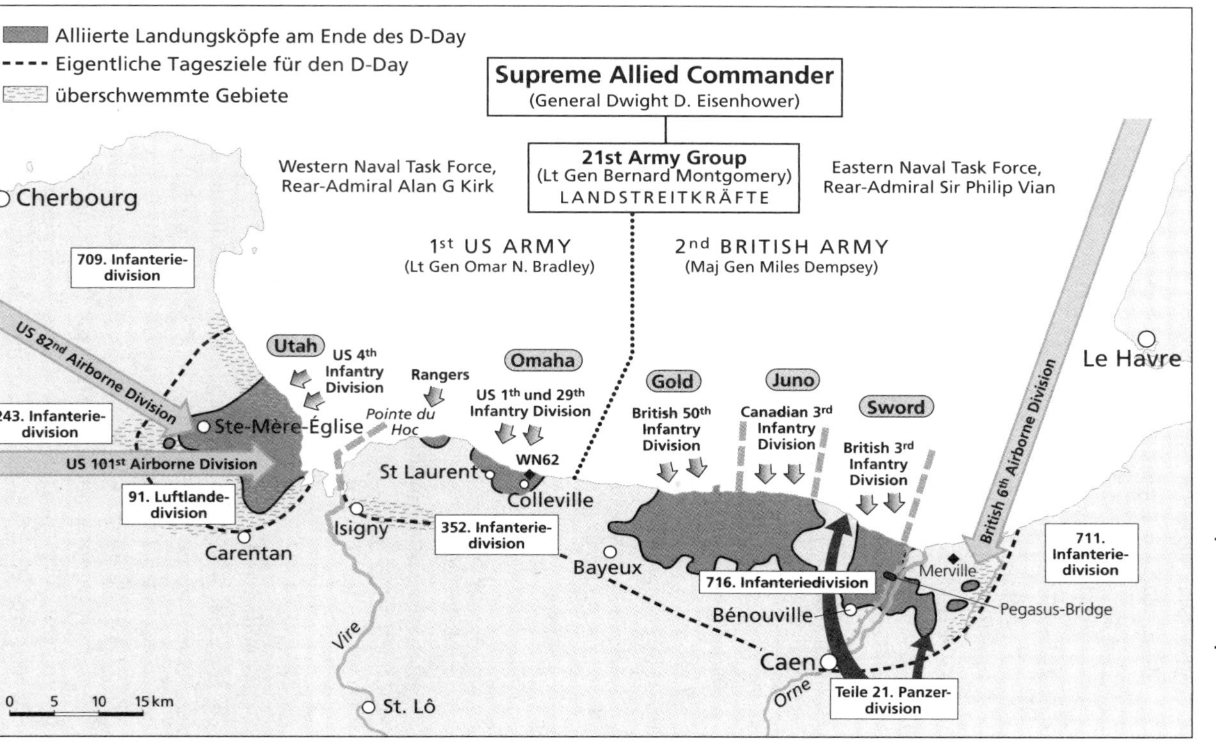
Alliierte Landungsköpfe am Ende des D-Day
Eigentliche Tagesziele für den D-Day
überschwemmte Gebiete
Supreme Allied Commander
(General Dwight D. Eisenhower)
21st Army Group
(Lt Gen Bernard Montgomery)
LANDSTREITKRÄFTE
Western Naval Task Force,
Rear-Admiral Alan G Kirk
Eastern Naval Task Force,
Rear-Admiral Sir Philip Vian
1st US ARMY
(Lt Gen Omar N. Bradley)
2nd BRITISH ARMY
(Maj Gen Miles Dempsey)
Cherbourg
709. Infanterie-division
US 82nd Airborne Division
243. Infanterie-division
US 101st Airborne Division
91. Luftlande-division
Utah
US 4th Infantry Division
Ste-Mère-Église
Carentan
Rangers
Pointe du Hoc
Isigny
Omaha
US 1th und 29th Infantry Division
WN62
St Laurent
Colleville
352. Infanterie-division
Gold
British 50th Infantry Division
Juno
Canadian 3rd Infantry Division
Sword
British 3rd Infantry Division
Bayeux
716. Infanteriedivision
Bénouville
Caen
Orne
Teile 21. Panzer-division
British 6th Airborne Division
Merville
Pegasus-Bridge
711. Infanterie-division
Le Havre
Vire
St. Lô
0 5 10 15 km

und das obwohl die raue See sowie starke Strömungen den Landungsplan durcheinandergeworfen hatten. So musste die Infanterie als Erstes an Land gehen, die *Sherman DD's* folgten erst kurz darauf. Zudem wurde die eigentliche Landungszone um etwa drei Kilometer verfehlt. Dies erwies sich aber im Nachhinein als Glücksfall, da die Soldaten der *US 4th Infantry Division* nun an einem deutlich schwächer verteidigten Abschnitt an Land gingen. Der stellvertretende Divisionskommandeur war mit der ersten Welle an Land gegangen und passte sofort den Operationsplan der neuen Lage an. Sein Name: *Brigadier General* Theodore Roosevelt Jr., der älteste Sohn des gleichnamigen ehemaligen US Präsidenten. Er fiel später in der Normandie und erhielt posthum die *Medal of Honor*.

Das alliierte Luft- und Seebombardement hatte die deutschen Stellungen am *Utah Beach* stark „aufgeweicht", sowohl materiell als auch psychologisch. Im Landungsabschnitt blieb nur mehr ein einziges Infanteriegeschütz intakt sowie eine leicht beschädigte 8,8 cm Kanone. Sie wurde durch die Infanterie schnell ausgeschaltet. Die Luftlandungen der beiden *US Airborne Divisions* im Rücken sorgten für reichlich Verwirrung, an einen spontanen lokalen Gegenangriff konnten die Deutschen nicht denken. Ob dieser mit dem dort stationierten Georgier Bataillon 795 Aussicht auf Erfolg gehabt hätte, sei ohnehin dahingestellt. Jedenfalls trafen schon am Vormittag die ersten Soldaten der *US 4th Infantry Division* mit ihren Kameraden von der *US 101st Airborne Division* zusammen. Pioniere räumten sehr schnell die Straßen und Wege vom Strand ins Landesinnere. Am Vormittag des 6. Juni war der Brückenkopf am *Utah Beach* fest konsolidiert, die gesamte Division an Land.

Auch an den zwei britischen und dem kanadischen Landungsstrand waren die Alliierten sehr schnell erfolgreich. Am *Sword Beach* war übrigens auch das 177 Mann starke Kommando des Majors Philippe Kieffer eingesetzt; es waren die einzigen Franzosen in Uniform, die am *D-Day* zur Befreiung ihrer Heimat beitrugen. Wie am *Utah Beach* hatte die Bombardierung von See und aus der Luft am *Gold, Juno* und *Sword Beach* vollen Erfolg gezeitigt. Viele deutsche Verteidigungsstellungen waren damit bereits vor der Landung ausgefallen und die überlebenden Verteidiger durch die Wucht des Feuers psychisch stark angeschlagen. Dennoch leisteten sie teilweise hartnäckigen Widerstand. Vor der Invasion war ihnen befohlen worden, bis zur letzten Patrone zu kämpfen, Kapitulation war verboten. Sie sollten aushalten, bis örtliche Reserven in den Kampf eingreifen konnten. Mit aller Gewalt hatte die Wehrmacht versucht, die Widerstandskraft der zweit- und drittklassigen Truppen am „Atlantikwall" zu erhöhen.

Doch so heftig der Widerstand auch teilweise war, er war nur von kurzer Dauer. Am *Gold Beach* beispielsweise war nicht einmal zwei Stunden nach Beginn der Operationen die gesamte *50$^{th}$ Division* an Land, inklusive der Artillerie und der Versorgung. Ein deutscher Gegenangriff fand hier gar nicht erst statt, das dort eingesetzte Ostbataillon 441 war nach den schweren Bombardierungen einfach davongelaufen oder hatte sich ergeben. Die Briten nahmen die einzelnen Bunkeranlagen des „Atlantikwalls" sehr schnell, „Hobart's Funnies" spielten hier eine wichtige Rolle.

Das hieß aber nicht, Briten und Kanadier hätten kaum Ausfälle zu beklagen gehabt. Einige Kompanien und Bataillone der ersten Welle waren besonders stark betroffen. Aber auch die zweite Welle konnte durch Minen und Artillerietreffer noch relativ schwer in Mitleidenschaft gezogen werden. Am Strand selbst verursachten einzelne noch intakte Widerstandsnester in den kurzen, aber intensiven Kämpfen weitere Verluste, besonders wenn keine Panzer oder AVRE's zur Verfügung standen. Einige Kompanien – vor allem kanadische am *Juno Beach* – wurden sehr schwer getroffen und hatten am Ende des Tages mehr als 50 Prozent ihrer Männer eingebüßt. Die Verluste an Toten, Verwundeten und Vermissten/Gefangenen an den einzelnen Landungsstränden geben ein Bild von der unterschiedlichen Intensität der Kämpfe wieder: 300 am *Utah Beach*, gut 400 am *Gold Beach*, etwa 650 am *Sword Beach* und gut 800 am *Juno Beach*. Nicht nur absolut, sondern auch prozentual an den gelandeten Truppen gemessen waren die Verluste am kanadischen *Juno Beach* am höchsten.

 Der fünfte Landungsstrand stellte aber alle vier anderen bei weitem in den Schatten: Die Amerikaner verloren etwa 3000 Mann am „Bloody Omaha"; neuere Schätzungen gehen sogar von knapp 4200 Verlusten aus. Das Unternehmen stand dort für einige Stunden auf des Messers Schneide und drohte zu scheitern. Was waren die Gründe? Es war eine Verkettung unglücklicher Umstände, quasi ein amerikanisches „worst case scenario", gleichzeitig aber keinesfalls ein deutsches „best case scenario".

Die Landung begann bereits unter schlechten Vorzeichen. Zwar hämmerte die schwere Schiffsartillerie wie geplant von 5.50 Uhr bis 6.20 Uhr auf die deutschen Widerstandsnester am *Omaha Beach* ein, doch aus welchen Gründen auch immer richtete sie vergleichsweise wenig Schaden an. Das praktisch zeitgleiche Luftbombardement blieb sogar völlig folgenlos. Als sich die 448 B-24 „Liberator"-Bomber der *446th Bombardment Group* dem *Omaha Beach* näherten, war ihnen die Sicht auf den Boden durch Wolken verwehrt. Aus Angst, die eigene Landungsflotte zu treffen, warfen sie ihre Bomben weit hinter den deutschen Stellungen ab. 117 Flugzeuge flogen sogar mit ihren Last wieder zurück nach England.

Was bereits unglücklich startete, schien mit Beginn der Landungen um 6.30 Uhr auf eine volle Katastrophe zuzusteuern. Durch den Seegang schafften es nur zwei schwimmende *Sherman DD* an den Strand, andere mit Schiffen angelandete Panzer fielen sofort den deutschen Panzerabwehrkanonen zum Opfer. So musste die erste Infanterie-Welle praktisch ohne Unterstützung von Panzern an Land gehen. Der bewusste Verzicht auf die „Hobart's Funnies" kam den Amerikanern am *Omaha* teuer zu stehen. Noch dazu erreichte wegen der starken Strömung kaum ein Landungsboot das eigentliche Ziel, die meisten landeten in völlig anderen Strandabschnitten. Das Chaos war perfekt und das deutsche Abwehrfeuer vernichtete einige Kompanien praktisch vollständig.

Zwar waren die deutschen Stellungen relativ gesehen am *Sword Beach* sogar noch stärker als am *Omaha Beach*[5], doch steigt am *Omaha* das Gelände kurz hinter dem Strand um etwa 30 Höhenmeter an. Die deutschen Verteidiger konnten also aus überhöhten Stellungen auf die am Strand fast ohne Deckung kauernden Amerikaner schießen. Auch griffen am *Omaha Beach* einige deutsche örtliche Reserven in den Kampf ein. Sie kamen von der 352. Infanterie-Division, einer qualitativ vergleichsweise hochwertigen Division. Eisenhower zog etwa zwei Stunden nach der Landung eine Aufgabe des *Omaha Beachs* in Erwägung, die weiteren US-Truppen sollten am *Utah Beach* landen. Erst durch den selbstlosen Einsatz vieler amerikanischer Offiziere und Unteroffiziere am Strand, immer neue Verstärkungen von See und den pausenlosen Einsatz der Schiffsartillerie begann sich die Lage am *Omaha Beach* zu wenden. Vor allem aber ging bei den Deutschen die Artilleriemunition zur Neige. Eigentlich sollten die Widerstandsnester für 48 Stunden bevorratet sein, doch um 10 Uhr schossen die meisten Geschütze schon aus ihrem Sperrbestand. Am späten Vormittag hatten die Amerikaner den Hauptwiderstand in den meisten Bunkeranlagen gebrochen, konnten am Abend jedoch erst einen 1500 Meter tiefen Landekopf halten.

Dabei hatte Montgomery in seinen Planungen für den *D-Day* Tagesziele von knapp 20 Kilometern Inland gesetzt. Obwohl die Alliierten mit Ausnahme des *Omaha Beach* den „Atlantikwall" noch in den Vormittagsstunden des 6. Juni durchbrechen konnten, erreichten sie nirgends ihre Tagesziele. Am weitesten kamen noch die Kanadier, die außerdem noch die Brückenköpfe am *Juno* und am *Gold* vereinen konnten. Zwei Konstanten zeigten sich bereits am ersten Tag und sollten in den kommenden zwei Monaten die Normandieschlacht prägen. Erstens die taktische Stärke der Wehrmacht, mit zusammengewürfelten Resttruppenteilen praktisch aus dem Nichts kleine schlagkräftige Kampfgruppen zu formen, die das Gefecht geschickt verzögerten. Zweitens das auf Vorsicht und Sicherheit bedachte Vorgehen der Alliierten.

Besonders schmerzlich war es für die Alliierten, dass die britische *3rd Division* am ersten Tag Caen nicht erobern konnte. Die Division wurde von Historikern deshalb teilweise heftig kritisiert, ihre Leistung als „die am meisten enttäuschende aller Landungsabschnitte"[6] bezeichnet. Sogar der Vorwurf stand im Raum, die Division wäre für den Angriff auf die Strände „overtrained" gewesen und hätte dabei die Folgeaufgaben vernachlässigt.[7] In der Tat verlor die Division viel Zeit und Angriffsschwung bei ihrem Vormarsch vom *Sword Beach* nach Caen. Doch das hatte einen weit komplexeren Grund als nur die Führungsschwäche des Divisionskommandeurs, *Major General* Tom G. Rennie. Anders als an allen anderen Landungsabschnitten gab es hinter dem *Sword Beach* eine weitere Reihe deutscher Befestigungsanlagen, die den Vormarsch Richtung Inland versperrten, darunter die von den Briten sogenannten Bunkeranlagen „Morris" und „Hillman". In der Zwischenzeit konnten die Deutschen ihre einzige verfügbare operative Reserve, die 21. Panzer-Division, in den Raum Caen werfen. Insgesamt war der Auftrag der *3rd Division* für den *D-Day* viel zu weit gesteckt: Einerseits die Einnahme Caens und andererseits die Herstellung der Verbindung mit den gelandeten Fallschirmjägern der *6th Airborne Division*. Letzteres gelang, doch Caen blieb in deutscher Hand. Das sollte sich auf die Operationen der *2nd British Army* in den folgenden Wochen sehr negativ auswirken.

Wie reagierten die Deutschen auf die alliierte Landung? Vieles lässt sich für den 6. Juni mit den Schlagwörtern „Pleiten, Pech und Pannen" treffend zusammenfassen. Katastrophal wirkten sich die vor der Landung nur unzureichend geklärten Befehlsstrukturen mit den zahlreichen Parallelhierarchien aus, wie die Alarmierung der Truppe zeigte. Wenn der Leser in den kommenden Absätzen den bereits stark vereinfachten Überblick über die einzelnen Stäbe und Kommandobehörden verlieren sollte, so zeigt dies nur, wie verwirrend die Verhältnisse waren.

Schon am 5. Juni mehrten sich durch abgefangene Funksprüche an die Résistance die Anzeichen für eine bevorstehende Großlandung. Als kurz nach Mitternacht die ersten Meldungen über gelandete feindliche Fallschirmjäger bei verschiedenen Stellen eingingen, zog aber zunächst nur die 7. Armee von Generaloberst Eugen Dollmann sofort den richtigen Schluss und gab an das LXXXIV. Armeekorps die höchste Alarmstufe aus: Die Alarmstufe II. Der OB West folgte erst um 4.10 Uhr, also knapp eineinhalb Stunden vor den ersten Landungen am *Utah* und *Omaha Beach*. Damit waren sämtliche Einheiten in den Widerstandsnestern am Strand und die örtlichen Reserven direkt dahinter einsatzbereit. Das manchmal heute noch anzutreffende Bild eines „schlafenden Heeres" am 6. Juni 1944 ist also falsch.

Allerdings: Der Einsatz weiterer Reserven war durch die vergleichsweise späte Alarmierung beträchtlich verzögert. Wie lange es von der Alarmierung bis zum Erreichen der Einsatzziele dauerte, verdeutlicht der Einsatz der „Kampfgruppe Meyer". Sie war Divisionsreserve der 352. Infanterie-Division, die den *Omaha Beach* verteidigte. Obwohl der Kampfgruppe bereits um 1 Uhr Alarmstufe II befohlen wurde, meldete sie erst um 4.20 Uhr Abmarschbereitschaft; bis zum Erreichen des Einsatzraums wurden weitere drei bis vier Stunden veranschlagt. Zu diesem Zeitpunkt wären bereits zwei bis drei Stunden vergangen, in denen sich die Truppen am Strand alleine halten mussten. Der Divisionskommandeur Generalleutnant Dietrich Kraiß hatte Rommels Verteidigungskonzept an der Küste nicht völlig geteilt und daher einige seiner Kräfte – darunter auch jene „Kampfgruppe Meyer" – zu weit im Hinterland stationiert. Dass die „Kampfgruppe Meyer" dann im Laufe des 6. Juni eine wahre Odyssee erlebte, steht freilich auf einem anderen Blatt.

Noch katastrophaler war der geplante Einsatz der Panzerkräfte. Besonders kritisch war dabei der Einsatz der Panzer-Lehr-Division sowie der 12. SS-Panzer-Division „Hitlerjugend". Die beiden Elite Divisionen waren etwa 80 bis 120 Kilometer vom Landungsraum entfernt stationiert und durften als OKW-Reserve nur auf persönlichen Befehl Hitlers eingesetzt werden. Oft ist behauptet worden, niemand habe es am Morgen des 6. Juni gewagt, den „Führer" zu wecken und um die Freigabe dieser beiden Panzer Divisionen zu bitten. Allerdings: Der OB West hatte am Vormittag immer noch kein eindeutiges Feindlagebild an das Führerhauptquartier gemeldet. Für Rundstedt blieb noch unklar, ob die Normandie nur ein Ablenkungsmanöver war und der feindliche Hauptschlag erst noch am Pas-de-Calais käme. So lehnte das OKW eine Freigabe der beiden Divisionen ab. Erst am frühen Nachmittag unterstellte das OKW endlich die beiden Divisionen der Heeresgruppe B – zu spät für einen Einsatz am 6. Juni.

Die deutsche Reaktion am D-Day ist in einem zentralen Punkt an Ironie kaum zu übertreffen. Nach Rommels Planung waren die ersten 24 Stunden nach der Landung entscheidend. Doch der Oberbefehlshaber der Heeresgruppe B verpasste den Beginn „seiner" Schlacht, der letzten in seiner Karriere. Er weilte zuhause in Herrlingen, um den Geburtstag seiner Frau zu feiern. Wegen des schlechten Wetters hatte Rommel nicht an eine Landung geglaubt. Doch Rommel war nicht der einzige General, der am Morgen des 6. Juni nicht an seinem Platz war. Eine Anzahl von Divisionskommandeuren kam gerade erst von einem Kriegsspiel aus Rennes zurück, darunter der Kommandeur der 91. Luftlande Infanterie Division. Der Kommandeur der 21. Panzer Division, Generalmajor Edgar Feuchtinger, befand sich gar in Paris, wo er sich mit seiner Geliebten amüsierte. Kurz: Teile der deutschen Truppen – oder genauer: der Reserven – waren am Morgen des 6. Juni führungslos, die Reaktion dadurch gehemmt.

Nun gab es in der Wehrmacht bei kurzfristiger Abwesenheit des Kommandeurs freilich einen Stellvertreter, den Chef des Stabes. Doch gerade Generalleutnant Hans Speidel machte als Rommels Stellvertreter alles andere als eine glückliche Figur an jenem 6. Juni. Eigentlich musste er das Abwehrkonzept seines Oberbefehlshabers verinnerlicht haben. Doch anstatt schnell zu reagieren, verfiel er in eine unerklärliche Lethargie und zögerte. Auch er wollte erst ein klares Feindlagebild gewinnen, bevor er sich zum Einsatz der Panzer entschließen konnte. Als Rommel in den späten Nachmittagsstunden schließlich in seinem Hauptquartier in La Roche Guyon eintraf, war es zu spät. Er konnte die Schlacht an diesem Tage nicht mehr in seinem Sinne beeinflussen. Nach dem Krieg gaben viele der überlebenden Generäle entweder Hitler oder sich gegenseitig die Schuld für die langsame Reaktion am 6. Juni. Doch in Wahrheit hatten die meisten von ihnen selbst zu diesem Zustand beigetragen. Ganz gleich ob vor Ort oder in den höheren Stäben hielten sie Meldungen zurück und zögerten. Einzig die 7. Armee und das LXXXIV. Armeekorps konnte man von diesem Vorwurf weitgehend ausnehmen.

Dabei zeigte der Einsatz der 21. Panzer-Division am 6. Juni, was bei richtiger Führung und entschlossenem Handeln möglich gewesen wäre, allen Widrigkeiten zum Trotz. Sie war die schwächste deutsche Panzerdivision im Westen und hatte mit Feuchtinger einen militärisch unfähigen Kommandeur, der sein Kommando vorrangig seiner Parteinähe verdankte. Zudem verwirrten die zahlreichen Fallschirmabsprünge der britischen *6th Airborne Division* den Divisionsstab. Daher trat die 21. Panzer-Division in vier verschiedene Kampfgruppen zersplittert, schlecht koordiniert und noch dazu sehr spät zum Gegenangriff an. Dennoch gelang es einer dieser vier Kampfgruppen am Abend, zwischen dem *Juno* und dem *Sword Beach* bis ans Meer vorzustoßen, bevor das intensive Bombardement von See her zum Rückzug zwang. Es war der einzige erfolgreiche – wenn auch zeitlich begrenzte – deutsche Gegenangriff.

Durch den verspäteten Einsatz der Reserven war das Zahlenverhältnis an den Landungsstränden unhaltbar für die Deutschen geworden. Kaum eine Studie zur Normandie betont, wie sehr die Deutschen gerade an jenem 6. Juni an Material und Personal den Alliierten unterlegen waren. Pausenlos kreisten Flugzeuge der RAF und USAAF am Himmel und unterstützten die Bodentruppen oder störten die deutschen Nachschubwege. Ihren etwa 12 000 Einsätzen standen gerade einmal gut 300 der Luftwaffe am D-Day gegenüber. An direkten deutschen Einsätzen gegen die Landungsflotte ist gerade einmal ein einziger dokumentiert, jener von Oberstleutnant Josef Priller. Auch die Kriegsmarine war hilflos. Eine Schnellboot-Flottille aus Cherbourg drehte angesichts der alliierten Armada schnell wieder in den Hafen ab. Aus Le Havre rückte eine Torpedoboot-Flottille aus und versenkte den norwegischen Zerstörer Svenner, kehrte dann aber auch wieder um.

Genauso erdrückend wie in der Luft und zu See war die alliierte Überlegenheit an Land. Nach Schätzungen waren am *Utah Beach* nur knapp 100, am *Gold Beach* 175, am *Juno Beach* gut 300 und am *Sword Beach* 370 Mann in den Widerstandsnestern am Strand. Selbst am heftig umkämpften *Omaha Beach* waren nur 500 Wehrmachtssoldaten eingesetzt, inklusive der örtlichen Reserven maximal gut 1000.[8] Bis zum Abend waren hier aber fast 35 000 Soldaten der *US 1st* und *29nd Infantry Division* an Land gegangen. An den anderen vier Landungsstränden waren es jeweils zwischen 21 000 und 29 000 Mann.

Die alliierten Verluste am D-Day waren hoch, aber bei weitem nicht so horrend wie zuvor befürchtet. Von bis zu 10 000 Toten waren einige Planer ausgegangen. *Neptune* war ein voller Erfolg, selbst wenn die weitgesteckten Tagesziele nicht erreicht wurden. Über 150 000 Mann waren bis zum Abend über die See oder aus der Luft in Frankreich gelandet. Angesichts dieser Zahlen musste die deutsche 7. Armee am Ende des Tages eingestehen, dass es mit den verfügbaren Kräften nicht mehr möglich sei, die Alliierten ins Meer zurückzuwerfen. Doch Wehrmacht und Waffen-SS sollten in den nächsten Wochen jeden Fußbreit Boden in der Normandie bitter verteidigen.

Kontrafaktische Geschichte ist unter Historikern verpönt, gleichzeitig aber sehr reizvoll. So ließe sich fragen: Konnte *Neptune* angesichts der drückenden alliierten Personal- und Materialüberlegenheit überhaupt scheitern? Hatte Rommels Konzept Aussicht auf Erfolg, den Gegner am Strand zu vernichten? Die Mehrheit der Wehrmachts-Generalität verneinte dies. Schließlich war „der eigentliche Atlantikwall in wenigen Stunden überrannt", was in ihren Augen „kaum anders zu erwarten" war.[9] Doch wie noch zu zeigen ist, war eine spätere Verteidigung im Hinterland noch viel hoffnungsloser. Im Rückblick wäre Rommels Ansatz wohl der richtige gewesen. Der *Omaha Beach* und der Gegenangriff der 21. Panzer-Division zeigten das Potential. Montgomery meinte später auch, ein deutscher Gegenangriff am Nachmittag des *D-Day* wäre am gefährlichsten gewesen, da zu diesem Zeitpunkt die Landungstruppen ihren ersten Schwung verloren hatten und durch mangelnde Kommunikation die Kohäsion zu einem gewissen Grad verloren gegangen war. Doch letztlich hätte es für einen deutschen Erfolg einer Reihe günstiger Faktoren bedurft. So hätten die Befehlsstrukturen noch vor der Landung eindeutig geklärt werden müssen, der „Atlantikwall" verstärkt und vor allem um die sogenannte „Zweite Stellung" im Hinterland erweitert werden müssen. Vor allem aber hätten die Deutschen den genauen Zeitpunkt und den genauen Ort der Landung wissen müssen. Gerade im letzten Punkt irrten sich aber fast alle Generäle, Rommel eingeschlossen, und glaubten an eine Landung am Pas-de-Calais. Zudem hätte es einer Verkettung unglücklicher Umstände auf alliierter Seite wie am *Omaha* bedurft. Ein deutscher Abwehrerfolg an einem einzigen Landungsstrand hätte ohnehin kaum Einfluss auf das endgültige Resultat gehabt. Erst wenn ein zweiter Strand in deutscher Hand geblieben oder sofort wiedererobert worden wäre, wäre die Lage für die Alliierten kritisch geworden. Die Aussichten hierauf wären aber selbst unter günstigsten Bedingungen äußerst gering gewesen.

## 5. Normandieschlacht I
## Krieg von „oben"

### 5.1. Die Briten und Kanadier in den Kämpfen um Caen

*Neptune* war nur der Anfang. Die eigentliche *Overlord*-Schlacht wurde nicht an der Küste, sondern in den folgenden zweieinhalb Monaten im Binnenland entschieden. Am *D-Day* selbst hatten sich die Briten und vor allem die Kanadier besser geschlagen als die Amerikaner, doch diese Zwischenbilanz sollte sich in den kommenden Wochen umdrehen. Die Geschichte der *British Army* in der Normandie gilt häufig als eine Geschichte des militärischen Mittelmaßes. Besonders Montgomery geriet als Oberbefehlshaber der *21st Army Group* damals wie heute ins Kreuzfeuer der Kritik. Die „nicht gerade beeindruckende Kampfleistung der britischen und kanadischen Truppen in Nordwesteuropa"[1] ändert aber nichts an ihrem Erfolg: der Zusammenbruch der deutschen Front und die Befreiung Frankreichs. Hierzu trugen die britischen und kanadischen Truppen zweifellos ihren Teil bei – wie groß dieser war, bleibt freilich umstritten.

Die britisch-kanadischen Operationen in der Normandie lassen sich in zwei Phasen einteilen: Zunächst versuchte die *2nd British Army* zwischen dem *D-Day* und Mitte Juni vergeblich Caen im Bewegungskrieg einzunehmen. Anschließend folgte, zweitens, bis Mitte August eine kaum endende Serie von feuerintensiven und vielfach statischen Materialschlachten. Seit dem 23. Juli stand der *2nd British Army* die *1st Canadian Army* unter *Lieutenant General* Harry Crerar als weitere Kommandobehörde zur Seite. Mitte August zählten diese zwei Armeen vier britische und ein kanadisches Korps mit insgesamt 16 Divisionen; zwölf davon waren britisch, drei kanadisch und eine polnisch. Hinzu kam eine Anzahl von unabhängigen britischen Panzerbrigaden. Die Briten mussten sich also in ihrem Sektor selbst im taktischen Bereich häufig den Anforderungen der Koalitionskriegführung stellen – insgesamt durchaus mit Erfolg.

Direkt nach dem *D-Day* entwickelte sich die Lage bei der $2^{nd}$ *British Army* zunächst positiv – zumindest teilweise. Am 7. Juni waren alle drei Landungsabschnitte vereint, die mittelalterliche Stadt Bayeux fiel unversehrt in britische Hand. Ebenso trafen am 8. Juni britische Truppen vom *Gold Beach* mit ihren amerikanischen Kameraden vom *Omaha Beach* zusammen. Doch das waren nur Teilerfolge, denn das Kernproblem der britischen operativen Planungen blieb der Verkehrsknotenpunkt Caen. Die Stadt war das Tor in Richtung Seine und somit Paris. Als Caen entgegen der ursprünglichen Planung am 6. Juni nicht in britische Hände fiel, glaubten Montgomery und seine Kommandeure dieses Versäumnis in den folgenden Tagen relativ einfach nachholen zu können. Doch bereits am 7. Juni war der direkte Zugang zur Stadt unmöglich, die Deutschen hatten weitere Verstärkungen hingeschickt.

Montgomery und Dempsey wollten Caen nun von Osten und Westen her einschließen. Zusätzlich überlegten sie, die britische $1^{st}$ *Airborne Division* in der Ebene zwischen Caen und Falaise abzusetzen, doch Leigh-Mallory intervenierte ebenso energisch wie erfolgreich gegen dieses riskante Unternehmen. Dempsey musste den Plan überarbeiten, und übrig blieb eine Zangenbewegung im Raum Caen (*Operation Perch*). Östlich der Stadt sollten Teile der $51^{st}$ *Highland Division* angreifen, westlich die $7^{th}$ *Armoured Division*, die sogenannten „Desert Rats". Beide Divisionen galten als zwei der besten im britischen Heer mit eingehender Kampferfahrung aus Nordafrika und Italien. Doch beide Divisionen sollten die in sie gesetzten Hoffnungen nicht erfüllen. Vor allem die Einheiten der $51^{st}$ *Highland Division* versagten vollkommen, ihr Angriff blieb schon im Ansatz stecken.

Auch die $7^{th}$ *Armoured Division* lief sich zunächst bei Tilly-sur-Seulles gegen die neu angekommene Panzer-Lehr-Division fest. Damit war die *Operation Perch* aber noch nicht beendet, denn es eröffnete sich eine neue Chance, diesmal weiter westlich im sogenannten Caumont Gap. Mehrere Tage nach dem D-Day gab es hier im Raum Caumont, an der Nahtstelle zwischen der $1^{st}$ *US Army* und der $2^{nd}$ *British Army*, noch immer keine zusammenhängende Front. Doch das Zögern der Kommandobehörden sowie das unübersichtliche Heckengelände kostete die *7th Armoured Division* wertvolle Zeit. Als die *22nd Armoured Brigade* schließlich den wichtigen Ort Villers-Bocage erreichte, geriet sie in „einen der verheerendsten Hinterhalte in der britischen Militärgeschichte"[2]. Tiger-Panzer der schweren SS-Panzerabteilung 101 griffen unter der Führung von SS-Obersturmführer Michael Wittmann die Briten in der Flanke an. Am 14. Juni entschloss sich die *7th Armoured Division* zum kompletten Rückzug aus dem Frontvorsprung bei Villers-Bocage. Die RAF sowie amerikanische Artillerie verhinderten eine Katastrophe, da die britische Niederlage kurzzeitig auch den linken Flügel der *1st US Army* bedrohte.

Mit dem Misserfolg bei Villers-Bocage war der Bewegungskrieg im Bereich der *2nd British Army* zu Ende, die *Operation Perch* gescheitert. Montgomerys Hoffnungen auf einen schnellen britischen Durchbruch waren zerstoben, der gewünschte Prestigegewinn gegenüber dem amerikanischen Verbündeten nicht eingetreten. Die Briten hatten bei *Perch* versucht, den typisch deutschen Ansatz zu kopieren. Mit einer beweglichen Führung der Panzerkräfte sollte der Gegner umfasst werden. Doch dieser Versuch ging schief. Zu umständlich und unflexibel war die britische Führung, die Zusammenarbeit zwischen Panzern und Infanterie ungenügend. Eine klare Schwerpunktbildung war nicht zu erkennen, der Kräfteansatz bei *Perch* mit gerade einmal zwei Divisionen für eine doppelte Umfassung von Caen viel zu gering. Anstatt den Deutschen in die Flanke zu stoßen, waren die Briten selbst in der Flanke angegriffen und zum Rückzug gezwungen worden.

Villers-Bocage war keine große Schlacht. Lediglich eine schwache britische Brigade hatte hier gegen etwa drei deutsche Bataillone gekämpft. Auf die gesamte Normandie übertragen, waren die britischen Verluste von etwa 25 Panzern verschwindend gering. Dennoch war Villers-Bocage ein psychologischer Schock für die britische Panzerwaffe, da für jedermann ersichtlich ihr Cromwell Panzer dem deutschen Tiger weit unterlegen war. Die Schlacht war Wendepunkt und Warnung für die Briten, nicht das deutsche Original zu kopieren, sondern sich auf die eigenen Stärken zu besinnen.

**Bild 6**
**„Battle Winner": Ein 4.5 inch Geschütz der Royal Artillery, der dominierenden Waffengattung der *British Army* in der Normandie.**

Und diese Stärken lagen nicht im Bewegungskrieg, sondern in der Materialschlacht. Feuerkraft war die britische Trumpfkarte, die Leistungen der Artillerie und der taktische Einsatz der RAF in vielerlei Hinsicht vorbildlich. Montgomerys neues Rezept war nun der Abnutzungskrieg, das Mittel hierzu eine pausenlose Aneinanderreihung von britisch-kanadischen Großoffensiven: *Epsom* (26.–30. Juni), *Windsor* (4.–5. Juli), *Charnwood* (8.–9. Juli), *Jupiter* (10.–11. Juli), *Greenline* (15. Juli), *Pomegranate* (16.–17. Juli), *Goodwood* (18.–20. Juli), *Atlantic* (18.–22. Juli), *Spring* (25.–27. Juli),

*Bluecoat* (30. Juli–7. August), *Totalise* (8.–13. August) und schließlich *Tractable* (14.–21. August).

Eine eingehende Beschreibung und Analyse all dieser Offensiven würde hier zu weit führen. Sie alle hatten aber verblüffende Gemeinsamkeiten: Zeitlich waren sie auf wenige Tage beschränkt und meist nahmen nur drei bis vier Divisionen daran teil. Auch im Resultat ähnelten sie sich. Der Geländegewinn war jeweils gering und so waren fast alle diese Offensiven ein weitgehender taktischer Patt, ja in operativer Hinsicht sogar meist ein deutscher Sieg, da die Briten erst in den letzten zwei dieser Offensiven die deutschen Linien durchbrechen konnten. Doch strategisch war jede dieser Offensiven ein britischer Sieg. Die Briten konnten es sich erlauben, Panzer zu verlieren. Sie wurden schnell durch neue ersetzt. Bei den Deutschen hingegen war fast jeder Verlust endgültig. Die Briten zerstörten deutsches Material und zermürbten deutsche Moral. Montgomery sagte hierzu einmal: „[Ich] konzentriere meine Kräfte an einer ausgewählten Stelle und versetze den Deutschen einen kolossalen Schlag", einen „Colossal Crack".[3] Die Deutschen bezeichneten dieses Vorgehen treffend als „Vernichtungstaktik". Artillerie, RAF und – bis zu 30 Kilometer landeinwärts – auch die *Royal Navy* beackerten die deutschen Stellungen so lange, bis kaum mehr Widerstand zu erwarten war. In den Offensiven kamen bis zu 800 Artilleriegeschütze zum Einsatz.

Nach einigen Diskussionen setzte Montgomery bei *Charnwood* Anfang Juli erstmals auch die strategische Bomberflotte ein. Etwa 1000 Flugzeuge des *Bomber Commands* unterstützten die Großoffensive. Der Einsatz galt als Erfolg, das Konzept wurde verfeinert und ausgebaut. Die Bomber wurden fortan für Ziele in den Flanken und im unmittelbaren Hinterland eingesetzt, den Rest übernahm die Artillerie. Die Ausmaße waren gigantisch. Knapp zwei Wochen später warfen zur Vorbereitung auf *Goodwood* 1056 Lancaster- und Halifax-Bomber in den Morgenstunden des 18. Juli ihre Last auf die Stellungen der deutschen 21. Panzer Division und der 16. Luftwaffen Feld Division ab. In der zweiten Welle folgten nur eine gute Stunde später 318 B-26 „Marauders" und 570 B-24 „Liberators", unterstützt von mehr als 800 Jagdflugzeugen.[4] Zum Vergleich: Es waren alleine bei *Goodwood* auf engsten Raum mehr Flugzeuge eingesetzt als die gesamte deutsche Luftwaffe im Frankreichfeldzug 1940 aufgeboten hatte.

An dieser Stelle gilt es mit einem bis heute weit verbreiteten Mythos aufzuräumen: Der angeblichen Zerstörungskraft der alliierten Luftstreitkräfte gegen die deutschen Panzer. Sowohl alliierte Piloten als auch deutsche Generäle betonten immer wieder die angeblich gewaltige Zerstörungskraft der Jagdflugzeuge und Bomber. Historiker hinterfragten dieses Credo bisher kaum. Doch so einfach und eindeutig war die Sache nicht, denn der direkte Ausfall an deutschen Panzern nach Luftangriffen blieb sehr gering. Britische Untersuchungen nach der Schlacht von Mortain Anfang August zeigten, dass nur 9 von 46 begutachteten deutschen Panzern bzw. Sturmgeschützen aus der Luft vernichtet wurden, 20 hingegen durch Bodenwaffen. Das Bild wiederholte sich später in der Ardennenoffensive.[5] Die Waffensysteme waren 1944 technologisch noch nicht ausgereift, um gepanzerte Fahrzeuge zielgenau und in großer Menge zu zerstören. Das galt nicht nur für die Bomberwaffe, sondern auch für die Jagdflugzeuge. Die alliierte Luftüberlegenheit wirkte sich anders und zwar eher indirekt aus: auf das Eisenbahnnetz und somit auf die Versorgung sowie auf die Moral der Landser. Zudem konnten Luftangriffe die deutschen Nachrichtenmittel empfindlich stören sowie Verteidigungsstellungen „aufweichen". Es dauerte dann einige Zeit, bis sich die Deutschen reorganisieren konnten. Dieses Schwächemoment mussten die alliierten Bodentruppen ausnutzen.

Und genau hier haperte es häufig. Vor allem die Infanterie ließ oft kostbare Zeit verstreichen und rückte so spät vor, dass sich die deutschen Verteidiger wieder gesammelt hatten. Nach dem ersten Feindkontakt hielt die britische Infanterie meist die Stellung oder zog sie sich gar wieder zurück und das Spiel begann von vorne. Das bemerkten auch die Deutschen. Sie bezeichneten die „Kampfmoral der engl[ischen] Inf[anterie]" als „nicht sehr groß"[6] bzw. sprachen ihr – ganz im NS-Jargon – die „innere Bereitschaft und Härte zum Kampf"[7] ab. Doch das war letztlich nur ein verbaler Trost angesichts der eigenen Hilfslosigkeit. Nirgends konnten die Deutschen diesem Materialsturm widerstehen, häufig war die Truppe anschließend psychisch erschüttert.

Doch so sicher und vergleichsweise risikolos Montgomerys „Colossal Cracks" auch waren, der Ansatz hatte nicht zu übersehende Nachteile. Schwerfällig und nur sehr langsam verschob sich die Front nach Süden. Der Nordteil von Caen fiel bei *Charnwood* am 8./9. Juli in britische Hände, gut einen Monat nach dem *D-Day*. Endgültig war die Schlacht um Caen aber erst nach *Atlantic* am 22. Juli beendet. Auch der weitere Vormarsch ging nur zäh voran. Mitte August befand sich die Front erst 10 Kilometer südlich der Normandie-Hauptstadt. Dieses Tempo war teils auch eine Folge eben jener unglaublichen Zerstörungskraft der Bombardierungen. Auf dem von Kratern übersäten Boden konnten die Briten ihre Vollmotorisierung bisweilen gar nicht ausspielen. Gleichzeitig schufen die Zerstörungen exzellente Verteidigungsstellungen für die Deutschen. Für die Großstadt Caen beispielsweise reichten Teile der SS-Division „Hitlerjugend" aus, um weitaus stärkere britische Verbände drei Wochen lang aufzuhalten. Auch das Überraschungselement fehlte bei den „Colossal Cracks" vollkommen, die Deutschen waren jedes Mal gewarnt und verlagerten die Masse ihrer Truppen aus der ersten Frontlinie nach hinten. Die Bombardements trafen freilich nicht nur die Deutschen, sondern auch die französische Zivilbevölkerung.

Bis heute ist viel darüber spekuliert worden, warum Montgomery diesen Ansatz wählte. Das pausenlose Bombardement und das übervorsichtige Vorrücken der Infanterie waren wenig inspirierend, es war keine Kriegskunst im klassischen Sinne. Vielmehr war es einfallslos, zeitintensiv und unflexibel. Nur ganz selten nutzten die Briten sich unerwartet bietende Möglichkeiten auf dem Gefechtsfeld aus. Während die Amerikaner die gesamte Cotentin Halbinsel befreiten und schließlich Anfang August aus der Normandie ausbrachen, kämpften Briten und Kanadier um jeden Meter im Großraum Caen. Das war im direkten Vergleich zum Verbündeten eine wenig ruhmreiche Bilanz für die britische Armee.

Montgomery behauptete nach dem Fiasko bei Villers-Bocage steif und fest, er halte an dem ursprünglichen Plan der *21st Army Group* fest. Und auch später insistierte er: Die *2nd British Army* und später auch die *1st Canadian Army* sollten möglichst viele deutsche Kräfte binden, um den Amerikanern die Erweiterung des Brückenkopfes zu ermöglichen. So geschah es auch. Bis zur letzten Juniwoche stand nur eine einzige deutsche Panzer Grenadier Division im amerikanischen Sektor, die Briten hingegen hatten sieben Panzer Divisionen ganz oder zumindest teilweise auf sich gezogen. Und noch Mitte Juli kämpften fünf deutsche Panzer bzw. Panzer Grenadier Divisionen gegen die Briten und nur vier gegen die Amerikaner. Doch zeitlich waren die Großoffensiven meist schlecht mit dem US Verbündeten abgestimmt. Erst bei der Operation *Spring* änderte sich dies, als am 25. Juli zeitgleich die amerikanische Großoffensive *Cobra* begann, die schließlich zum Zusammenbruch der deutschen Normandiefront führen sollte.

Es stellt sich freilich die Frage, warum die Briten nur Kräfte binden sollten, während die Amerikaner überall Geländegewinne erzielten. Konnte dies im Sinne des Briten Montgomery sein, einem Offizier, der sehr wohl in politischen Dimensionen dachte und für den das Empire über alles ging? Eine klare Antwort darauf haben Historiker bis heute noch nicht gefunden. Fakt war: Ein durchschlagender militärischer Erfolg würde den Amerikanern einen großen politischen Vorteil gegenüber den Briten verschaffen. Montgomery wusste aber auch, dass ihm nach Villers-Bocage gar nichts anderes übrigblieb, als zu betonen, die *2nd British Army* sollte „nur" Kräfte binden. Gleichzeitig aber hoffte er wohl insgeheim, seinen Divisionen könnte trotzdem der Durchbruch gelingen. Doch dies trat nicht ein. Vielleicht spekulierte Montgomery auch, die Amerikaner würden nach den Kämpfen im Westteil der Normandie so weit geschwächt sein, dass im weiteren Verlauf von *Overlord* den Briten die Rolle des Befreiers und somit die Kriegslorbeeren zufallen würden. Mehrmals äußerten amerikanische Offiziere derlei Vermutungen mit Argwohn.

Es war aber auch so, dass der materialintensive und vorsichtige Ansatz zum Charakter Montgomerys passte. Er war ein sorgsamer und detailversessener Planer, ein „control freak", der seinen Untergebenen nur wenig Spielraum für eigene Interpretationen und Initiativen ließ. Nicht umsonst suchte er sich als Oberbefehlshaber der *2nd British Army* den weitgehend blassen Dempsey aus. Generale, die in seinen Augen versagt hatten, entließ er ohne mit der Wimper zu zucken.

Risikovermeidung war ganz groß geschrieben. Das hatte einen militärischen Grund. Von Nordafrika wusste Montgomery, dass die Deutschen keine Möglichkeit auslassen würden, um unerwartet in den Flanken anzugreifen. Villers-Bocage war ein weiterer Fingerzeig. Genau diese Gefahr aber wollte Montgomery so weit wie möglich reduzieren und deshalb griff er selbst erst an, wenn er sich seiner Sache ganz sicher war. Das war schon bei El Alamein 1942 so gewesen und wiederholte sich in der Normandie. Montgomerys Stärken kamen immer dann zum Tragen, wenn er ausreichend Zeit zur Planung hatte. So war es vor El Alamein und so war es bei *Neptune*. Spontane Entscheidungen hingegen waren seine Schwäche. Nach El Alamein verpasste er es, Rommels Panzerarmee vollkommen zu schlagen, und dieses Muster wiederholte sich in der Normandie.

Montgomerys Geisteshaltung entstand aber nicht in einem intellektuellen Vakuum. Vielmehr reflektierte sein Denken die Einstellung der gesamten britischen Armee. Er war ein Kind und typischer Repräsentant dieser Institution, nicht ihr Außenseiter. Dempsey und alle Kommandierenden Generale der Armeekorps dachten und handelten wie Montgomery. Das galt im Übrigen auch für die kanadischen Generäle. Keiner von ihnen galt als besonders innovativ oder agil. Die britische Armee operierte streng nach der Befehlstaktik. Detaillierte Befehle gaben den Untergebenen nicht nur den Auftrag, sondern schrieben auch die Durchführung vor.

Es gilt noch einen weiteren – und diesmal innenpolitischen – Punkt zu beachten: Armeen können stets bloß die Art von Krieg führen, die ihnen ihre eigene Gesellschaft zugesteht. Die britische Armee in der Normandie ist hierfür ein gutes Beispiel. Das Trauma des Ersten Weltkriegs saß tief, ein neues Gemetzel im Stil der Sommeschlacht 1916 mit fast 60 000 Mann Verlusten an einem einzigen Tag würde Großbritannien niemals mehr akzeptieren. Mit dem übermäßigen Einsatz von Feuerkraft sollten daher die eigenen Verluste vor allem bei der Infanterie möglichst gering bleiben, um somit die Moral von Gesellschaft und Armee aufrechtzuerhalten. Montgomery ließ seine Großoffensiven, wie beispielsweise bei *Goodwood*, sofort einstellen, wenn die Ausfälle zu hoch wurden – selbst wenn die Lage vielversprechend erschien und Dempsey auf eine Fortführung drängte.

Auch die Kanadier mussten ihre Innenpolitik berücksichtigen. Wie schon im Ersten Weltkrieg stieß dort die Einführung der allgemeinen Wehrpflicht bei der französischsprachigen Bevölkerung auf breite Ablehnung; die Politik entschloss sich daher erst im November 1944 zu diesem Schritt. Um weiterhin Freiwillige rekrutieren zu können und um die Stimmung unter den Franko-Kanadiern nicht weiter zu verschlechtern, mussten die kanadischen Truppen in Europa ihre Verluste möglichst gering halten. Das gelang in dieser Materialschlacht freilich nicht und im August 1944 sah Crerar die Einsatzfähigkeit seiner Armee durch den Mangel an Infanterie gefährdet; Ersatz kam nur schleppend und nicht im gewünschten Maße in der Normandie an.

Montgomery definierte einmal als Richtschnur seines Handelns: „Ein guter General muss nicht nur seine Schlachten gewinnen; er muss sie mit minimalen Opfern und Verlust an Menschenleben gewinnen.“[8] Das sind hehre Worte. Doch ließe sich dagegen einwenden, dass ein General in gewissen Situationen Verluste riskieren muss, um spätere Verluste möglichst klein zu halten. Auf die Normandie übertragen könnte dies heißen: Ein risikoreicherer Ansatz vor allem in den ersten Tagen nach dem *D-Day* hätte vielleicht zu einem schnellerer Einsturz der deutschen Front geführt und somit die britisch-kanadischen Verluste aufs Ganze gesehen kleiner gehalten.

Bezeichnend waren für die britische Armee in der Normandie auch die Leistungen der drei kampferfahrenen Divisionen aus Nordafrika und Italien: Die *7th Armoured*, die *50th (Northumbrian)* und die *51st Highland Division*. Montgomery hatte sie eigens als Rückgrat seiner *21st Army Group* ausgewählt. Doch alle drei Divisionen erfüllten kaum diese Hoffnungen. Besonders hart fiel das

Urteil über die *51st Highland Division* aus. Sie galt Mitte Juli als „Schlacht-untauglich. Sie kämpft nicht mit Entschlossenheit und hat in jeder Operation versagt, mit der man sie beauftragt hat.“[9] Was waren die Ursachen? Einerseits Probleme mit der Moral, andererseits eine zu kurze Trainingsphase in England vor *Neptune*. Diese drei Divisionen konnten sich also nicht schnell genug an einen neuen Kriegsschauplatz anpassen. Im Gegensatz schlugen sich gerade die „grünen“ Divisionen recht gut, wie die *11th Armoured Division* und die *15th (Scottish) Division*. Beide Divisionen hatten jahrelang speziell für den Einsatz in der Normandie trainiert. Flexibilität war also keine Stärke der britischen Armee in der Normandie, sondern die von langer Hand geplanten Operationen, einhergehend mit einer für diesen Einsatz spezifischen Ausbildung.

So blutig die Normandie für die Briten auch war: Die Verluste waren niedriger als erwartet. Die *21st Army Group* hatte in den ersten drei Monaten mit gut 91 000 britischen und kanadischen Ausfällen gerechnet. In Wirklichkeit waren es dann „nur“ 65 136, davon knapp zwei Drittel bei der Infanterie. Hier waren die Verluste übrigens höher als erwartet.[10] Die Amerikaner beschuldigten Montgomery noch nach dem Krieg, britisches Leben geschont und stattdessen jenes der Verbündeten aufs Spiel gesetzt zu haben. Das war und ist allerdings reine Polemik, denn die amerikanischen Verluste waren nur leicht höher – und das gegen weitgehend schwächere deutsche Divisionen.

Denn die Schlachten im britisch-kanadischen Sektor wurden mit unerbittlicher Härte und Intensität geführt. So waren die Kämpfe um die Höhe 112 westlich von Caen sogar die verlustreichsten in der gesamten Normandie. Die zu Beginn dieses Buches beschriebene Schlacht des *5th Battalion* der *Duke of Cornwall's Light Infantry* war nur eine von vielen auf dieser beherrschenden Höhe. Bereits am 28. Juni hatten die Briten während *Epsom* den Hügel genommen, doch in den folgenden Wochen wechselte der Besitzer mehrmals hin und her. Erst am 15. Juli gelang es den Briten endgültig, die Höhe 112 einzunehmen.

Sowohl die britische als auch die kanadische Armee zeigten zweifellos nicht zu übersehende taktische und operative Schwä-

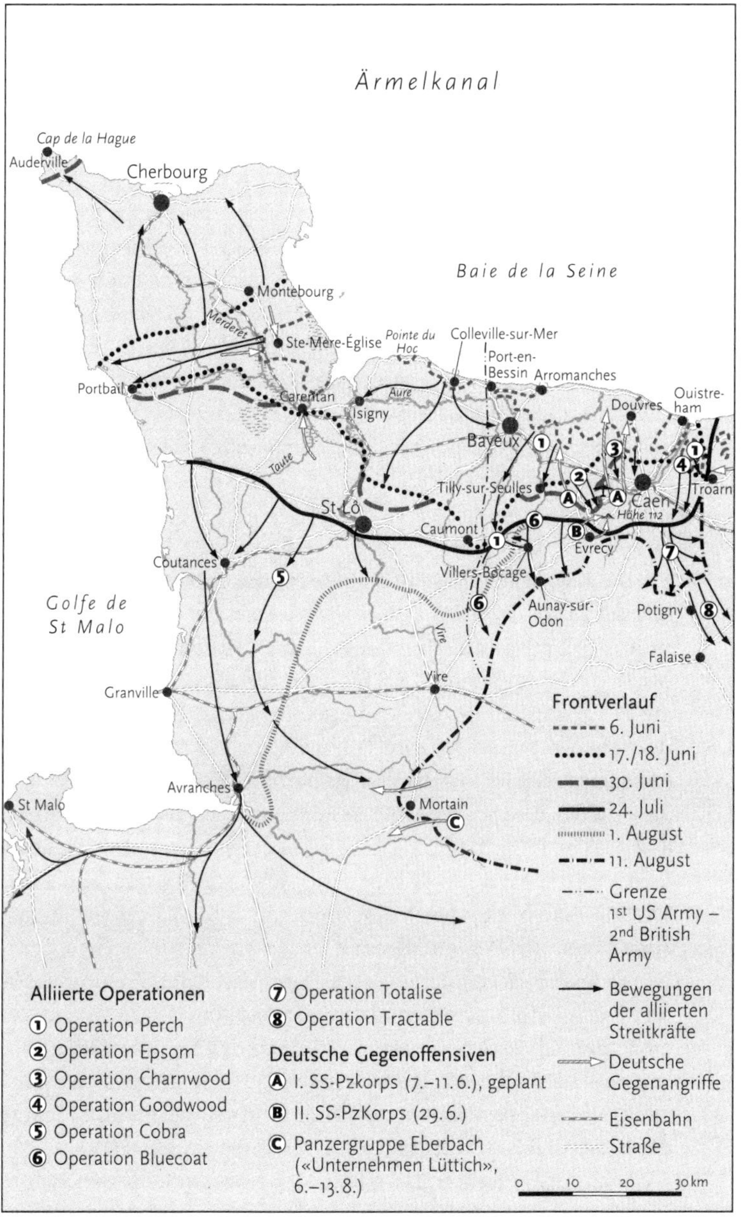
Ärmelkanal
Cap de la Hague
Auderville
Cherbourg
Baie de la Seine
Montebourg
Merderet
Ste-Mère-Église
Pointe du Hoc
Colleville-sur-Mer
Port-en-Bessin
Arromanches
Portbail
Carentan
Aure
Isigny
Douvres
Ouistreham
Bayeux
Taute
Tilly-sur-Seulles
Troarn
Caen
St-Lô
Höhe 112
Caumont
Evrecy
Coutances
Villers-Bocage
Golfe de St Malo
Aunay-sur-Odon
Potigny
Vire
Falaise
Granville
Frontverlauf
6. Juni
17./18. Juni
30. Juni
24. Juli
1. August
11. August
Avranches
Mortain
St Malo
Grenze 1st US Army – 2nd British Army
Bewegungen der alliierten Streitkräfte
Deutsche Gegenangriffe
Eisenbahn
Straße
Alliierte Operationen
① Operation Perch
② Operation Epsom
③ Operation Charnwood
④ Operation Goodwood
⑤ Operation Cobra
⑥ Operation Bluecoat
⑦ Operation Totalise
⑧ Operation Tractable
Deutsche Gegenoffensiven
Ⓐ I. SS-Pzkorps (7.–11. 6.), geplant
Ⓑ II. SS-PzKorps (29. 6.)
Ⓒ Panzergruppe Eberbach («Unternehmen Lüttich», 6.–13. 8.)
0 10 20 30 km

chen im Laufe der Normandieschlacht. Jedoch: Strategisch wurde das Ziel erreicht, viele der besten deutschen Divisionen in einer riesigen Materialschlacht im Großraum Caen abgenutzt, während die Amerikaner in ihrem Sektor durchbrechen konnten. Das war alles unspektakulär und letztlich waren die „Colossal Cracks“ ein grobschlächtiger Ansatz. Aber er war erfolgreich. Montgomery kannte sehr wohl die Stärken und Schwächen seiner eigenen Kräfte wie auch jene des Gegners. Besonders nach dem Desaster von Villers-Bocage spielte er die eigenen Stärken in der Feuerkraft aus und verhinderte dadurch, dass die Deutschen ihre eigene Stärke ausspielen konnten, den Bewegungskrieg mit gepanzerten Kräften. Montgomery ist somit nicht „der am meisten überbewertete General des Zweiten Weltkriegs“[11]; das militärische Genie, als das er sich selbst gerne sah, war er aber auch nicht.

## 5.2. Die Amerikaner in den Kämpfen auf der Cotentin-Halbinsel und um St. Lô

In ihrer Kampfweise ähnelten sich die britischen und amerikanischen Verbündeten vielfach. Auch die *US Army* vertraute auf die Zerstörungskraft der Artillerie sowie der *US Army Air Force* und ebenso plante sie ihre Offensiven von langer Hand. Doch etwas unterschied die beiden Alliierten im Laufe der Normandieschlacht. Die Amerikaner zeigten über die Wochen vielfach den Willen zu lernen, um sich den Gegebenheiten des Schlachtfeldes anzupassen. So konnten sie sich immer mehr von einer schematischen Kampfführung befreien und waren schließlich auch bereit, Risiken einzugehen. Insgesamt verliefen die Operationen für die Amerikaner deutlich erfolgreicher als für die Briten. Doch Fehler machten auch sie; vor allem der Zeitpunkt der einzelnen Operationen war im Rahmen der Koalitionskriegführung nicht über jede Kritik erhaben. Nicht unerwähnt sollte auch bleiben, dass die Amerikaner generell gegen schwächere deutsche Divisionen als die Briten kämpfen mussten.

Die amerikanischen Kämpfe in der Normandie lassen sich in vier Phasen einteilen: Erstens die Vereinigung und Konsolidierung der beiden Brückenköpfe vom *Omaha* und *Utah Beach* (6. Juni bis etwa 14. Juni); zweitens die Einnahme der Cotentin-Halbinsel (13. Juni bis 1. Juli); drittens die Eroberung von St. Lô (3. bis 20. Juli); viertens der Durchbruch in der *Operation Cobra* (25. Juli bis 1. August). Alleine an diesen Daten lässt sich erkennen, dass die Amerikaner fast ununterbrochen in der Offensive waren. Dies deckte sich mit ihrer Militärdoktrin: Gewinn und Erhalt der Initiative auf dem Schlachtfeld. Zwar konnten die Deutschen immer wieder relativ schnell einen Frontabschnitt stabilisieren, doch kurz darauf brachen die Amerikaner an einer anderen Stelle ein. Um es in andere Worte zu fassen: Die Amerikaner hatten die physischen Möglichkeiten, nach Misserfolgen sofort ihren Schwerpunkt zu verlagern und woanders angreifen. Bradleys *1st US Army* konnte damit Geländegewinne erzielen, doch gelang ihr – genauso wenig wie den Briten – lange Zeit kein entscheidender Durchbruch. Das änderte sich erst Ende Juli in der *Operation Cobra*.

Nach den ursprünglichen Planungen sollten die Truppen am *Omaha Beach* noch am 6. Juni den Kontakt mit dem britischen Verbündeten am *Gold Beach* herstellen und am folgenden Tag mit den eigenen Truppen am *Utah Beach*. In der Wirklichkeit dauerte es etwas länger. Die Verbindung mit den Briten gelang erst am 8. Juni, *Utah* und *Omaha Beach* vereinigten sich am 10. Juni, zunächst nur durch einen schmalen Landstreifen bei Isigny. US Fallschirmjäger mussten anschließend lokale deutsche Gegenangriffe im Raum Carentan abwehren. Es gab aber auch kleinere Rückschläge. So geriet am 10. Juni ein übermüdetes Bataillon der *US 29th Infantry Division* gut 20 Kilometer südlich des *Omaha Beaches* bei dem Weiler Le Carrefour in einen Hinterhalt und wurde fast vollständig aufgerieben. Das waren für die *US Army* zahlenmäßig vergleichsweise hohe Verluste. Nur selten verloren die Alliierten in der Normandie mehr als ein ganzes Bataillon auf einen Schlag, von Regimentern oder Divisionen ganz zu schweigen.

Nachdem alle Brückenköpfe vereinigt waren, legte Bradley zwei neue operative Ziele für seine Armee fest: Die Hafenstadt Cherbourg sowie St. Lô, die Hauptstadt des Départements

Manche. Dieser Doppelangriff stellte sich bald als zu ambitioniert heraus, auch weil die amerikanischen Truppen unter Versorgungsengpässen litten, und so entschied sich Bradley zunächst für Cherbourg. In der ersten Woche nach dem *D-Day* hatten die Amerikaner den Brückenkopf am *Utah Beach* kaum ausweiten können, so dass Bradley reagierte. Er wechselte die Führung der bisher unglücklich agierenden *US 90th Infantry Division* aus; dem Divisions- und zwei Regimentskommandeuren warf er einen „Mangel an Aggressivität" vor. Mit diesem Argument sollte die *US Army* in der Normandie häufig Offiziere in der mittleren Führungsebene ablösen. Anstatt der *US 90th Infantry Division* vertraute Bradley nun zwei anderen Divisionen den Angriff an. Dies brachte die Wende. In fünf Tagen, zwischen dem 14. und dem 18. Juni, stieß das *US VII Corps* zur Westküste des Cotentin vor. Danach war Cherbourg mit Resten von vier deutschen Divisionen (77., 91., 243. und 709. Infanterie Division) eingeschlossen. Rommel hatte zuvor nur Teile der deutschen Truppen nach Süden rausziehen können.

Die Amerikaner rückten nun langsam, aber sicher nach Norden auf Cherbourg vor. Die zusammengewürfelten deutschen Verbände konnten nirgends mehr länger Widerstand leisten, mussten aber auf Hitlers Befehl die „Festung Cherbourg" bis zum letzten Mann verteidigen. Am 26. Juni nahmen die Amerikaner Generalleutnant Karl-Wilhelm von Schlieben, den „Festungskommandanten", gefangen. Schlieben weigerte sich aber, eine Gesamtkapitulation seiner Besatzung zu unterzeichnen, und so dauerten die Straßenkämpfe in der Stadt noch einige Tage an, bis sich am 1. Juli die letzten deutschen Truppen im Nordwest-Zipfel des Cotentin ergaben. Über 30 000 deutsche Soldaten gerieten in US Gefangenschaft. Das waren so viele wie insgesamt seit Beginn der Normandieschlacht.

Cherbourg war der erste große und für jedermann sichtbare alliierte Sieg in der Normandie. Hitler tobte und beschimpfte Schlieben als „charakterlos"; der General habe sich „schlimmer als irgendein kommunistisches Schwein" verhalten.[12] Cherbourg war auch der Wendepunkt in der Leistungsbilanz zwischen den Alliierten. Hatten den Juni über Briten und Kanadier mehr gegnerische Gefangene als die Amerikaner eingebracht, so änderte sich dies nun und sollte praktisch bis Kriegsende auch so bleiben. Die alliierten Hoffnungen auf den ersten leistungsstarken Hafen erfüllten sich allerdings vorerst nicht. Die Deutschen hatten nämlich vor der Kapitulation sämtliche Anlagen nachhaltig zerstört. Obwohl die Amerikaner sofort mit den Räum- und Aufbauarbeiten begannen, sollte Cherbourg erst ab Mitte August als Umschlagplatz zur Verfügung stehen.

Das führt zur kontroversen Frage des amerikanischen Nachschubs. Cherbourg war nicht der erste herbe Rückschlag in den amerikanischen Logistikplanungen. Zwischen dem 19. und 22. Juni hatte ein großer Sturm den *Mulberry A* am Omaha Beach zerstört. Hatten der Verlust des *Mulberry* und das Chaos im Hafen von Cherbourg gravierende Auswirkungen auf die Operationen der *1st US Army*, wie häufig behauptet worden ist? Tatsächlich gab es große Diskrepanzen in Planung und Wirklichkeit – allerdings bereits vor diesen beiden Ereignissen. So waren in der ersten Woche nach dem *D-Day* nur 50 Prozent des ursprünglich geplanten Nachschubs eingetroffen. Doch konnte die *US Army* diese Zahl in der letzten Juni-Woche – also nach dem großen Sturm – auf 80 Prozent steigern.[13] Mit anderen Worten: Die Zerstörung des *Mulberry Harbour* hatte kaum negative mittel- oder langfristige Rückwirkungen auf die Versorgungslage.[14] Die Begründung war einfach: Die beiden Umschlagplätze am *Omaha* und *Utah Beach* übertrafen nämlich dank der rastlosen Arbeit der *Special Engineers Brigades* die Erwartungen bei weitem. Im Juli gingen 88 Prozent des US Nachschubs über den offenen Strand. Deswegen fiel es auch kaum ins Gewicht, dass die Reparaturen in Cherbourg den ganzen Juli und teilweise noch im August andauerten. Die Gründe für die nicht erreichten Planungsmengen lagen eher in strukturellen Problemen in der Logistik der *1st US Army*.

Ebenso gilt zu hinterfragen, ob diese 80 Prozent der geplanten Nachschubmenge automatisch mit einem wirklichen Versorgungsengpass gleichzusetzen sind. Auch dieser Schluss erscheint zweifelhaft. Gewiss, es gab Einschränkungen. Beispielsweise durfte das *US V Corps* vom 20. bis 25. Juli nur noch fünf bis zehn

Granaten am Tag pro Artilleriegeschütz verschießen. Das Korps lag allerdings in einem eher ruhigen Frontabschnitt und am entscheidenden Kampftag bei *Cobra* durfte das Corps pro Geschütz wieder 80 bis 130 Granaten verfeuern.[15] Wichtig ist auch, dass die Amerikaner ihre Nachschubplanungen sehr großzügig und ambitioniert kalkuliert hatten. Im Vergleich dazu kamen die Briten mit fast einem Drittel weniger an Nachschub aus – und das, obwohl im Juli die Truppenstärke der beiden Verbündeten in der Normandie fast gleich hoch war. Letztlich waren diese partiellen Nachschubprobleme der Amerikaner auch ein Luxusproblem im Gegensatz zur katastrophalen Situation beim deutschen Gegner. Und gerade auf diesen Vergleich kommt es im Krieg schließlich an. 15 000 bis 20 000 Tonnen Nachschubgüter pro Tag allein im amerikanischen Sektor standen für die gesamte deutsche Normandiefront 1 300 Tonnen gegenüber.

Es lag also nicht so sehr am Nachschub, dass auch nach der Befreiung von Cherbourg der Vormarsch auf das nächste Ziel, St. Lô, nur langsam vorankam und die Stadt erst am 22. Juli genommen werden konnte. Der Hauptgrund war viel eher die Besonderheit des Geländes, der *Bocage*. Der *Bocage* sind dichte Busch- und Heckenreihen, die im Mittelalter zur Abgrenzung des landwirtschaftlichen Besitzes von Weide- und Ackerland gepflanzt worden waren und Schutz vor Wind bieten sollten. Durch Erosion entwickelten sich diese dichten Heckenreihen im Laufe der Jahrhunderte zu regelrechten Erdwällen, getrennt durch häufig überwachsene Hohlwege. Durch den *Bocage* glichen viele Gebiete der Normandie einem Schachbrett von untereinander abgetrennten Einzelfeldern, meist nicht viel größer als 1000 Quadratmeter, wobei ein Übergang auf das Nachbarfeld häufig gar nicht möglich war.

Die Alliierten hatten dem *Bocage* in ihren Planungen vor dem *D-Day* kaum Beachtung geschenkt. Vielmehr glaubten sie, diesen schnell durchstoßen zu können und bereits nach wenigen Tagen hinter sich zu lassen, um dann den Kampf im Inneren Frankreichs zu führen. Doch die Realität holte sie schnell ein, das parzellierte und unübersichtliche Schlachtfeld stellte die Amerikaner vor große Probleme. Bradley sprach bald vom „beschissensten Gelände, das man je gesehen hat".[16] Ein US-Kriegsberichterstatter beschrieb es so: „Dieses Heckengeschäft ist eine Serie von kleinen Scharmützeln entlang der Front, tausende von kleinen Scharmützeln. Kein einziges davon ist sehr groß. Alle aber über die Tage und Wochen zusammengerechnet ergeben einen echten Krieg mit Tausenden von Toten auf beiden Seiten."[17]

Sowohl die Führung einzelner Soldaten als auch ganzer Einheiten und Verbände stellte in diesem Gelände eine besondere Herausforderung dar. Es gab keine Möglichkeit, den Gegner auszumanövrieren; so blieb einzig ein Frontalangriff als Option übrig, „bulling through" wie es die Amerikaner nannten. Zunächst fanden sie hier aber kein Rezept, ihre Stärken auszuspielen. Der Einsatz der Artillerie war durch die eingeschränkten Beobachtungsmöglichkeiten beeinträchtigt sowie die Bewegungsachsen der Panzer auf Straßen und Feldwege beschränkt. Das Gefecht der verbundenen Waffen war somit kaum möglich, die amerikanische Infanterie blieb stattdessen weitgehend auf sich allein gestellt. Die Deutschen nutzten diese Schwächen gnadenlos aus und verteidigten sich sehr geschickt in den Buschreihen. Einzelne Maschinengewehre konnten ganze Bataillone für Stunden aufhalten. Die *US 9th Infantry Division* berichtete: „Die gesamte Operation löste sich in eine Art Dschungel- oder Indianerkampf auf, worin der einzelne Soldat oder kleine Gruppen eine dominierende Rolle spielen."[18] Der *Bocage* wurde für die GI's zur „hedgerow hell" (Heckenhölle) oder den „bloody hedgerows" (blutigen Hecken).

Doch die *US Army* zeigte sich sehr innovationsfreudig, um diese Probleme zu beseitigen. Es hätte zu lange gedauert, zentrale Richtlinien für den Kampf im *Bocage* auszuarbeiten. Zu groß schien die Gefahr, dass die *1st US Army* damit die Initiative und ihren Angriffsschwung verloren hätte. So überließ es Bradley den einzelnen Divisionen, eigene taktische Lösungsansätze zu entwickeln, und beschränkte sich lediglich auf die Einführung von zwei zentralen technischen Innovationen: Erstens wurde an viele Sherman Panzer vorne ein riesiges Heckenschneide- bzw. Sprenggerät montiert, um Durchgänge durch die Erdwälle des

**Bild 7**
**„Busting the Bocage": US Pioniere haben ein Loch in eine Heckenreihe des Bocage gesprengt, GI's folgen den Spuren eines Panzers.**

*Bocage* zu schaffen. Zweitens erhielten die Panzer hinter dem Turm ein Telefongerät, damit die Infanterie im Nahkampf mit der Panzerbesatzung kommunizieren konnte. So fanden Infanterie, Panzer, Artillerie und Pioniere in diesem unübersichtlichen Gelände zum Gefecht der verbundenen Waffen zurück, und zwar auf unterster taktischer Ebene. Panzer boten der Infanterie Feuerschutz beim Vorrücken über die einzelnen Felder und die Infanterie schützte die Panzer vor Nahkampfangriffen. So gelang es der *US Army*, Hecke für Hecke, Feld für Feld, Dorf für Dorf den deutschen Verteidigern zu entreißen. Rückschläge waren damit freilich nicht ausgeschlossen. Beispielsweise versuchte die *US 83rd Infantry Division* am 4. Juli, eine wichtige Straßenkreuzung bei Périers zu nehmen. Trotz intensiver Vorbereitung und Training im Bocage-Kampf konnte die Division bis zum Abend des 5. Juli nur etwa 1,5 Kilometer Gelände nehmen – und das bei 2100 Mann Verlusten.[19] 

Wie die Briten verließen sich auch die Amerikaner stark auf die Artillerie, um die eigenen Verluste möglichst gering zu halten. Eigentlich ist die Artillerie eine Unterstützungswaffe für die Kampftruppen, also der Infanterie oder der Panzertruppe. Ein Bataillonskommandeur der *US 90th Infantry Division* verstieg sich aber zu dem Urteil, dass in der Normandie die Infanterie lediglich den Vorgeschobenen Beobachter der Artillerie beschützen musste. Nachdem dieser das Feuer ins Ziel gelenkt hatte und die Geschosse ihr zerstörerisches Werk vollendet hatten, zog der Vorgeschobene Beobachter mit Schutz der Infanterie weiter vor. Das Prozedere begann von neuem.[20] In diesem Verständnis war also nicht mehr die Artillerie Unterstützungswaffe der Infanterie, sondern die Infanterie Unterstützungswaffe der Artillerie. Auch wenn dies etwas überspitzt klingt, so zeigt sich dennoch, wie die *US Army* ein militärisches Grundprinzip in der Normandie auf den Kopf stellte.

In den beiden Monaten Juni und Juli verbrauchten die Amerikaner ca. 2 Millionen Artilleriegeschosse verschiedenster Art.[211] Das bedeutete: Pro Tag gingen über 35 000 Granaten auf die deutschen Soldaten nieder – und das bei einer Front, die im Juni nur etwa 150 Kilometer und im Juli gar unter 100 Kilometer lang war. Bei Offensiven konnte die Feuerkraft beträchtlich konzentriert und verstärkt werden. Ein Beispiel vom Juni mag diese gewaltige Feuerunterstützung veranschaulichen. Am 12. Juni griff das *116th Infantry Regiment (US 29th Infantry Division)* bei Ste-Marguerite-d'Elle an, etwa 30 Kilometer südlich des *Omaha Beachs*. Für diesen Angriff über das Flüsschen Elle standen für dieses einzige Infanterie-Regiment zu Beginn sage und schreibe vier Artillerie-Bataillone mit 42 leichten und 12 schweren Geschützen bereit. Im Laufe des Tages kamen noch Bataillone und kleinere Einheiten mit weiteren 36 Geschützen hinzu, so dass die Gesamtzahl auf 90 Geschütze anwuchs. Von den insgesamt gut sieben Bataillonen liegen nur für zwei die genauen Zahlen für den Munitionsverbrauch vor. Diese 30 Geschütze verfeuerten 3005 Granaten an jenem 12. Juni 1944, was umgerechnet auf alle Geschütze etwa 9000 Granaten heißen würde – und das auf einem Gebiet von nicht viel mehr als 2 Quadratkilometern! „Ich muss euch nicht sagen, wer den Krieg gewonnen hat. Ihr wisst es, es war unsere Artillerie", soll General Patton bei Kriegsende 1945 gesagt haben. Er wusste, wovon er sprach.

Anlass zur Kritik boten die Leistungen der *US Army* auf operativer Ebene. Viel hing dabei mit den Friktionen in einer Koalitionskriegführung zusammen. Eigentlich wollte Montgomery wie in einem Tennisspiel mit zeitlich aufeinander abgestimmten, abwechselnden Großoffensiven im britischen und amerikanischen Sektor eine Zersplitterung der deutschen Reserven erreichen. Doch Bradley führte weitgehend seinen eigenen Krieg, ohne sich konkret um die operativen Zusammenhänge mit dem britischen Verbündeten zu kümmern. Die deutschen Reserven wurden somit nicht zersplittert, sondern in langen Materialschlachten schlichtweg aufgerieben. Erst bei *Cobra* wurde dieses „Tennisball-System" richtig verwirklicht, da diese Offensive zeitlich eng mit *Goodwood* und *Atlantic* abgestimmt war.

*Cobra* führte schließlich zum Zusammenbruch der deutschen Normandiefront. Es war die klassische Durchbruchsschlacht: Das *US VII Corps* griff mit drei Infanterie Divisionen (*4th*, *9th* und *30th*) auf engstem Raum mit massiver Artillerie- und Luftunterstützung an; anschließend stießen eine motorisierte Infanterie (1st) sowie zwei Panzer Divisionen (*2nd* und *3rd*) in den offenen Raum und versuchten die deutschen Verbände abzuschneiden. Der Offensive ging ein gewaltiges Luftbombardement voran. Wie die Briten zuvor bei *Charnwood* und *Goodwood*, so setzten nun auch die Amerikaner erstmals ihre strategische Bomberflotte der *8th USAAF* für taktische Ziele ein. 1500 bis 1600 Bomber warfen am 24. und nochmals am 25. Juli ihre Last auf die deutschen Stellungen ab. Insgesamt kamen jeweils fast 3000 Flugzeuge zum Einsatz. Das Resultat war verheerend, die Moral der Verteidiger war dahin. Allerdings fielen die Bomben zweimal auch auf die vordersten US Linien. Knapp 800 Mann Verluste an Toten und Verwundeten waren die Folge, darunter *Lieutenant General* Lesley J. McNair. Er war der dienstgradhöchste US General, der in Europa während des Zweiten Weltkriegs auf dem Schlachtfeld starb.

Der Vormarsch bei *Cobra* beschleunigte sich rasant. Am ersten Tag, dem 25. Juli, waren die Amerikaner nur drei Kilometer vorangekommen, doch nur zwei Tage später waren die Spitzen bereits 25 Kilometer weit vorgestoßen. Doch vielleicht wäre auch *Cobra* nur ein lokaler Erfolg geblieben, wäre da nicht Patton gewesen. Er war wohl der umstrittenste US General des Zweiten Weltkriegs und das Sinnbild des „Cowboy-Generals". In Sizilien hatte er 1943 einen verwundeten Soldaten geohrfeigt und der Feigheit bezichtigt. Außerdem hatte er in einer Ansprache Offiziere einer „grünen" Division ermutigt, ihre Truppe gegen den Feind aufzuhetzen – bis hin zur Andeutung, Gefangene zu töten.[22] Beide Affären sowie eine ganze Reihe weiterer Fauxpas kosteten ihm den Job als möglichen Oberbefehlshaber der *1st US Army* für die Normandieschlacht. Doch auf Patton konnte die *US Army* nicht verzichten. Er war der klassische „Panzergeneral" und wie kein zweiter alliierter General verstand er die Prinzipien und Anforderungen des modernen Bewegungskriegs. Eigentlich war die „aggressiveness", die Aggressivität, ein Schlüsselwort der offiziellen *US Army* Doktrin, doch in der Realität siegte häufig die „caution", die Vorsicht, bei der Generalität.

Mit Patton änderte sich das. Er personifizierte „die amerikanische Version seines Ideals, die ‚Kriegerseele'".[23] Der bedeutende Einbruch von *Cobra* im Abschnitt des *US VII Corps* entwickelte sich im Bereich des rechten Nachbarkorps, dem *US VIII Corps*, zum Durchbruch. Patton führte faktisch dieses Korps, wenngleich seine *3rd US Army* erst am 1. August aktiviert wurde. Mit den gepanzerten Kräften gelang es ihm, den Angriffsschwung entlang der Küste aufrechtzuerhalten. Die Deutschen hatten nur noch Reste von bereits zerschlagenen Divisionen in diesem Frontabschnitt aufzubieten. Um nicht abgeschnitten zu werden, mussten sie sich überstürzt immer weiter nach Süden zurückziehen. Am 31. Juli nahm die *4th Armored Division* eine unzerstörte Brücke bei Avranches im Südwesten der Cotentin Halbinsel ein. Es war das Tor nach Süden, in das Herz Frankreichs. Aus der statischen Materialschlacht im Normandie-Brückenkopf entwickelte sich im August nun endlich die von den Alliierten lange ersehnte Bewegungsschlacht.

### 5.3. Die deutschen Gegenmaßnahmen

Die Militärdoktrin der Wehrmacht betonte die eigenständige Entschlussfassung auf allen Führungsebenen, um die Initiative auf dem Schlachtfeld zu gewinnen. In der Normandie sah dies aber anders aus. Die alliierte Material- und Personalüberlegenheit überließ Wehrmacht und Waffen-SS nur die Statistenrolle. Zu keinem Zeitpunkt gelang es den Deutschen, das „Gesetz des Handelns" an sich reißen. Selbst der einstige „Wüstenfuchs" Rommel, dem man Phantasie und taktische Finessen nachsagte, konnte an diesem Zustand wenig ändern. Es ging nur noch darum, Löcher in der Front zu stopfen, um den alliierten Durchbruch möglichst lange hinauszuschieben. Umso erstaunlicher war es, wie lange sich die deutschen Truppen gegen diesen Sturm wehren konnten.

Dabei wollten die Deutschen eigentlich nach dem 6. Juni „ihre" Schlacht schlagen: Mit konzentrierten Panzerkräften sollte der Gegner wieder ins Meer geworfen werden oder zumindest schwere Verluste erleiden. Dazu hätten die Deutschen aber erst einmal die entsprechenden Kräfte für diesen Gegenschlag sammeln müssen. Doch diese Verstärkungen trudelten nur tröpfchenweise an der Normandiefront ein. Das lag nicht – wie häufig behauptet – an den Aktionen der Résistance oder daran, dass Hitler und seine Generäle Divisionen am Pas-de-Calais zurückgehalten hätten, weil sie hier noch Wochen nach dem *D-Day* eine zweite Invasion erwartet hätten. Hitler war sich sehr wohl bewusst, dass die Alliierten alle verfügbaren Kräfte in der Normandie eingesetzt hatten. Dies betonte er explizit Mitte Juni in einem Treffen mit Rundstedt und Rommel.[24] Die Gründe für die teils beträchtlichen Verspätungen waren andere: Mangel an Treibstoff und Transportkapazitäten sowie Angriffe der alliierten Luftwaffe. Dies waren gleichzeitig auch zwei der fundamentalen Probleme des Westheers im Kampf gegen die Alliierten.

Ein anschauliches Beispiel für die teils abenteuerliche Verlegung von Divisionen an die Front bot die 17. SS-Panzer Grenadier Division „Götz von Berlichingen", eine gepanzerte Division, von der sich die deutsche Führung einen schnellen und offensiven Einsatz gegen die Alliierten versprach. Die Division lag am

6. Juni südlich der Loire, etwa 350 Kilometer von der Front entfernt. Das OKW gab in der Nacht vom 6. auf den 7. Juni die Division für den Normandie-Einsatz frei und am folgenden Morgen marschierten ihre ersten Teile in Richtung Front. Wegen der alliierten Tiefflieger konnten die LKWs nur in der Nacht fahren und mussten Nebenstraßen benutzen. Einige Einheiten verlegten mit dem Zug, was erstaunlicherweise ohne Verluste vor sich ging. Andere Einheiten hingegen mussten wegen LKW-Mangel einige Tage im Raum Tours warten oder blieben sogar noch Wochen im alten Unterkunftsraum zurück.

So kam die „Götz von Berlichingen" scheibchenweise in der Normandie an. Am 10. Juni hatten erste Teile der SS-Aufklärungsabteilung 17 zwar ihren ersten Feindkontakt mit amerikanischen Kräften im Raum Trévières-Littry, doch der Großteil der Division lag bei Vire wegen Treibstoffmangel fest, 70 Kilometer hinter der Front. Die restliche Strecke in den Einsatzraum bei Carentan mussten die Einheiten zu Fuß zurücklegen, wo sie ab dem 12. Juni eintrafen. Wegen der dünnen Verteidigungslinie drängte das LXXXIV. Armeekorps sofort die einzelnen Bataillone zu örtlichen Gegenangriffen. Doch die Truppe war unerfahren und es gab viel zu wenige Führer. Während die Anzahl der Mannschaftsdienstgrade bei der „Götz von Berlichingen" sogar leicht über Soll lag, fehlten der Division bereits vor dem ersten Einsatz 38 Prozent der Offiziere und etwa 40 Prozent der Unteroffiziere. So waren die Angriffe gegen die Amerikaner im Raum Carentan unkoordiniert und mussten bereits nach wenigen Stunden abgebrochen werden. Das war's bei der „Götz von Berlichingen" mit der geplanten großen Gegenoffensive gegen den gelandeten Feind! Die Division ging für den Rest der Normandieschlacht zur Verteidigung über.

Ähnliche Probleme zeigten sich bei den umfassenderen Versuchen, die britischen und kanadischen Einheiten direkt nach dem 6. Juni im Raum Caen zurückzuschlagen. Hierzu sollte das I. SS-Panzer Korps mit drei Panzer Divisionen (Panzer Lehr Division, 21. Panzer Division, 12. SS-Panzer Division „Hitlerjugend") herangeführt werden, allesamt – wenn auch teils mit beträchtlichen Abstrichen – auf dem Papier kampfstarke und gut ausgerüstete

 Divisionen. Doch bereits beim Anmarsch kam es zu starken Ausfällen durch alliierte Tiefflieger, vor allem bei der Panzer Lehr Division. Mehrmals musste der Angriffstermin verschoben werden. Als sich die drei Divisionen schließlich südwestlich von Caen im Verfügungsraum sammelten, zerschlug die alliierte Schiffsartillerie die bereitstehenden Panzer. So musste der Angriff am 9. Juni abgebrochen werden, noch bevor er überhaupt starten konnte. Statt in einer offensiven und mobilen Rolle zu kämpfen, waren die deutschen Panzer Divisionen fortan in die Verteidigung gezwungen und mussten unter dem alliierten Dauerdruck die Löcher in der dünnen deutschen Front füllen. Die geplante Großoffensive zerfiel somit in eine Reihe von örtlichen deutschen Angriffen, die aber allesamt ohne durchschlagenden Erfolg blieben.

Drei Tage nach dem *D-Day* waren damit die letzten deutschen Hoffnungen auf einen erfolgreichen Gegenangriff verflogen. Die Alliierten hatten sich im Landekopf festgesetzt, Rommels Konzept einer Verteidigung nahe am Strand war damit endgültig gestorben. Hatte also eine große Panzerschlacht im Hinterland mehr Aussicht auf Erfolg, so wie es Rommels Rivale Geyr immer gefordert hatte? Seine Panzergruppe sollte in der Nacht vom 10. auf den 11. Juni einen erneuten Gegenangriff starten, wieder mit den drei Divisionen des I. SS Panzer Korps. Aber bevor diese Offensive begann, erlitten die Deutschen den nächsten Rückschlag. Die Briten konnten aufgrund entschlüsselter Funksprüche den Standort des Stabs der Panzergruppe West bei La Caine ausmachen. Beim folgenden RAF-Luftangriff wurden viele Offiziere verwundet oder fielen, darunter der Chef des Stabes. Erst Ende Juni sollte der Stab der Panzergruppe West wieder einsatzfähig sein. Die Deutschen hatten somit ihre auf den beweglichen Kampf spezialisierte Kommandobehörde verloren.

Dieser Ausfall löste auch nicht das Problem der verwirrenden deutschen Kommandostrukturen aus der Zeit vor der Invasion. Im Gegenteil: Die Probleme hielten an. Zwei Heeresgruppen mit jeweils einem Generalfeldmarschall (OB West mit Rundstedt, Heeresgruppe B mit Rommel) sowie eine Armee (7. Armee mit Dollmann) sollten alle dasselbe operative Ziel erfüllen: Den Gegner wieder ins Meer zu werfen. Mehr noch: Hitler und das OKW verschlimmerten mit ihren dauernden Interventionen das Befehlschaos nur weiter.

Hitler entschied, mit Jodl an den für ihn derzeit wichtigsten Kriegsschauplatz zu fahren; es war sein letzter Besuch in Frankreich. Am 17. Juni traf er mit Rundstedt und Rommel in Margival bei Soissons zusammen. Die Atmosphäre war frostig. Hitler war wütend über die geglückte gegnerische Landung, Rundstedt und Rommel wiesen hingegen auf den ungleichen Kampf hin. Rommel deutete sogar vorsichtig die Möglichkeit eines Rückzugs nach Zentralfrankreich an, um die eigenen Nachschubwege zu verkürzen. Vor allem aber insistierte er auf eine Rücknahme der Front, außerhalb der Reichweite der alliierten Schiffsartillerie. Dort sollten dann die eigenen Panzerkräfte den Gegner in den Flanken angreifen. Es war das Grundrezept des deutschen operativen Denkens, doch Hitlers Reaktion war vorhersehbar: Er war nicht nach Frankreich gekommen, um über Rückzüge zu diskutieren. Vielmehr befahl er stur, die Front zu halten und zu einer großen Gegenoffensive anzutreten. Hierfür versprach er die Zuführung des II. SS-Panzer Korps aus dem Osten.

Rommels Stab erstellte hierfür Angriffspläne. Auf dem Papier sah das alles sehr beeindruckend aus. Panzerkräfte sollten an der Nahtstelle der *2nd British Army* und der *1st US Army* ein Loch in die Front hauen und anschließend zur Küste vorstoßen, um den Feind von hinten aufzurollen. Es war der typisch deutsche Ansatz, mit dem die Wehrmacht in den ersten Jahren des Kriegs und selbst noch auf den Rückzügen an der Ostfront erstaunliche Erfolge gehabt hatte. Die eigenen Kräfte sahen für diesen geplanten Panzerangriff auf den ersten Blick beeindruckend aus: Acht Panzer Divisionen (darunter fünf Divisionen der Waffen-SS), drei Infanterie Divisionen und drei schwere Panzerabteilungen ausgestattet mit dem modernen „Tiger", gegen den die Alliierten praktisch kein Gegenmittel hatten.

Doch was so überzeugend auf dem Papier aussah, war in der Realität nicht machbar. Es gab erneut eine lange Kette fundamentaler Probleme. Zunächst trafen die Panzer Divisionen später als erwartet in der Normandie ein, verzögert durch alliierte Flie-

**Bild 8**
**Zerstörte Hoffnung: Ein ausgefallener Tiger-Panzer in einem normannischen Ort. Aufgrund der alliierten Luftüberlegenheit konnten die Deutschen nicht ihre stärkste Trumpfkarte ausspielen, die Panzer-Waffe.**

gerangriffe. Vor allem aber mangelte es an Treibstoff, Munition und Transportkapazitäten. Für einen normalen Kampftag rechnete die 7. Armee mit 3200 Tonnen Transportraum, für einen Angriffstag mit 4500 Tonnen. In Wahrheit konnten aber täglich nur 1300 Tonnen bereitgestellt werden. Im Juni waren nur 37 Prozent des Munitions- und 60 Prozent des Treibstoffnachschubs bei der 7. Armee eingetroffen; die Lagerbestände vor Ort waren zu diesem Zeitpunkt fast vollständig aufgebraucht. Der fehlende Tonnageraum war auch der Hauptgrund, warum die Verstärkungen meist nur stückchenweise in der Normandie eintrafen. So musste der Angriffstermin für die Großoffensive immer wieder verschoben werden und war letztlich auf den 1. Juli terminiert.

Als das II. SS-Panzer Korps schließlich Ende Juni von der Ostfront eintraf, ereilte ihm sofort das gleiche Schicksal wie allen deutschen Verstärkungen. Es musste umgehend Löcher an der

Front stopfen, diesmal einen britischen Einbruch westlich von Caen nach der Operation *Epsom*. Übrig blieb lediglich ein taktischer Gegenstoß des II. SS-Panzer Korps. Zwar konnte es am 29. Juni den Briten die beherrschende Höhe 112 wieder entreißen, doch schon am Abend des gleichen Tags stellte es die weiteren Angriffe ein. Zu hoch waren die Verluste, zu gering die Aussicht auf einen Durchbruch. Zwar war eine weitere Offensive in den nächsten Tagen geplant, doch die Verbände wurden schon im Bereitstellungsraum „durch zusammengefasstes Feuer der feindl[ichen] Artillerie und Schiffsartillerie derart zerschlagen, dass [die] Truppe nicht mehr zum Angriff antreten konnte“[25]. Dies war das Ende aller deutschen Offensivbemühungen im britischen Sektor. Der Einsatz des II. SS-Panzer Korps auf die Höhe 112 am 29. Juni blieb somit der einzige deutsche Angriff auf Korpsebene während der Monate Juni und Juli. Spätestens nun war klar: Geyrs ursprüngliche Idee, eine Panzerschlacht im Hinterland zu schlagen, war überhaupt nicht machbar, selbst wenn diese Schlacht noch weiter im Inneren Frankreichs stattgefunden hätte. Es war eine schmerzhafte Erfahrung, denn die operativen Konzepte von der Ostfront ließen sich nicht auf den Westen übertragen. Zu übermächtig war die alliierte Feuerkraft und Luftherrschaft. Rommel hatte mit Recht seit langem davor gewarnt.

Spätestens Mitte Juli hatten sich die deutschen Aussichten in der Normandie völlig eingetrübt. Sämtliche Bemühungen, die Initiative wiederzugewinnen, waren gescheitert, Cherbourg und Caen verloren. Zu allem Überfluss verfinsterte sich für die Deutschen auch noch die gesamtstrategische Lage: Bereits am 22. Juni hatte an der Ostfront die Operation „Bagration“ begonnen. Wie eine Lawine zerschlug die Rote Armee in wenigen Tagen die Heeresgruppe Mitte. Weitere Truppenverlegungen vom Osten in den Westen waren somit ausgeschlossen. Was in der Normandie neu eintraf, kam aus anderen Teilen der besetzten Westgebiete.

Dafür wechselte Hitler Ende Juni/Anfang Juli nahezu die gesamte Führungsriege aus. Rundstedt galt – nicht zu Unrecht – als zu alt und unflexibel. Geyr wurde vorgeworfen, er habe „nicht die ‚eiskalte‘ Logik und klare Gedankenführung“, und Jodl befürchte, Geyrs pessimistische Haltung habe „die übergeordneten Dienststellen und Persönlichkeiten [...] mehr oder weniger ‚angesteckt‘“.[26] Das war freilich eine Ausrede. Geyr war ein klar denkender, gebildeter und unbequemer Untergebener. Für Hitler blieb er ein Repräsentant der von ihm nicht sonderlich geschätzten „Alten Garde“ der Heeresgeneräle. Schließlich war da noch das Schicksal Dollmanns. Dem Oberbefehlshaber der 7. Armee hatte Hitler nach dem Verlust der Cotentin Halbinsel mit dem Kriegsgericht gedroht. Dollmann war diesen nervlichen Belastungen nicht gewachsen und starb am 28. Juni auf seinem Gefechtsstand an Herzversagen. Möglicherweise nahm er sich sogar selbst das Leben.[27]

Ersatz für Rundstedt, Geyr und Dollmann war schnell gefunden. Den Posten des OB West übernahm Generalfeldmarschall Günther von Kluge; General Heinrich Eberbach löste Geyr als Oberbefehlshaber der Panzergruppe West ab, die das Kommando über den östlichen Sektor der Normandiefront übernahm. Für Dollmanns Nachfolger als Oberbefehlshaber der 7. Armee im nunmehr westlichen Sektor hatte Rommel bereits aus Südfrankreich General Kurt von der Chevallerie in die Normandie beordert. Doch Hitler intervenierte und ernannte stattdessen SS-Obergruppenführer Paul Hausser. Einzig Rommel blieb von diesem Personalwechsel verschont, obwohl er Hitler bei einem erneuten Treffen am 28./29. Juni auf dem Berghof reinen Wein eingeschenkt hatte. Doch die Ablösung des populären Generals hätte vor dem deutschen Volk das Eingeständnis einer Niederlage im Westen bedeutet.

Von diesem „Revirement der führenden Truppenführer im Westen“[28] – so Goebbels – erhoffte sich Hitler die Wende. Kluge, Eberbach und Hausser galten allesamt als loyal und „krisenfest“. Alle drei traten ihren neuen Posten mit dem unbedingten Willen an, das Blatt im Westen doch noch zu wenden. Ohne die Situation zu kennen, glaubten sie die Krise in der Normandie wäre nur durch die Lethargie und den Pessimismus der bisherigen Führung zustande gekommen. Doch sie wurden sehr schnell eines Besseren belehrt. Eberbach galt als einer der fähigsten Panzergenerale der Wehrmacht, doch in der Normandie zählten derlei Qualitäten nicht mehr. Sein Optimismus war schnell dahin. „Die Front fühlt sich im Stich gelassen“[29], notierte seine Panzergruppe nur zwei Wochen nach seiner Ernennung ins Kriegstagebuch. In britischer Kriegsgefangenschaft bekannte Eberbach Anfang September: „Ich kann nur sagen, alles was ich vom Wehrmachtführungsstab erlebt habe, jetzt hier in Frankreich, hat mich so abgrundtief enttäuscht, dass ich also nie plädieren würde für einen Mann von dort.“[30] Ähnlich erging es Kluge. In seinem ersten Treffen mit Rommel am 3. Juli hatte er noch Hitlers Forderungen wiederholt, die Front unbedingt zu halten. Rommel müsste „sich daran gewöhnen, Befehle auszuführen“[31]. Doch nur wenige Zeit später wandelte sich Kluge vom Saulus zum Paulus und schrieb am 21. Juli an Hitler, dass „der Feldmarschall [Rommel] leider richtig sieht“[32].

Dennoch: Es blieben Unterschiede zwischen Kluge und Rommel. Während Kluge als Alternativen nur Halten oder „anständiges“ Sterben kannte, zeigte Rommel Verantwortungsgefühl. In einem eindringlichen Brief an Hitler vom 15. Juli forderte er Konsequenzen, ob rein militärische oder politische ist nicht mehr eindeutig zu sagen. Er hatte sich schon in all den Wochen zuvor als unbequemer Kritiker gezeigt und schonungslos auf die hoffnungslose Lage an der Front hingewiesen. Nicht ganz zweifelsfrei ist hingegen, ob sich Rommel kurz zuvor dem militärischen Widerstand gegen Hitler angeschlossen hatte. Nach dem Krieg bejahte dies die Forschung, um dann ab den 1970er Jahren immer mehr davon abzurücken. Neueste Forschungsergebnisse lassen hingegen wieder sehr stark vermuten, dass Rommel doch näher am 20. Juli stand als in jüngster Zeit geglaubt.[33] Gewissheit werden wir nie haben, wie der Generalfeldmarschall an jenem schicksalsträchtigen Tag gehandelt hätte. Er wurde am 17. Juli auf der Rückkehr von einem seiner zahllosen Frontbesuche durch einen Tieffliegerangriff schwer verwundet und kehrte nie wieder an die Front zurück. Kluge führte als OB West fortan auch die Heeresgruppe B.

Rommel war über seinen Stabschef, Generalleutnant Hans Speidel, mit dem Widerstand in Kontakt gekommen. Der harte Kern der Verschwörer sammelte sich allerdings in Paris um den

Militärbefehlshaber Stülpnagel. Ihm gelang es an jenem 20. Juli, das gesamte SS-Personal in der Seine-Metropole zu verhaften. Mit dem Scheitern des Putschs in Berlin war aber dieser Teilerfolg wertlos. Stülpnagel wurde abgesetzt und in die Reichshauptstadt befohlen. Auf dem Weg dorthin versuchte er sich vergeblich das Leben zu nehmen, kam anschließend vor den Volksgerichtshof und wurde am 30. August 1944 hingerichtet. Stülpnagel war aber nicht das einzige prominente Opfer des 20. Juli im Westen. Rommel wurde am 14. Oktober 1944 zum Selbstmord gezwungen und Kluge beging am 17. August aus eigenen Stücken Selbstmord. Obwohl er sich am 20. Juli trotz inständiger Bitten Stülpnagels nicht dazu entschließen konnte, auf die Seiten der Verschwörer zu wechseln, war er dennoch schwer belastet. Die Truppe an der Front hingegen blieb von all diesen Ereignissen weitgehend abgeschirmt.

Zu diesem Zeitpunkt hatten es die Deutschen schon längst aufgegeben, ihre Panzer Divisionen für eine Großoffensive aus der Front zu lösen. Die schweren Verluste zwangen dazu, diese Divisionen als Korsettstangen neben den Infanterie Divisionen einzusetzen, um die dünne Front noch einigermaßen zu halten. Wie so oft in diesem Krieg, so zeigten sich die Deutschen auch in der Normandie taktisch sehr anpassungsfähig. Als Antwort auf das alliierte Artilleriebombardement besetzten sie die Hauptkampflinie, also die eigentliche Front, nur sporadisch. So versuchten sie einerseits die Verluste durch indirektes Feuer möglichst klein zu halten und andererseits den ersten gegnerischen Vorstoß ins Leere laufen zu lassen. Letztlich war dies aber nichts weiter als taktische Flickschusterei.

Bis Ende Juli gab es bei der Truppe noch keine Auflösungserscheinungen, sieht man einmal von einigen Fällen in Cherbourg sowie den Ostbataillonen ab. Der Anteil der Gefangenen an den Gesamtverlusten blieb – mit Ausnahme des *D-Days* und dem Fall von Cherbourg Ende Juni – vergleichsweise gering. Zwei Faktoren sorgten schließlich auf dem Schlachtfeld für einen fortschreitenden Zerfall der deutschen Moral ab Mitte Juli. Das war erstens das pausenlose gegnerische Artillerie- und Luftbombardement. Kluge warnte in einem Brief an Hitler vor der „psychologische[n] Wirkung solcher mit elementarer Naturgewalt herankommenden Bombenmassen auf die kämpfende Truppe". Was aus dem Inferno übrig bleibe, so Kluge, wäre „als Kämpfer nicht mehr das, was nach der Lage unbedingt gefordert" wäre.[34] Ende Juli musste er schließlich eingestehen, dass die „Moral der Truppe [...] unter dem ständigen verheerenden Feindfeuer sehr stark gelitten" habe.[35] Zweitens wirkten sich die hohen Verluste von Offizieren und Unteroffizieren negativ aus, der Truppe fehlte damit das wichtigste Bindeglied für den inneren Zusammenhalt. Darauf soll noch genauer eingegangen werden.

Mit Durchhalteparolen und Propaganda wie dem Beginn der V-Waffen Offensive gegen England ab dem 13. Juni versuchte das NS-Regime Zeit zu gewinnen. Und noch etwas versuchte es: den Einfluss der SS gegenüber der Wehrmacht zu verstärken. Der Waffen-SS gelang es, im niedergehenden „Dritten Reich" ihre interne Machtbasis auszubauen und so fiel ihr im Westen 1944 eine zentrale Rolle zu. Erstmals in diesem Krieg erhielten Generale der Waffen-SS den Oberbefehl über Armeen: Hausser Ende Juni die 7. Armee sowie Josef „Sepp" Dietrich Anfang August die 5. Panzer Armee. Vor allem aber war die Anzahl der Waffen-SS Divisionen an der Normandiefront überproportional hoch. Vor dem Durchbruch von *Cobra* am 25. Juli kämpften 19 deutsche Divisionen – viele davon nur noch als Reste – in der Normandie. Dreizehn kamen von der Wehrmacht, sechs – also knapp ein Drittel – von der Waffen-SS. Zum Vergleich: Im Osten stammten zu diesem Zeitpunkt nur etwa 5 Prozent der Divisionen von der Waffen-SS.[36]

Himmler rühmte später die Leistungen seiner Truppe: „Ich habe wirklich die Überzeugung: wenn hier nicht 6 SS-Divisionen gestanden hätten, dann wäre die Front nicht zu halten gewesen."[37] Waren sie wirklich so kampfstark wie Himmler behauptete? Waren sie die Elite-Truppe, als die sie sich selbst sahen? Die Antwort darauf fällt ambivalent aus. Sicherlich waren die Waffen-SS Divisionen bei den Mannschaftsdienstgraden besser gestellt als die Wehrmacht, sowohl in Quantität als auch in Qualität. Jedoch mangelte es der Waffen-SS an Führern. Kurz vor der Invasion fehlten bei der „Götz von Berlichingen" 38 Prozent an

Offizieren und 40 Prozent an Unteroffizieren. Bei der „Hitlerjugend“ war das Bild ähnlich mit Fehlstellen von 22 Prozent bei den Offizieren und gar 48 Prozent bei den Unteroffizieren. Die schnelle Expansion der Waffen-SS in der zweiten Kriegshälfte ging eindeutig zu Lasten der Qualität der militärischen Führung. Materiell waren die SS Panzer Divisionen im Schnitt nicht unbedingt besser ausgerüstet als die Panzer Divisionen der Wehrmacht. Beispielsweise hatte die Panzer Lehr Division des Heeres vor dem 6. Juni die meisten Panzer aller Divisionen im Westen – darunter auch überproportional viele „Panther“ – und war zudem vollmotorisiert. Dem gegenüber hatte die 10. SS-Panzer Division „Frundsberg“ die wenigsten Panzer zur Verfügung und deshalb nur zwei anstelle von drei Panzer Bataillonen.

Ganz sicher war die militärische Leistung der Waffen-SS in der Normandie hoch. Ihr gelangen einige Erfolge wie Wittmanns spektakulärer Coup in Villers-Bocage. Zeitgenössische Militärakten, ganz gleich ob Freund oder Feind, zeichnen weitgehend ein positives Bild von den Leistungen der Waffen-SS, und dabei wiederum ganz besonders von der 12. SS-Panzer Division „Hitlerjugend“. Andererseits gab es auch einige negative Stimmen. Geyr und vor allem Eberbach, aber auch andere militärische Führer kritisierten die bisweilen schlechte taktische Führung der Verbände, was zu unnötig hohen Verlusten geführt habe.

Bei einer Analyse einzelner Schlachten ist die militärische Leistung der Waffen-SS nicht über jede Kritik erhaben, vor allem in der Offensive. Ganz gleich ob die Angriffe der „Hitlerjugend“ oder der „Götz von Berlichingen“ in den ersten Schlachten nach dem *D-Day* oder der Einsatz des II. SS-Panzer Korps an der Höhe 112 Ende Juni/Anfang Juli: Sie alle legten teils erhebliche Schwächen offen. Doch agierten die Panzer Divisionen der Wehrmacht nicht unbedingt erfolgreicher. So blieben die örtlichen Gegenangriffe der hoch geschätzten Panzer Lehr Division bei Tilly-sur-Seulles am 10./11. Juni sofort hängen; dabei machte die mittlere und untere Führung der Division schwere Fehler. Letztlich lassen sich sowohl für die Waffen-SS als auch für die Panzer Divisionen des Heeres jeweils positive und negative Stimmen sowie Leistungen finden. Ein grundlegender militärischer

Unterschied war zwischen den beiden Institutionen nicht auszumachen. Eher waren diese Leistungsdifferenzen zwischen den einzelnen Divisionen zu suchen.

Obwohl Himmler von seinen Männern offiziell den Kampf bis zur letzten Patrone forderte, traf dies in der Realität nur sehr selten zu. Ganz sicher aber kämpfte die Waffen-SS verbissener als die meisten ihrer Kameraden des Heeres, vor allem als sich die Krise im Westen gegen Ende Juli und vor allem im August zuspitzte. Insofern zahlte sich der verstärkte Einsatz der Waffen-SS für das NS-Regime aus. Doch waren diese Erfolge teuer und blutig erkämpft. Die Waffen-SS hatte im Vergleich zur Wehrmacht eine deutlich höhere Zahl an Toten zu beklagen. Und: Diese Toten waren mitunter auch auf eine schlechte taktische Führung zurückzuführen.

Das Verhältnis zwischen Wehrmacht und Waffen-SS war damals übrigens nicht immer spannungsfrei, vor allem als sich die Lage immer mehr verschlechterte. Eberbach klagte, die Waffen-SS würde häufig nicht Befehle von Wehrmachtsoffizieren ausführen und auch die Briten glaubten im August bei den Gefangenen einen „marked distrust“[38] zwischen Wehrmacht und Waffen-SS festzustellen. Im Angesicht der Niederlage wurden die Soldaten der Waffen-SS für viele Soldaten der Wehrmacht als eine Art Belastung empfunden. Sie repräsentierten das NS-Regime, von dem sich angesichts des Zusammenbruchs der Front viele Wehrmachtssoldaten innerlich abgewandt hatten.

Wie will man insgesamt die deutsche militärische Leistung in der Normandie bewerten? Die historische Forschung hat auf eine „Entprofessionalisierung“ der deutschen Streitkräfte im Laufe des Kriegs hingewiesen, verursacht durch die hohen Verluste an Mensch und Material. Diese angebliche „Entprofessionalisierung“ lässt sich allerdings für die Normandie nur teilweise bestätigen. Auf operativer Ebene erbrachten Wehrmacht und Waffen-SS sicherlich keine großen Leistungen mehr. Die alliierte Überlegenheit in der Luft sowie das Artilleriefeuer von Land und von der See her erstickten sämtliche Versuche, das „Gesetz des Handelns“ an sich zu reißen. Doch nicht nur auf operativer, sondern auch auf taktischer Ebene verpufften alle örtlichen

 Gegenoffensiven. Selbst die auf die Panzer Divisionen gesetzten Hoffnungen erfüllten sich nicht. Unter den in der Normandie herrschenden Bedingungen war die Gefechtsart Angriff für Wehrmacht und Waffen-SS schlicht unmöglich. Zudem legte die Normandie wieder einmal schonungslos die traditionelle Schwäche der deutschen Armee offen, die Logistik.

In der Verteidigung sah dies allerdings anders aus. Hier zeigten die Deutschen erstaunliche Leistungen, trotz der alliierten Überlegenheit an Mensch und Material. Kleine Gruppen von eigentlich bereits zerschlagenen Einheiten verzögerten häufig den alliierten Vormarsch so lange, bis sich wenige Kilometer weiter hinten eine neue Front bilden konnte. Auch blieben die Verluste von Wehrmacht und Waffen-SS zumindest bis Ende Juni (etwa 47 500 Mann ohne Kapitulation Cherbourgs) niedriger als jene der Alliierten (gut 61 000 Mann). Es ließe sich einwenden, die Deutschen hatten den Vorteil des Verteidigers. Jedoch finden sich gerade im Zweiten Weltkrieg genügend Beispiele – man denke beispielsweise nur an den Westfeldzug 1940 –, in denen der Angreifer deutlich weniger Verluste als der Verteidiger zu beklagen hatte. Noch erstaunlicher werden die deutschen taktischen Leistungen, wenn man die immense alliierte Feuerüberlegenheit in Rechnung stellt und bedenkt, dass in der Normandie etwa 70 Prozent aller Verluste auf indirektes Feuer – also Mörser, Artillerie und auch Luftbombardements – zurückgingen.

Auch andere Zahlen belegen die erdrückende Materialüberlegenheit der Alliierten. Anfang Juli meldete Montgomery einen Bestand von 3782 alliierten Panzern in der Normandie. Demgegenüber standen auf deutscher Seite nur 1200 bis 1300.[39] Dabei galt die Panzerwaffe wohlgemerkt als *die* deutsche Stärke. Langfristig war es nur eine Frage der Zeit, bis die dünne Personaldecke dahin geschmolzen war. Am 23. Juli meldete die Heeresgruppe B seit Invasionsbeginn 116 863 Mann als tot, verwundet oder vermisst. Dem stand ein Ersatz von lediglich gut 10 000 Mann gegenüber. Zu diesem Zeitpunkt stemmten sich 400 000 Soldaten der Wehrmacht und Waffen-SS gegen eine alliierte Übermacht von 1,5 Millionen Mann. Weder von Luftwaffe noch von Kriegsmarine bedrängt, hatten die Alliierten in den vergangenen Wochen ungehindert die Zahl ihrer Soldaten im Landungskopf vergrößern können. „Die Truppe kämpft überall heldenmütig, jedoch der ungleiche Kampf neigt dem Ende entgegen“[40], meldete Rommel am 15. Juli klar und deutlich. Nur zehn Tage später war es so weit: Die amerikanische Großoffensive *Cobra* begann und zwar, wie es Rommel vorhergesehen hatte, im Raum der ausgelaugten 7. Armee. 

Mit dem Beginn von *Cobra* war am 25. Juli der siebenwöchige Stellungskrieg mit wenig Raumgewinn beendet, die Front kam wieder in Bewegung. Es mochte wie eine bittere Ironie für die Deutschen klingen, dass die deutsche Verteidigung gerade im Raum der Panzer Lehr Division einbrach. Bei jener Division also, die vor der Invasion als Hoffnungsträger für eine erfolgreiche Abwehr galt und symbolhaft für die bisher in diesem Krieg erfolgreiche Panzerwaffe sowie den Bewegungskrieg stand. Die Panzer Lehr Division wurde im alliierten Bombenteppich schwer angeschlagen und kurz darauf überrollt. Am Abend des 27. Juli meldete der Divisionskommandeur Generalleutnant Fritz Bayerlein: „Die P[an]z[er] Lehr Division ist nach 49 Tagen härtester Kämpfe mit dem heutigen Tag nunmehr vernichtet worden. […] An allen Teilen durchgebrochen, rollt der Feind jetzt […] nach Süden weiter. Alle Hilferufe nach Kräften sind bisher verhallt, weil man nicht glaubt, wie ernst die Lage ist.“[41]

Wie Dominosteine fielen nach der Panzer Lehr Division auch die anderen deutschen Divisionen im Westen der Cotentin Halbinsel um. Meist waren es nur noch Reste von Verbänden, die ununterbrochen seit Wochen im Kampf standen. Der OB West befahl die 2. und 116. Panzer Division von Caen in den bedrohten Raum. Die Verlegung verzögerte sich aber bei der 116. Panzer Division. Der Grund war aus dieser Schlacht nur zu gut bekannt: Mangel an Transportmitteln. Kluge versuchte zu retten, was zu retten war. Er begab sich selbst zur 7. Armee und versuchte persönlich die zerschlagenen Verbände zu führen – vergeblich. „Die Inf[anterie] hier ist vollkommen zerplatzt. Die Leute kämpfen auch nicht mehr. Sie haben eine miserable Haltung“[42], berichtete Kluge resigniert. Der Einbruch wurde zum Durchbruch, die deutsche Normandiefront war damit eingefallen.

# 6. Normandieschlacht II
## Krieg von „unten“

### 6.1. Die Soldaten, ihre Mentalität und die Realität des Krieges

Eine Militärgeschichte „von unten“ zu schreiben, ist stets schwierig. Ist es möglich, die Einzelschicksale von Millionen deutschen und alliierten Soldaten aufzulösen? Wird dadurch nicht gerade das Gegenteil erreicht? Anstelle des Individuums treten Verallgemeinerungen? Lassen sich überhaupt Schlüsse ziehen, wie der „einfache Soldat“ dachte und handelte? Was unterschied den deutschen Landser vom amerikanischen GI und dem britischen „Tommy“? Ganz sicher ist: Jeder Soldat hat den Krieg im Allgemeinen und die Normandieschlacht im Besonderen anders erlebt. War der Soldat in einem heftig umkämpften Frontabschnitt oder eher in einem ruhigen Frontabschnitt eingesetzt, vielleicht sogar im Hinterland? War er Artillerist, Fallschirmjäger oder Fernmelder? Welche Mentalität herrschte in der jeweiligen Einheit? Die folgenden Seiten können diese vielschichtigen Probleme keinesfalls auflösen, sondern lediglich einen Problemaufriss bieten. Der Schwerpunkt liegt dabei eindeutig auf der Infanterie.

Die Normandie war zweifelsohne eine Materialschlacht. Die Folgen davon waren für die Soldaten beider Seiten omnipräsent. Trotz aller Materialknappheit verfügten Wehrmacht und Waffen-SS über einige gefürchtete Waffensysteme. Eine Umfrage unter US-Soldaten während des Zweiten Weltkriegs ergab, dass die Lautstärke einer Waffe im Zusammenhang mit ihrer psychologischen Wirkung stand. Je lauter die Waffe, desto mehr verbreitete sie Furcht. So nannten 48 Prozent der US-Soldaten die bekannte und auch im Erdkampf eingesetzte 8,8 cm Flak „furchteinflößend“, und 62 Prozent von ihnen bezeichneten sie als „gefährlich“. In der Normandie waren auch die „Nebelwerfer“ – ein Raketenwerfer – für die US-Soldaten ein Schockerlebnis, ebenso für die Infanterie das deutsche MG 42. Das einfache deutsche Gewehr, das 98 k, hingegen wurde in den Kategorien „furchteinflößend“ und „gefährlich“ mit 0 Prozent (!) angegeben.[1]

Offenbar waren dies Fehlwahrnehmungen. Denn das 98 k war durchaus eine tödliche Waffe. Wenngleich zwar rund 55 Prozent der Verwundungen in der *1st US Army* auf deutsche Artillerie- und Mörser-Geschosse zurückgingen – bei den Briten gingen die Schätzungen sogar auf 70 Prozent[2] –, so verursachten Kleinkalibergeschosse 25 Prozent der nicht-tödlichen Verluste, wobei unklar bleibt, wie viel davon jeweils auf MG und Gewehr zurückgingen. Diese 25 Prozent sind eine vergleichsweise hohe Zahl für die *US Army* im Zweiten Weltkrieg. Denn an der gesamten Westfront 1944/45 betrug die Anzahl der Verwundeten durch Kleinkalibergeschosse nur 19 Prozent, in Italien und Nordafrika gar nur 14 Prozent. Hingegen lag sie im Pazifik bei etwa 30 Prozent.[4] In der Tat wies die Schlacht in der Normandie eine gewisse Ähnlichkeit mit dem Pazifik auf. Die Amerikaner nannten den Kampf im *Bocage* eine „species of jungle or Indian fighting"[5], die Deutschen bezeichneten ihn als einen „reinen Buschkrieg" oder einen „Dschungelkrieg"[6]. Die Gefechte fanden wegen der dichten Vegetation häufig auf kürzeste Distanz statt, die Handfeuerwaffen dominierten. Im Zweiten Weltkrieg war die „Tödlichkeit" (im Englischen: „lethality") gerade von Handfeuerwaffen deutlich höher als jene sämtlicher anderer Waffen. Das heißt: Bei MG- oder 98 k-Beschuss hatte ein getroffener GI eine deutlich geringere Überlebenschance als bei Artillerie- bzw. Mörserbeschuss, Bomben, Minen oder gar Granaten.[7] Dies macht es noch erstaunlicher, warum US-Soldaten das 98 k als Waffe nicht fürchteten.

Wie in jedem Krieg so zahlte auch in der Normandie die Infanterie den höchsten Blutzoll. Dies mögen folgende Zahlen veranschaulichen. Zwischen Juni und August verloren in jeder der sieben britischen Infanterie Divisionen die Infanteriekompanien etwa drei Viertel ihrer eigentlichen Stärke.[8] Bei den Amerikanern kamen nur 10 Prozent der mobilisierten Männer zur Infanterie, doch diese trug in der Normandie 90 Prozent der amerikanischen Verluste. So ist es wenig erstaunlich, dass der Krieg gerade für die Infanteristen stets eine ungeheuerliche psychische Belastung bedeutete. Der Tod war ihr ständiger Begleiter. Der Anblick eines durch Mörserfeuer zerfetzten Kameraden, die

Lärmbelastung durch Artillerieduelle, der Schlafentzug oder die Nervenbelastung auf nächtlicher Patrouille – all dies führte bei vielen Soldaten zu einem neuralgischen Punkt, dem psychischen Zusammenbruch. Dieser äußerte sich individuell verschieden wie hysterische Anfälle, Schlaflosigkeit, Desertion, unerlaubte Entfernung von der Truppe oder Selbstverstümmelung. Derlei war eigentlich nichts Neues. Im Ersten Weltkrieg hieß dieses Phänomen im englischen Sprachraum „shell-shock", im Zweiten Weltkrieg „battle fatigue" oder „exhaustion". In der Normandie wurde gerade der Kleinkrieg im *Bocage* für die Soldaten ein „psychological hazard"[9]. Der Höhepunkt war im Juli erreicht. Nach unterschiedlichen Berechnungen gingen in der *US* und der *British Army* 20 bis 30 Prozent der nicht-tödlichen Verluste, also um die 20000 bis 25000 Mann, auf einen psychischen Zusammenbruch zurück. Auch später noch waren derartige Verluste hoch. Die in Südfrankreich gelandete *7th US Army* hatte vom 15. August bis zum 31. Dezember 1944 etwa 10000 Mann Verluste durch psychischen Ausfall.[10]

Das Problem erreichte bei den Alliierten derartige Ausmaße, dass sich die Kommandeure veranlasst sahen, darauf zu reagieren. Viele erkannten, dass es sich bei den Betroffenen häufig nicht um „Feiglinge" oder „Drückeberger" handelte, sondern dass der psychologische Zusammenbruch eine Krankheit war und entsprechend behandelt werden musste. Zur Betreuung gab es bei den Alliierten bereits seit 1943 Psychiater. Ihre Arbeit intensivierte sich in der Normandie und zwar insgesamt mit Erfolg: 50 bis über 60 Prozent der betroffenen Soldaten konnten in der *US Army* und der *British Army* nach der psychiatrischen Behandlung wieder an die Front zurückkehren, ein weiteres Achtel wurde in Versorgungs- und Kampfunterstützungseinheiten versetzt. Nur ein Viertel musste endgültig von der Front abgezogen werden.

Angesichts der gegnerischen Materialüberlegenheit musste die „battle fatigue" theoretisch eigentlich noch viel mehr auf die Wehrmacht und Waffen-SS zutreffen. Leider gibt es hierzu noch keine wissenschaftlichen Studien. Die folgenden Zeilen sind daher grundsätzliche Überlegungen. Die deutschen Berichte jedenfalls sprechen eine sehr deutliche Sprache über die Umstände der Kämpfe für die Soldaten. Schon vor der Invasion hatte Rommel auf die „fortschreitende ‚Modernisierung' des Krieges"[11] mit der ungeheuren Zerstörungskraft des indirekten Feuers hingewiesen und gefordert, die Soldaten psychologisch darauf vorzubereiten. Aber bereits am *D-Day* übertrafen die Ereignisse Rommels Warnungen. Auch die anschließende Landschlacht war von pausenlosem Artillerie- und Fliegerbeschuss geprägt, die deutschen Truppen konnten in größerem Stil nur noch in der Nacht marschieren oder sich umgruppieren. Bei klarem Himmel waren wegen der alliierten Dominanz in der Luft größere Truppenbewegungen fast unmöglich. Das ging an die „Ehre" der deutschen Soldaten. Für sie war es ein „entwürdigendes Gefühl, darauf warten zu müssen, ob nicht im Rahmen der gegnerischen Luftablösung, der Luftraum eine halbe Stunde frei wird, um wieder ein Stück weiter fahren zu können"[12]. Gewiss, in totalen Zahlen reichte das in der Normandie eingesetzte Material nicht an die Ostfront heran, doch bezogen auf den deutlich kleineren geographischen Raum war die Normandieschlacht für den einzelnen Soldaten ein intensiveres Erlebnis als die Ostfront. Für die Deutschen erschienen die Munitionsbestände der Briten und Amerikaner als schier endlos; sie fühlten sich einem Dauerfeuer ausgesetzt. Wahrnehmung und Realität dieser erdrückenden Artillerieüberlegenheit gingen aber bisweilen auseinander, denn es gab bei den Alliierten im Laufe der Wochen durchaus Versorgungsengpässe, die zu einer Rationierung der Munition zwangen.

Dieser massive Materialeinsatz war selbst für erfahrene „Russlandkämpfer" eine völlig neue Erfahrung. Nach einigen Tagen hatten sich zwar selbst die jungen Rekruten meist an diesen Krieg gewöhnt, doch blieben die schweren Dauerangriffe nicht ohne psychische Wirkung. Die deutschen Soldaten sahen sich „einer Kraft gegenüber, gegen die kein Kraut mehr gewachsen ist"[13]. Das galt aber nicht nur für die Landser, sondern auch für die Generalität. Sie waren allesamt Veteranen der Materialschlachten im Ersten Weltkrieg und der Ostfront im Zweiten Weltkrieg, doch die Normandie stellte eine neue Erfahrung dar:

„Der ganze Kampf ist eine ungeheure Blutmühle, wie noch nie in 11 Kriegsjahren erlebt"[14], beschrieb es General Dietrich von Choltitz, Kommandierender General des LXXXIV. Armeekorps. Dies alles deutet darauf hin, dass die „battle fatigue" auch die deutschen Landser traf.

Wenig bekannt ist, dass nicht nur die Alliierten, sondern auch die Wehrmacht „Beratende Psychiater" einsetzte, und zwar schon seit Kriegsbeginn. Allerdings spielte bei vielen dieser Ärzte „das Wohlergehen ihrer Patienten gegenüber anderen, vor allem militärischen, Erwägungen eine untergeordnete Rolle".[15] Psychologische Verluste wurden weniger als Krankheit sondern als charakterliche Schwäche ausgelegt. Die unheilvolle Verbindung von NS-Ideologie und Medizin im Dritten Reich – etwa zwei Drittel der Beratenden Psychiater waren Angehörige der SS – zeigte sich auch hier. Hinzu kam ein chronisch unterbesetzter deutscher Sanitätsdienst. Und noch etwas war von großer Bedeutung: Ein rigides Disziplinarsystem in der Wehrmacht sorgte für Abschreckung. Bekanntlich hat die Wehrmachtsjustiz im Zweiten Weltkrieg etwa 30 000 Soldaten zum Tode verurteilt, über 20 000 davon wurden hingerichtet, wobei für die Normandie allerdings keine Zahlen vorliegen. Bei der *US Army* waren es nur 146 und bei der *British Army* gar nur 40 vollstreckte Todesurteile. Wegen Desertion wurde nur ein einziger Soldat der *US Army* hingerichtet, bei den Briten kein einziger.

Ignorierten Wehrmacht und Waffen-SS also einfach weitgehend die psychischen Zusammenbrüche ihrer Soldaten in der Normandie bzw. setzten auf die brutale Abschreckung ihrer Militärjustiz? Diese Erklärungen wären entschieden zu einfach. Schließlich waren Wehrmacht und auch Waffen-SS janusköpfige Armeen mit einem rigiden Bestrafungssystem, gleichzeitig aber auch mit moderner Menschenführung. Provokant ließe sich fragen, ob das Phänomen der „battle fatigue" überhaupt ein solches Ausmaß erreichte wie bei den Alliierten. Dabei sollte man nicht die Ursachen für diese Krankheit aus den Augen verlieren. Alliierte Untersuchungen zeigten eindeutig, dass hierfür schlechte Menschenführung sowie fehlende Empathie der Vorgesetzten entscheidend waren. Gerade hier war die Wehrmacht den alliierten Armeen klar überlegen. Deutsche Offiziere setzten sich häufig selbstlos für ihre Männer ein, jedenfalls im Vergleich zu den Alliierten. Das zeigen eindeutig die Verlustzahlen: Bei den Deutschen fielen im Westen 1944 prozentual doppelt so viele Offiziere wie Unteroffiziere und Mannschaften. Im Gegensatz dazu starben bei der *British Army* prozentual nur gut ein Drittel mehr Offiziere als andere Dienstgrade.[16] Die Auswahlkriterien für Offiziere und die Zuteilung der Mannschaften zu den einzelnen Truppengattungen waren in den alliierten Armeen teilweise sehr zweifelhaft und unprofessionell. Die Infanterie war – vor allem bei der *US Army* – in der Hierarchie ganz weit unten angesiedelt; bei Wehrmacht und Waffen-SS stand sie hingegen vergleichsweise weit oben. So erhielt die alliierte Infanterie häufig die schlechtesten Offiziere und Mannschaften zugeteilt, bei den Deutschen waren es meist überdurchschnittlich gute.

Interessant ist hierbei auch ein Sonderfall auf alliierter Seite, die frei-französische *2ᵉ Division Blindée*. Bei ihr ist nur ein einziger Fall eines psychischen Zusammenbruchs bekannt geworden.[17] Gewiss, die Division kam erst Anfang August in den Kampf, zu einem Zeitpunkt des alliierten Vormarsches also, als auch die psychiatrischen Verluste bei den Briten und Amerikanern wieder zurückgingen. Jedoch bleibt festzuhalten: Bei der *2ᵉ Division Blindée* handelte es sich um eine exzellent geführte Division mit ausschließlich Freiwilligen in ihren Reihen.

Hinzu kam die unterschiedliche Befehlsphilosophie bei Wehrmacht und Alliierten: Die Auftragstaktik und die Befehlstaktik. Und auch hier waren die Deutschen überlegen. In der deutschen Armee wurde traditionell nach Auftrag geführt; ein Untergebener hatte demnach zur Ausführung des Auftrags seine Freiheiten in der Wahl der Mittel.[18] Folglich hatte ein Wehrmachtssoldat tendenziell viel eher das Gefühl, seine individuelle Entscheidung zähle. Die Amerikaner und Briten hingegen operierten gemäß der Befehlstaktik, wobei Befehl und Ausführung genau vorgeschrieben waren. Somit wurde ihren Soldaten von Beginn an eingetrichtert, „dass es ihre erste Pflicht war, den Befehlen der Vorgesetzten zu gehorchen“[19]. Der Soldat musste sich also als „Menschenmaterial“ fühlen, das Individuum zählte nur wenig.

 Es ist vielleicht das größte Paradoxon des Zweiten Weltkriegs: Die Wehrmacht als Armee eines totalitären und verbrecherischen Regimes forderte und förderte im militärischen Rahmen das eigenständige Denken, die *US* und *British Army* als Streitkräfte von Demokratien degradierten hingegen ihre Soldaten zu reinen Befehlsempfängern.

Die Bedeutung der Offiziere und auch der Unteroffiziere war noch an einem weiteren Punkt sichtbar. Ihre Präsenz in der Schlacht war für die Moral der Männer entscheidend. An ihnen richteten sich die einfachen Soldaten stets auf. Das galt sowohl für die Alliierten als auch für die Deutschen. Ideologie alleine hingegen spornte die Soldaten nicht zum Weiterkämpfen an. Zwar kämpfte die Waffen-SS häufig verbissen und hatte vergleichsweise höhere Verluste als die Wehrmacht, aber wirklich fanatisch war sie nur in seltenen Fällen. Beim Ausfall der Offiziere und Unteroffiziere flüchteten auch SS-Mannschaften. „Führer- und Unterführermangel außerordentlich, daher sind Mannschaften zum größten Teil ohne Führung und damit auch das Halten der Stellung sehr fraglich. Rückwärtsbewegungen können nur mit aller Gewalt aufgehalten werden“[20], meldete das SS-Panzer Grenadier Regiment 37 Mitte Juli. Es war genau jener hohe Ausfall an Offizieren und Unteroffizieren, der den Zusammenbruch des deutschen Westheers im August 1944 so sehr beschleunigte.

Wie wichtig das Führungspersonal war, unterstrich bereits kurz nach dem Krieg Samuel L. A. Marshall in seinem Buch „Men against Fire“. Der ehemalige *Operational Historian* der *US Army* behauptete, nur 15 bis 20 Prozent der US-Infanteristen hätten je mit ihrer Waffe in der Normandie gezielt geschossen. Selbst in Elite-Verbänden wie der *US 101$^{st}$ Airborne Division* soll diese „ratio of fire“ (Schuss-Verhältnis) nur bei 25 Prozent gelegen haben. Marshall berief sich dabei auf zahlreiche Interviews mit Offizieren und Mannschaften während und direkt nach der Normandieschlacht. Marshall stellte fest, wenn Offiziere oder Unteroffiziere nicht bei ihren Männern waren, hätten diese einfach nicht geschossen. Er begründete dies mit persönlichen Ängsten sowie mit Gewissensbissen der Soldaten, andere Menschen zu töten. Diese Haltung betraf – so Marshall – vor allem Männer, die in einer demokratischen und christlich geprägten Gesellschaft wie jener der USA der 1930er Jahre sozialisiert wurden.[21] Marshalls Thesen und Zahlen wurden in der Folge in der Literatur immer wieder zitiert und verwendet, gleichzeitig aber auch angezweifelt und sogar vehement kritisiert. Das Vorwort der Neuausgabe von Marshalls Buch aus dem Jahr 2000 stellte dann auch fest, dass nach all der Kritik die „ratio of fire"-These obsolet sei. Andere alliierte Veteranen meinten, Soldaten hätten trotz christlichen Glaubens den „killer instinct" sowie den „mörderischen Jagdtrieb"[22] gehabt. Töten sei Teil des Auftrags gewesen und die meisten „akzeptierten das Töten als einen unangenehmen Teil ihres Jobs und dachten nicht länger darüber nach."[23]

Der Streit um Marshalls Thesen ist aber noch nicht endgültig entschieden, denn empirisch hat sich bisher noch niemand an diese angeblich oder tatsächlich niedrige „ratio of fire" herangewagt. Immerhin existieren Zahlen für den Munitionsverbrauch der *1st US Army* für die Monate Juni und Juli; und diese scheinen auf den ersten Blick Marshalls Erkenntnisse zu bestätigen.[24] Allerdings dürfte Marschalls Begründung mit der christlichen Moralethik wohl fehl gehen. Viel wahrscheinlicher ist, dass sich die US-Infanterie in der Normandie häufig viel zu sehr auf ihre eigene Artillerie verließ. Der einzelne Soldat wollte offenbar nicht das eigene Leben in Gefahr bringen und mit seiner Handfeuerwaffe aus nächster Nähe schießen, wenn die Artillerie den Gegner genauso töten konnte. Trotz der allgemein sehr guten Zusammenarbeit von Artillerie und Infanterie blieb – wie auch auf anderen Kriegsschauplätzen – „mangelnde Aggressivität […] ein größeres Problem in den meisten Infanterie Einheiten."[25] Doch Marshalls Thesen hin oder her: Die Infanterie trug auf alliierter Seite bei weitem die meisten Verluste. Für den einzelnen GI oder Tommy war die Normandie „eine Hobbes'sche Welt, wo das Leben einsam, arm, schmutzig, roh und oft kurz war".[26] Zu glauben, die alliierte Infanterie habe also nur sporadisch in die Kämpfe eingegriffen, geht völlig an der Realität vorbei. Alles in allem erfüllten die alliierten Soldaten ihre Pflicht; es gab sicherlich immer wieder Phasen, in denen es um die Kampfmoral etwas schlechter bestellt war, vor allem wenn sich der militärische Erfolg nicht so schnell einstellte wie erhofft. Doch von Auflehnung oder gar einer Meuterei waren die alliierten Armeen weit entfernt.

Wie sah es auf der deutschen Seite aus? Inwieweit glaubten die Landser an die Ziele ihres verbrecherischen Regimes? Ganz sicher gab es hier einen Unterschied zu den Alliierten: Der Nationalsozialismus wollte explizit eine politische Wehrmacht und einen politisch denkenden Soldaten. Gewiss, auch bei den Amerikanern gab es Anzeichen eines ideologischen Kriegs wie Eisenhowers „Kreuzzugs-Gedanken" für die Freie Welt. Doch gerade die Briten blieben eine pragmatische *Citizen's Army*. Die meisten Soldaten – ganz gleich welcher Nationalität – vereinte aber der Glaube, jeweils für eine gerechte Sache und ihr Vaterland kämpfen zu müssen.

Die NS-Indoktrination der Wehrmacht ist eine ewige Streitfrage der Forschung. Dabei gilt es erst einmal zu klären, was die NS-Ideologie für den einzelnen Soldaten überhaupt bedeutete. Zu eindimensional ist es jedenfalls, wenn man sie allein auf Rassenideologie, Antisemitismus und Judenvernichtung reduziert. Denn der Nationalsozialismus bedeutete damals mehr: Führerkult, Heimatverbundenheit oder die Überwindung der Klassengegensätze unter dem Schlagwort der „Volksgemeinschaft". Der Nationalsozialismus war aber noch etwas: Eine kriegerische Ideologie. Er vereinnahmte für sich viele traditionelle soldatische Tugenden, wie sie in fast jeder Armee der Welt hochgehalten werden: Treue, Patriotismus, Kameradschaft, Pflichterfüllung, Tapferkeit und Selbstdisziplin (oder wie es damals hieß: „Härte"). Somit war und ist eine klare Trennung zwischen NS-Ideologie und „klassischem Soldatentum" kaum möglich. Anders formuliert: Ein Soldat konnte durchaus dem Nationalsozialismus kritisch gegenüberstehen, gleichzeitig aber all diese militärischen Tugenden verinnerlicht haben. War er damit aber auch zum „Nazi-Soldaten" geworden? Eigentlich ist die Frage nach der Indoktrination in der Wehrmacht wenig zielführend, weil sie sich nicht klar beantworten lässt und die Definitionen sich zu sehr überschneiden. Das haben jüngst auch die unterschiedlichen Interpretationen der geheim abgehörten Gesprächsprotokolle deutscher Soldaten in alliierter Gefangenschaft gezeigt.[27] Und soweit wir wissen, wurde – zumindest im unteren und mittleren Offizierskorps – bis Kriegsende nicht nach Parteibuch, sondern nach militärischer Leistung befördert.

Ganz sicher verfing für den Westen 1944 allerdings eine wichtige Komponente der NS-Ideologie nicht. Trotz intensiver Propagandabemühungen glaubten die meisten Soldaten des Heeres nicht an einen radikalen NS-Weltanschauungskrieg gegen die „jüdischen Plutokraten". Bei den Soldaten der Waffen-SS, aber auch teilweise bei den Fallschirmjägern, sah die Sache etwas anders aus. Die Briten bezeichneten beispielsweise die gefangenen deutschen Offiziere der 3. Fallschirmjäger Division fast ausschließlich als überzeugte Nationalsozialisten und in den überlieferten Akten praktisch aller SS-Divisionen lassen sich radikale Töne finden. Anspruch und Wirklichkeit gingen jedoch häufig auseinander, so dass man sich vor Verallgemeinerungen hüten sollte. So heißt es in den Ausbildungsrichtlinien eines SS-Panzer Grenadier Regiments Ende Oktober 1944 einerseits: „Mehr denn je kommt es auf den politischen Soldaten an. [...] Ideale, Begeisterung, Gläubigkeit für die gerechte Sache unseres Kampfes müssen geweckt, abgrundtiefer Hass gegen unsere Feinde genährt werden." Andererseits beklagten eben diese Richtlinien auch, dass bei Unteroffizieren „oft eine geradezu erschreckende Unkenntnis und Trägheit in Bezug auf weltanschauliche Ausrichtung"[28] bestehe.

## 6.2. „Dreckiger Krieg“: Die Ermordung von Kriegsgefangenen

Es ist eine betrübliche Feststellung: Kriegsverbrechen sind integraler Bestandteil eines jeden Kriegs. Allerdings bleiben sie aufs Ganze gesehen gewöhnlich die Ausnahme und nicht die Regel. Die zentrale Frage ist also nicht, ob Kriegsverbrechen begangen werden, sondern in welchem Ausmaß sie begangen werden. Ebenso ist es illusorisch zu glauben, eine der beiden Kriegsparteien könne sich den Verstößen gegen das Völkerrecht entziehen. Im Krieg stehen das Verhalten der beiden Gegner stets in einem reziproken Verhältnis, wie schon der Kriegstheoretiker Carl von Clausewitz in seinem Klassiker „Vom Kriege" zu Beginn des 19. Jahrhunderts schrieb: „Der Krieg ist ein *Akt der Gewalt*, und es gibt in der Anwendung derselben keine Grenzen; so gibt jeder dem anderen das Gesetz, es entsteht eine Wechselwirkung, die dem Begriff nach zum äußersten führen muss."[29] Und auch der Schriftsteller Ernst Jünger urteilte ähnlich, sah aber gleichzeitig auch, dass den Grausamkeiten Grenzen gesetzt waren: „Wer seinen Gegner nach Willkür abtut, darf selber nicht Pardon erwarten; und damit bilden sich neue härtere Kampfregeln aus. Theoretisch schien mir das verlockend, doch praktisch wird man unausweichlich dem Augenblick zugeführt, in dem es gegen Wehrlose die Hand zu heben gilt. Das ist bei kaltem Blut nur möglich im Kampf mit Tieren oder in Kriegen, die zwischen Atheisten geführt werden. [...] Der Krieg ist kein Kuchen, den die Parteien restlos teilen; es bleibt immer ein gemeinsames Stück. Das ist der göttliche Anteil, der dem Streit entzogen bleibt und der den Kampf der puren Bestialität und der dämonischen Gewalt entzieht."[30]

Auch die Normandie machte von diesen Regeln der Kriegs- und Gewaltkultur keine Ausnahme. Schon in den Morgenstunden des 6. Juni ging es mit den Kriegsverbrechen los, und zwar auf beiden Seiten: Die Deutschen erschossen gefangene britische Fallschirmjäger, die Alliierten machten an den Landungsstränden häufig keine Gefangenen, selbst nachdem die Hitze des Kampfes abgekühlt war. Auch in den folgenden Wochen und Monaten kam es wellenartig immer wieder gehäuft zu Erschießungen von Kriegsgefangenen. Dabei stellen sich die folgenden Fragen: Existierten in gewissen Einheiten generelle Befehle zur Tötung von Kriegsgefangenen? Waren diese Verbrechen Routine oder aufs Ganze gesehen doch Einzelfälle? Geschahen sie in der Hitze der Schlacht oder nach Abklingen der Kämpfe in voller Intention?

Ganz zweifellos begünstigte vor allem das Heckengelände der Normandie Hinterhalte. Doch auch ansonsten waren Nahkämpfe keine Seltenheit, so in den Bunkeranlagen des „Atlantikwalls" am D-Day. Über Leben oder Tod musste in Bruchteilen von Sekunden entschieden werden. Den Soldaten blieb meist keine Zeit mehr sich zu ergeben. Wer schneller schoss, hatte mehr vom Leben. Ein britischer Veteran beschrieb diese „Hitze der Schlacht“ nach dem Krieg sehr plastisch: „Wenn ein deutscher Soldat auftauchte, schoss jeder auf ihn. Es machte nichts aus, wir dachten nicht einmal, dass sie Menschen waren. Wenn ich sage, dass wir einer Gehirnwäsche unterzogen waren, klingt das ein wenig übertrieben, aber man denkt eigentlich nicht darüber nach. Du stehst da, es ist laut, jeder schreit und plärrt und plötzlich siehst du diese Figur. In der Erregung feuerst du darauf. [...] Selbst wenn er umfällt, feuerst du weiter. [...] Einige Deutsche versuchten sich zu ergeben, aber in der Erregung schossen wir auf sie, bevor sie überhaupt eine Chance hatten ihre Hände zu heben. [...] Einige Leute feuerten immer noch, aber ich glaube nicht, dass unsere Burschen sagten, nun, mir ist es egal, ob sich dieser Mann ergeben will oder nicht. Ich erschieß ihn sowieso. Ich glaube, so hat keiner gedacht. Ich glaube, es war die Erregung, ständig neue Munition ins Magazin zu stecken und drauflosschießen.“[31]

Derlei Geschehnisse lassen sich freilich kaum als Kriegsverbrechen im klassischen Sinne interpretieren, außer man würde einen unrealistisch hohen moralischen Maßstab an die Realität des Kriegs anlegen. Anders sieht es natürlich aus, wenn es von vornherein klare Befehle gab, Gefangene zu töten, selbst noch nach Abklingen des Gefechts. Auf deutscher Seite stach vor allem die 12. SS-Panzer Division „Hitlerjugend“ negativ hervor. In den ersten Tagen nach der Invasion erschossen Teile dieser Division fast schon routinemäßig britische und vor allem kanadische Kriegsgefangene. 187 Opfer sind durch spätere alliierte Untersuchungen zweifelsfrei belegt, die Dunkelziffer dürfte aber aller Wahrscheinlichkeit nach noch höher liegen. In einem der ersten Kriegsverbrecherprozesse nach dem Krieg versuchte ein kanadisches Militärgericht, dem ehemaligen Kommandeur des SS-Panzer Grenadier Regiments 25 und späteren Divisionskommandeur, Kurt Meyer, einen allgemein gültigen Divisionsbefehl nachzuweisen. Vergeblich, denn einen solchen Befehl hat es mit Sicherheit nicht gegeben. Nicht alle Einheiten der „Hitlerjugend“ ermordeten Kriegsgefangene und außerdem brachte die

Division in den fraglichen Tagen direkt nach dem D-Day nachweislich mehr Gefangene in ein Gefangenenlager ein als sie ermordete. Sicher ist aber auch, dass einige Einheitsführer der „Hitlerjugend“ mündliche Befehle zur Tötung von alliierten Kriegsgefangenen gaben. Nach dem Krieg verurteilte ein britisches Militärgericht daher zwei ehemalige Offiziere der „Hitlerjugend“ wegen dieser Verbrechen zum Tode; beide wurden im Januar 1949 gehängt. Begünstigt wurden die Verbrechen dieser Division durch ein hochexplosives Gemisch im sozialen Profil der Division: einerseits alte überzeugte Nationalsozialisten mit „Ostfronterfahrung“ im Offiziers- und Unteroffizierskorps; andererseits blutjunge, fanatische und zum unbedingten Gehorsam erzogene Mannschaftssoldaten, die in einem totalitären Staat aufgewachsen waren. Meyer hatte in einem Tagesbefehl die Division als „Glaubens- und Angriffsträger unserer Idee“ sowie als „fanatische Soldaten“[32] beschworen.

Neben der „Hitlerjugend“ sind auch Verbrechen von anderen SS-Divisionen überliefert, allen voran der 17. SS-Panzer Grenadier Division „Götz von Berlichingen“. Am 12. Juni nahm ein Bataillon dieser Division bei einem lokalen Gegenangriff das Dorf Graignes ein und fand gut zwanzig verwundete US-Fallschirmjäger in der Kirche. Die SS-Männer erschossen die Gefangenen allesamt und brannten Graignes nieder. Gewiss spielte bei diesem Verbrechen die NS-Ideologie eine Rolle. Hinzu kamen aber auch situative Faktoren. Das kampfunerfahrene Bataillon war von vorgesetzten Stellen unvorbereitet in diesen Gegenangriff getrieben worden und erlitt als Folge hohe Verluste. Zudem kursierten in der Division Gerüchte, die Amerikaner hätten bisher keine Gefangenen genommen. Ähnliche Begleitumstände hatten auch schon die Verbrechen der „Hitlerjugend“ begünstigt.

Auch das wohl bekannteste Massenverbrechen an Kriegsgefangenen im Westen ging auf das Konto der Waffen-SS, diesmal auf Einheiten der 1. SS-Panzer Division „Leibstandarte SS Adolf Hitler“: Die Ermordung von mindestens 82 amerikanischen Kriegsgefangenen bei Malmédy am 17. Dezember 1944 während der Ardennenoffensive. Der Hergang dieses Verbrechens ist bis heute nicht *en detail* geklärt. Sicher ist auch hier, dass es keinen entsprechenden zentralen Divisionsbefehl gab, wohl aber mündliche Befehle einzelner Einheitsführer. Und auch in Malmédy spielte das situative Element eine wichtige Rolle. Die SS-Einheiten lagen im Vormarsch hinter dem eigentlichen Zeitplan, gegnerische Kriegsgefangene galten demnach mehr oder minder nur als unnötiger Ballast.

Eng im Zusammenhang mit vielen SS-Verbrechen im Westen steht Wilhelm Mohnke. Bereits im Frankreichfeldzug 1940 hatte er als Bataillonskommandeur in der „Leibstandarte“ wahrscheinlich die Ermordung von über 70 britischen Kriegsgefangenen bei Wormhoudt angeordnet. In der Normandie war er Regimentskommandeur in der „Hitlerjugend“ und in der Ardennenoffensive Divisionskommandeur der „Leibstandarte“. Auch hier lassen sich direkte oder indirekte Bezüge von seiner Person zu Kriegsverbrechen herstellen. Das Beispiel Mohnke zeigt, welchen Einfluss Offiziere in Schlüsselpositionen auf Kriegsverbrechen haben konnten.

Einheiten der Waffen-SS waren also für die bekanntesten Verbrechen an alliierten Gefangenen verantwortlich. Die hier geschilderten Ereignisse waren nur die Höhepunkte, daneben geschahen haufenweise kleinere Verbrechen. Lässt sich daher generell von einer „verbrecherischen Waffen-SS“ im Westen 1944 sprechen? Nein, dies wäre zu simpel. Denn erstens sind Verbrechen nur von Teilen der jeweiligen Divisionen bekannt geworden. Zweitens waren die Verbrechen zeitlich begrenzt. So sind zum Beispiel einerseits von der „Hitlerjugend“ nach dem Normandie-Einsatz keine Verbrechen mehr bekannt geworden und andererseits beging die „Leibstandarte“ offenbar nur in wenigen Einzelfällen Kriegsverbrechen vor der Ardennenoffensive im Westen. Drittens lassen sich für zwei der sechs SS-Divisionen in der Normandie, für die 9. SS-Panzer Division „Hohenstaufen“ und die 10. SS-Panzer Division „Frundsberg“, bisher kaum Verbrechen nachweisen. In den Kämpfen bei Arnheim im September 1944 behandelten diese beiden Divisionen die gefangenen britischen Fallschirmjäger sogar ausgesprochen fair.

Auffällig ist aber auf jeden Fall, dass sich bei Wehrmachtseinheiten im Vergleich zur Waffen-SS deutlich weniger Verbrechen finden lassen. Meist sind es sogar noch ungesicherte Fälle. Möglicherweise ging bei diesen Verbrechen die Tendenz hin zu Fallschirmjägereinheiten – also einer Truppengattung mit einem generell höheren Grad an NS-Indoktrinierung. Einzelne Fälle in den ersten Tagen der Invasion lassen sich auch mit dem bekannten „Kommandobefehl" vom Oktober 1942 in Verbindung bringen. Insgesamt dürfte dieser Befehl in der Normandie aber nur eine untergeordnete Rolle gespielt haben, vor allem weil Rundstedt und besonders Rommel ihn bereits vor der Invasion ignoriert hatten. In alliierter Gefangenschaft gaben einige deutsche Soldaten gerade aus kampfschwächeren Einheiten an, in ihren Kompanien sei vor dem ersten Einsatz befohlen worden, keine Gefangenen zu nehmen. Die Offiziere hätten dies damit begründet, dass der Gegner auch kein Pardon geben werde. Es war wohl meist ein zweifelhafter Versuch dieser Offiziere, ihre Männer von vornherein zum Durchhalten zu motivieren. Inwieweit diese Befehle befolgt und gefangene alliierte Soldaten deswegen ermordet wurden, lässt sich heute nicht einmal mehr ansatzweise bestimmen. Insgesamt bleibt also für die deutsche Seite festzuhalten: Je näher eine Einheit der NS-Ideologie stand, desto wahrscheinlicher war es, dass sie Kriegsgefangene erschoss. Eine feste Regel lässt sich daraus aber nicht unbedingt ziehen. Und vor allem bedurfte es noch situativer Faktoren wie die Intensität der Kämpfe oder Gerüchte über gegnerische Verbrechen.

Wenn also die Ideologie eine scheinbar wichtige Rolle bei Kriegsverbrechen in der Normandie spielte, so ließe sich im Umkehrschluss fragen: Waren die alliierten Soldaten als Vertreter demokratischer Staaten gegen derlei Grausamkeiten immun? Die Antwort darauf ist eindeutig: Nein. Die erstaunten und empörten Reaktionen der Öffentlichkeit auf das Bekanntwerden von Verbrechen der *US Army* in den letzten Kriegen wie Irak und Afghanistan „beruhte auf der Annahme, dass sich der GI im Zweiten Weltkrieg wie ein Heiliger mitten im Massenmord zurückgehalten habe".[33] Auch die Alliierten ließen sich 1944 im Westen zahllose Kriegsverbrechen zu Schulden kommen.

Das begann bereits vor dem *D-Day*. Für alle fünf US Angriffsdivisionen des *D-Days* – also den drei Infanterie Divisionen am *Utah* bzw. *Omaha* und den zwei Luftlande Divisionen – lassen sich in der Memoirenliteratur für einzelne Einheiten Befehle nachweisen, beim Sturm auf die „Festung Europa“ keine Gefangenen zu nehmen. Von kanadischen Verbänden erbeuteten die Deutschen sogar einen entsprechenden schriftlichen Befehl.[34] Man sollte freilich die militärischen Umstände in Betracht ziehen, will man diese Anordnungen analysieren. In den ersten Stunden der amphibischen Landung war es für die Alliierten schwierig, in den hitzigen Bunkerkämpfen am „Atlantikwall“ überhaupt Gefangene zu machen. Noch viel schwieriger war es für die Fallschirmjäger, wo die Gefangenenfrage noch ein kaum zu lösendes Logistikproblem aufwarf. Nichtsdestotrotz verstießen derartige Befehle natürlich eklatant gegen das Kriegsvölkerrecht. Auch töteten die Alliierten am *D-Day* deutsche Gefangene, als die Kämpfe bereits im Abklingen waren. US-Einheiten meldeten am *Omaha* insgesamt 130 deutsche Gefangene; in den Sammelstellen am Strand trafen jedoch letztlich nur 66 ein. Am Vormittag des *D-Days* erschossen Fallschirmjäger der *US 101st Airborne Division* bei Audouville in der Nähe des *Utah Beaches* etwa 30 deutsche Gefangene, in der Mehrzahl Soldaten eines Georgier Bataillons. Das waren nur die bekanntesten Fälle.

Die Verbrechen hörten mit dem *D-Day* freilich nicht auf. Es kam ein neues Motiv hinzu. Die Alliierten beschuldigten die Deutschen, mit den Grausamkeiten angefangen zu haben. Es ist eine bekannte Exkulpationsstrategie, denn auch die Deutschen bedienten sich dieses Arguments. Die Angehörigen der 12. SS-Panzer Division „Hitlerjugend“ exkulpierten sich – auch nach dem Krieg – mit genau dieser Logik: Der Gegner habe mit den „Schweinereien“ angefangen. Gerüchte genügten dabei, so bei der SS-Division „Götz von Berlichingen“. Sie berichtete kurz nach dem ersten Einsatz, dass die gegnerischen US Fallschirmjäger „zum großen Teil Verbrechertypen“ seien und „alle Gefangenen angeblich“[35] getötet hätten. Auf der Gegenseite notierte eine kanadische Infanterie Brigade im Juli 1944 ins Kriegstagebuch, „ein paar alte Rechnungen" seien mit den Gefangenen der „Hitlerjugend" beglichen worden.[36]

Welche Seite fing also mit den Erschießungen an? Aus heutiger Sicht muss man wohl sagen: Es waren beide gleichzeitig. Die Kenntnis von gegnerischen Verstößen waren ex-post nur eine willkommene Entschuldigung für die eigenen Morde. Ein reziproker Gewaltzyklus begann. Für einige Einheiten war es schwer, davon wieder runterzukommen. Besonders problematisch wurde es, wenn die „berüchtigsten" Gegner aufeinandertrafen. Gerade im Einsatzbereich der „Hitlerjugend" und der Kanadier sowie der „Götz von Berlichingen" und der US Fallschirmjäger häuften sich die Verbrechen. Mehrmals wurde hier im Laufe der Schlacht dem Gegner kein Pardon gewährt. Für manche Einheiten war das Töten von Gefangenen zum Normalfall geworden. Im Januar 1945 schrieb ein *US Combat Historian* über die *US 82nd Airborne Division* in sein Tagebuch: „Viele von ihnen haben einen Geschmack fürs Töten entwickelt und zwar in einem Ausmaß, dass man sie nicht mehr auf Patrouille schicken kann, wenn Gefangene benötigt werden, weil sie sich weigern Gefangene zu machen. Ein junger, blauäugiger Leutnant mit Baby-Gesicht hatte mehr als fünfzig getötet und schnitt mit Vorliebe die Gurgel durch."[37] Unter diesen Umständen erscheint es fraglich, ob die Erzählungen von Ernest Hemingway – damals Kriegsberichterstatter in der *US Army* – wirklich nur auf literarischer Phantasie basierten, wie seine Verteidiger heute behaupten. Hemingway hatte in Briefen nach dem Krieg behauptet, er habe persönlich deutsche Gefangene erschossen. Besonders grausam war die Schilderung der Exekution eines SS-Soldaten.[38]

Wie viele Soldaten in der Normandie und im Westen 1944 nach Gefangennahme ermordet wurden, lässt sich heute nicht einmal mehr ansatzweise schätzen. Bekanntgeworden ist sicher nur die Spitze des Eisbergs. Es lassen sich aber gewisse Muster feststellen: Als Täter stachen auf deutscher Seite vor allem bestimmte Waffen-SS Einheiten hervor, was den Mythos der Waffen-SS als „Soldaten wie andere auch" einmal mehr widerlegt. Bei den Alliierten waren vor allem US Fallschirmjäger und die Kanadier berüchtigt. Vergleichsweise wenig hat sich hingegen bisher von der Wehrmacht und vor allem von den Briten finden lassen. Zwar gab es nachweislich an einigen britischen *Battle Schools* ein regelrechtes „blood-and-hate“-Training. Die Soldaten sollten hier lernen, den deutschen Gegner regelrecht zu hassen, doch setzte sich diese Linie nicht durch. Montgomery beispielsweise lehnte diesen Ansatz kategorisch ab: Es war für ihn schlichtweg „un-British“.

Ebenso wie ein Täter-, so gab es auch Opfermuster – und beide ähnelten sich. Die Deutschen töteten offenbar vermehrt feindliche Luftlandetruppen (und dabei wiederum besonders US Fallschirmjäger), die Alliierten hingegen gewährten Männern der Waffen-SS sehr häufig kein Pardon. Nach dem Bekanntwerden der Ereignisse von Malmédy gaben Ende 1944 einige US Einheiten sogar schriftliche Befehle heraus, fortan keine Soldaten der Waffen-SS (und der Fallschirmjäger) mehr gefangen zu nehmen. Doch damit wurde eine vielfach gängige Praxis bei den Alliierten nur schriftlich kodiert. Zahlen belegen das eindeutig. Beispielsweise meldete das *Canadian II Corps* bei der *Operation Totalise* Anfang August insgesamt 1327 deutsche Kriegsgefangene, doch darunter gerade einmal nur acht (!) von der SS-Division „Hitlerjugend“ – und das, obwohl die „Hitlerjugend“ ein wichtiger Pfeiler in der deutschen Verteidigung war. Schon in den Wochen zuvor waren von dieser SS-Division im Vergleich zu den Panzer Divisionen der Wehrmacht nur wenige Gefangene in den alliierten Kriegsgefangenenlagern registriert worden.

Es ist freilich falsch zu glauben, eine derartige Eskalationsspirale der Gewalt ließe sich generell nicht mehr zurückdrehen. Im Westen 1944 war dies möglich. Dabei schien die Sachlage zu Beginn nicht so klar gewesen zu sein. Keiner wusste, ob sich der jeweilige Gegner an das Kriegsvölkerrecht halten werde, selbst wenn er es zuvor in Nordafrika und Italien meist getan hatte. Doch mit der Landung im Westen war es anders. Sie galt schließlich als etwas Besonderes, als die Entscheidungsschlacht des Kriegs. Gut möglich also, dass hier der Feind seine Kriegführung radikalisieren konnte und den Gefangenen kein Pardon mehr gewähren würde. Nach einigen Wochen war aber klar, dass dies nicht so war. Beide Kriegsparteien behandelten die weit überwiegende Mehrheit der Gefangenen nach den Genfer Konventionen von 1929 und beachteten das Rote Kreuz zur Bergung und dem Transport von Verwundeten. Im Juli insistierte Kluge noch einmal, das Rote Kreuz zu beachten, und im Herbst bestätigten die Oberbefehlshaber der beiden Kriegsparteien, dass die Kriegsgefangenen gemäß der Genfer Konvention von 1929 zu behandeln waren.

Einmal in ein Gefangenenlager abgeführt, behandelten sowohl die Alliierten wie auch die Deutschen die gegnerischen Kriegsgefangenen weitgehend nach dem Kriegsvölkerrecht, sieht man einmal von einer kurzen Zeitspanne im Herbst 1944 bei den Franzosen und gegen Kriegsende bei den Deutschen ab. Beide Male waren hierfür aber Versorgungsschwierigkeiten und nicht intentionale Motive der Hauptgrund. Insgesamt ist die Behandlung der deutschen und westalliierten Kriegsgefangenen einer der wenigen Bereiche, wo in diesem Totalen Krieg das Kriegsvölkerrecht eingehalten wurde. Das ging sogar so weit, dass die gefangenen westalliierten Soldaten jüdischen Glaubens eine der wenigen Gruppen waren, die dem Holocaust entkamen.

Die Normandie und die Westfront 1944 waren keinesfalls ein „sauberer" Krieg, die Erschießungen von Kriegsgefangenen waren zahlreich. Doch andererseits gingen diese Grausamkeiten nicht über ein Maß hinaus, was in den europäischen Kriegen im 20. Jahrhundert als „normal" galt. Die Waffen-SS hingegen polarisierte zweifellos. Ihre Soldaten waren überproportional Täter, aber auch Opfer solcher Verbrechen. Doch ansonsten lässt sich für den Westen 1944 feststellen: Die westalliierten Streitkräfte und die Wehrmacht unterschieden sich kaum darin, „wie" sie kämpften. Fundamental war aber das, „wofür" sie kämpften – die einen für die Befreiung Westeuropas, die anderen für ein verbrecherisches Regime.

## 6.3. Zwischen den Fronten: Die französische Zivilbevölkerung

Krieg ist nicht nur ein militärisches, sondern vor allem ein gesellschaftliches Phänomen. Er ist somit nur ganz selten eine reine Auseinandersetzung zwischen Kombattanten, sondern er bezieht fast immer auch die Bevölkerung mit ein, sei es direkt oder indirekt. Erst recht keine Ausnahme machte hier der „totalste" aller Kriege, der Zweite Weltkrieg. Trotz des Waffenstillstands vom Juni 1940 war der Krieg für die französische Bevölkerung weiterhin spürbar, beispielsweise durch Quartierleistungen oder „Sühnemaßnahmen" der Besatzer sowie durch alliierte Luftangriffe. Die Küsten Frankreichs, Belgiens und der Niederlande waren eine Art „Frontlinie", an der man spätestens ab 1942 mit einem Angriff der Westalliierten rechnen musste. Hier war die Zivilbevölkerung besonders vom Krieg betroffen.

Bereits ab 1941 evakuierte die Wehrmacht aus Angst vor Spionage und Sabotage Leute aus der Küstenregion. Die Situation verschärfte sich weiter mit dem Bau des „Atlantikwalls". Die „Organisation Todt" zog – neben Zwangsarbeitern aus Osteuropa – häufig Franzosen, Belgier und Niederländer zur Arbeit heran. Zur Entlastung der Truppe rekrutierte auch die Wehrmacht ab Herbst 1943 verstärkt Zivilisten zum Ausbau der sogenannten „Zweiten Stellung", eine Auffanglinie wenige Kilometer hinter dem eigentlichen „Atlantikwall". Der Oberbefehlshaber der 15. Armee, Generaloberst Hans von Salmuth, war ein besonders lautstarker Vertreter dieser Politik: „Arbeitskräfte gibt es meines Erachtens hier im Lande genug. Die Leute lungern ja auf den Straßen herum. Die Militärbefehlshaber wagen aber nicht, die Herren Belgier und Franzosen anzufassen!! [...] Lieber sollen die Franzosen und Belgier mit Recht fest auf uns schimpfen, dafür sollen sie aber wenigstens zur Stärkung unserer Abwehrkraft beitragen."[39]

Im April 1944 beschäftigte die Wehrmacht etwa 350 000 Franzosen, in manchen Gegenden waren sogar mehr Zivilisten als Soldaten zum Stellungsbau eingesetzt. Dieser Arbeitseinsatz bedeutete eine weitere Radikalisierung der Besatzungspolitik im Westen unter dem Diktum des „Totalen Kriegs". Laut Haager Landkriegsordnung durften Zivilisten zwar zur Zwangsarbeit für Besatzungsaufgaben herangezogen werden, nicht aber für die Kriegführung. Dieser Arbeitseinsatz geschah gewiss durch Zwang, war allerdings keine „Sklavenarbeit". Die Deutschen bezahlten diesen Zwangsdienst angemessen und die militärischen Stellen mahnten stets einen schonenden Umgang mit der Bevölkerung an. Unzufriedene Arbeiter hätten zu Unruhen führen können, deren Konsequenzen nur schwer zu kontrollieren gewesen wären.

Ab Anfang 1943 setzten die schweren alliierten Luftangriffe auf Hafen- und Industriestädte ein. Dies bedeutete einen fundamentalen Bruch, weil das Leben vieler Franzosen direkt bedroht war. Vichy reagierte darauf mit der Gründung des *Service Interministériel pour les Evénements de Guerre* (SIPEG, Interministerieller Dienst für die Kriegsereignisse) und deportierte vermehrt Frauen, Kinder und Greise ins sichere Umland. Zu einer totalen Evakuierung der Küstengegend konnten sich aber weder Vichy noch die Besatzer durchringen. Zu sehr war die Truppe von der örtlichen Bevölkerung abhängig, sei es für den Stellungsbau oder für die Versorgung mit landwirtschaftlichen Produkten. Zudem befürchtete der OB West zu Recht einen weiteren Zulauf für die Résistance, sollten in Lohn und Brot stehende junge Männer plötzlich ins Binnenland deportiert werden. Lediglich an der Mittelmeerküste nahmen die Evakuierungen größere Ausmaße an; 450 000 Leute wurden dort ins Hinterland gebracht.

An den Küsten der Normandie wurden vor dem 6. Juni 1944 mehrere Bewohner – vor allem Kinder – in einer Tiefe von bis zu zwei Kilometern hinter der Küste ausgesiedelt. Diese Maßnahmen retteten am *D-Day* und auch den folgenden Tagen vielen Franzosen das Leben. Eine Altersstruktur der zivilen Opfer im *Département* Calvados zeigt deutlich, dass Kinder und Jugendliche relativ selten durch Luftangriffe getötet wurden. Im Hinterland geschah aber nichts dergleichen, darunter auch in den größeren Städten Caen und St. Lô. Die Deutschen glaubten an keine Massenflucht der Zivilbevölkerung, sollten die Kämpfe einmal ausbrechen.

Doch das änderte sich mit dem 6. Juni schlagartig. Keiner war auf die infernalen alliierten Luftbombardements vorbereitet oder hätte sie in dieser Stärke vermutet, weder die deutsche noch die französische Seite. In den Städten Caen, St. Lô, Falaise, Vire und Lisieux gingen die Totenzahlen unter den Zivilisten jeweils in die Hunderte. In St. Lô, wo am ersten Invasionstag etwa 350 Bürger starben, konnte Schlimmeres verhindert werden, da die Deutschen etwa 1000 Menschen Zuflucht in den deutschen Luftschutzstollen gewährten. Eigentlich hatte die Militärverwaltung vor der Invasion der Bevölkerung befohlen, bei Beginn der Kämpfe in ihren Häusern zu bleiben. Doch dort waren die Leute „nach den bisherigen Erfahrungen der Vernichtung durch den anglo-amerikanischen Bombenterror preisgegeben“[40], wie Rommel beklagte; erfolgreich beantragte er eine Abänderung der Anordnung.

Die Militärverwaltung und der SIPEG standen nun vor einem riesigen Problem: Sie mussten eine humanitäre Katastrophe und mögliche Unruhen verhindern, gleichzeitig aber durften die Rettungsmaßnahmen keinesfalls die Truppe an der Front behindern. Eine organisierte Evakuierung rückte jedoch mangels Transportkapazitäten in weite Ferne, die Zivilbevölkerung blieb somit ihrem eigenen Schicksal überlassen. Auf dem Land versuchten Obdachlose mit ihrem verbliebenen Hab und Gut zu fliehen und verstopften die Straßen. Alliierte Flugblätter und Rundfunkaufrufe forderten die französische Zivilbevölkerung auf, wegen der Luftangriffe die Städte zu verlassen. Doch dies verstärkte das Chaos nur noch weiter.

Die Deutschen beäugten diese unkontrollierten Wanderbewegungen im Rücken ihrer Front misstrauisch. Die Menschenströme verstopften die Nachschubstraßen und waren eine potentielle Spionagegefahr. Vor allem Caen sollte evakuiert werden, auch weil die Versorgung der Bevölkerung nicht mehr sichergestellt werden konnte und Seuchen auszubrechen drohten. Doch viele Stadtbewohner kamen den Aufrufen nicht nach und die Deutschen hatten nicht die Mittel für Zwangsevakuierungen. Dabei kamen auch radikale Vorschläge in den Umlauf. Rommels Stabschef Speidel beispielsweise wollte die Flüchtlinge direkt zum Arbeitseinsatz nach Deutschland schicken.

Zu keinem Zeitpunkt konnten sich die Deutschen auf eine allgemein gültige Regelung für die Evakuierung einigen. Sie waren schlichtweg überlastet und hatten nicht die entsprechenden Mittel. Angesichts der schweren Kämpfe an der Front waren die Evakuierungen ohnehin nur ein Randproblem. Auch den französischen Stellen fehlten die Ressourcen. So wurde die Frage unterschiedlich gehandhabt. Die 7. Armee im westlichen Frontabschnitt beließ die Bevölkerung weitgehend in den Dörfern und Städten. Die Panzergruppe West hingegen befahl für den östlichen Frontabschnitt, einen Streifen von bis zu fünf Kilometer hinter der Font komplett zu evakuieren; eine dahinter folgenden Zone von etwa 30 Kilometern Tiefe sollte teilweise evakuiert werden und die Flüchtlinge in ein Gebiet etwa 80 bis 100 Kilometer hinter der Front geführt werden. Die Deutschen beauftragten die französische Verwaltung mit diesen Evakuierungen, in der Praxis musste aber die Wehrmacht – vor allem die Feldgendarmerie – häufig selbst mithelfen. Dank der Evakuierungen blieben die zivilen Verluste bei den britisch-kanadischen Offensiven wie *Goodwood* und *Totalise* vergleichsweise gering. Die deutsche Militärverwaltung ging in ihrem Abschlussbericht von 175 000 Evakuierten in den beiden *Départements* Manche und Calvados aus.[41] Vielfach aber folgten die Zivilisten nicht den Evakuierungsaufrufen und blieben lieber in ihren Häusern – häufig mit tödlichen Folgen.

Die Zivilbevölkerung in der Normandie musste einen hohen Preis für die Befreiung ihrer Heimat zahlen. Nach neuesten Berechnungen starben 18 000 bis 19 000 Zivilisten. Im Einzelnen waren dies gut 7000 für das *Département* Calvados, knapp 3500 für Manche und etwa 2000 für Orne. 60 Prozent dieser Opfer waren auf alliierte Luftangriffe zurückzuführen, weitere 25 Prozent auf die alliierte und deutsche Artillerie. Hinzu kamen 5750 Bombenkriegsopfer in den beiden Nachbar-*Départements* Eure und Seine-Inférieure (heute: Seine-Maritime).[42] Die Zahlen waren zwar somit niedriger als Schätzungen aus den Nachkriegsjahren, die von 60 000 zivilen Opfern ausgingen. Dennoch sind die Todeszahlen sehr hoch. Zudem verloren über 76 000 Zivilisten während der Schlacht ihr gesamtes Hab und Gut.

In seinen Memoiren gestand Eisenhower ein, die Bombardierungen in Frankreich vor und nach dem *D-Day* hätten zu einer „Entfremdung mit unserem französischen Bundesgenossen" führen können. Jedoch habe er „aus militärischen Gründen" auf die Luftangriffe bestehen müssen, schließlich hing das „Schicksal eines Kontinents" davon ab. Die späteren Ereignisse – so Eisen-

**Bild 9**
**Überleben in den Trümmern von Caen: Französische Zivilisten gehen an einem Sherman Panzer vorbei.**

hower – hätten seinen Entschluss gerechtfertigt.[43] Nicht nur die deutschen Militärs dachten also im Zweiten Weltkrieg in den Kategorien der „militärischen Notwendigkeit". Auch die Alliierten nahmen zivile Verluste billigend in Kauf. Britische Planungen von Anfang Mai 1944 gingen sogar von 90 000 Verlusten unter den Zivilisten im Landungsgebiet aus, wovon nach einer Woche 19 000 tot oder verwundet sein sollten.[44] Montgomery kommentierte die amerikanische Eroberung von Carentan recht treffend: „Ich sehe, dass der SHAEF Bericht gestern sagte, die Stadt sei ‚befreit' worden. Eigentlich wurde sie komplett plattgemacht und kaum ein Haus steht mehr; alle Zivilisten sind geflohen. Es ist eine sonderbare Art der Befreiung!!!"[45] Doch hielt Montgomery diese Kritik selbst nicht davon ab, bei den Großoffensiven der *2nd British Army* den Einsatz von Artillerie und sogar der strategischen Bomberflotte bedenkenlos zu forcieren.

Im Angesicht von Tod und Zerstörung durch die alliierten Bombardements ist es kaum verwunderlich, dass die normannische Bevölkerung ihre Befreier keinesfalls enthusiastisch begrüßte. Öffentliche Ablehnung oder gar Auflehnung gab es zwar nicht und die französische Verwaltung arbeitete in den befreiten Gebieten schnell und effizient mit den Befreiern zusammen. Aber Brooke bemerkte bei einem Frontbesuch mit Churchill am 12. Juni, „wie wenig das Land durch die deutsche Besatzung und fünf Jahre Krieg in Mitleidenschaft gezogen war". Nüchtern stellte der *Chief of the Imperial General Staff* fest: „Die französische Bevölkerung erscheint keinesfalls erfreut zu sein, uns als siegreiches Land kommen zu sehen, um Frankreich zu befreien. Sie war recht zufrieden wie es war und wir bringen dem Land nun Krieg und Verwüstung."[46] Nicht umsonst gibt es aus der Normandie praktisch keine Fotos mit kollektiven Jubelszenen der französischen Bevölkerung. Es sind stets nur Einzelpersonen zu sehen. Einen überschwänglichen Empfang für die Befreier gab es nirgends in der Normandie. Ja, das Verhältnis blieb vor allem zu den Amerikanern lange Zeit recht kühl. Lediglich in den vom Krieg unberührten Landstrichen, wie zum Beispiel in Bayeux, waren die Beziehungen zwischen den Franzosen und den alliierten Soldaten von Anfang an sehr gut.

Das Verhältnis zwischen Befreiern und Befreiten war sehr schnell noch durch ein weiteres Phänomen belastet: Plünderungen. Bereits am 12. Juni meldete die britische *Civil Affairs* über die eigenen Leute: „Plünderungen durch die Truppe ziemlich weit verbreitet. Das britische Ansehen ist hier heute gefallen."[47] Das britische *XXX Corps* führte in einem seiner *Intelligence Reports* die Aussage eines Franzosen an, die symptomatisch für die Meinung der Bevölkerung sei: „Nachdem wir vier Jahre auf die Befreiung gewartet haben, hätten wir nicht gedacht, ausgeraubt zu werden; selbst die Deutschen haben das nicht gemacht."[48] Der neue gaullistische Präfekt des *Départements* Manche verstieg sich sogar zu der Behauptung, die Befreier hätten sich in Plünderer, Vergewaltiger und Mörder verwandelt. Urteile amerikanischer Militärgerichte zeigen übrigens, dass über drei Viertel der Straftäter aus der Etappe kamen.[49]

Letztlich machte sich aber nur eine Minderheit der alliierten Soldaten solcher Verstöße und Verbrechen schuldig. Und noch etwas: Die alliierten Kommandobehörden reagierten sehr schnell mit scharfen Gegenbefehlen auf die Disziplinlosigkeiten ihrer Soldaten und drohten schwere Strafen im Wiederholungsfall an. Dies zeigte Wirkung, auch wenn die Plünderungen während des gesamten Feldzugs nie vollkommen aufhörten.

Das heute gerne gepflegte Bild von den korrekten und menschenfreundlichen alliierten Befreiern deckte sich in vielerlei Hinsicht nicht mit den damaligen Erfahrungen in der Normandie. Die dortige Bevölkerung empfing nicht enthusiastisch einen disziplinierten und makellosen Befreier. Erst mit dem alliierten Ausbruch aus dem Landungskopf Anfang August schlug die Stimmung im Kampfgebiet um. So meldete das britische *XXX Corps* Anfang August endlich: „Die Leute des *Départments* Orne scheinen froh zu sein uns zu sehen. Der Empfang der ersten Truppen war in vielen Fällen enthusiastisch."[50] Ab Mitte August 1944 meldeten die Alliierten endlich jene Bilder, die sich heute fest im kollektiven europäischen Bewusstsein verankert haben: „Der Empfang der britischen Truppen in Nordfrankreich und Belgien ist schon so ausführlich in der britischen Presse und dem BBC beschrieben worden, als dass er in diesem Bericht noch weiter ausgeführt werden müsste. Der Enthusiasmus der Bevölkerung in einigen Städten [...] war in jeder Hinsicht vollkommen überwältigend."[51] Die Stimmung der französischen Bevölkerung im Kampfgebiet stand also weitgehend in einem direkten Zusammenhang mit dem militärischen Verlauf von *Overlord*. Es war der „attentisme" in seiner reinsten Form.

Das bestätigt sich auch bei einem Blick in die deutschen Akten. Hier lassen sich für den Juni – und nur für den Juni – Bilder finden, die nach 1944 bewusst schnell in Vergessenheit geraten mussten. Die Wehrmacht (nicht aber die Waffen-SS!) berichtete, die normannische Bevölkerung habe die deutschen Truppen teilweise sehr freundlich begrüßt – sogar mit Blumen.[52] Mit der Verschlechterung der Lage an der Front nahm diese pro-deutsche Haltung allerdings sehr schnell ab.

Noch etwas belastete das Verhältnis zwischen den Deutschen und der Zivilbevölkerung. Plünderungen waren nämlich nicht nur ein Problem in den alliierten Armeen. Die Deutschen hatten in der Normandie sogar noch mehr mit solchen Disziplinlosigkeiten zu kämpfen. Das war auch eine Folge der katastrophalen Nachschubsituation. Um diese Engpässe zu umgehen, musste die Wehrmacht auf die Ressourcen des besetzten Landes zurückgreifen.

Requisitionen waren nach Artikel 52 der Haager Landkriegsordnung nicht verboten, sofern sie „im Verhältnis zu den Hilfsquellen des Landes“ standen. Doch bereits am 6. Juni arteten die Requisitionen aus, die Truppe versuchte sich von überall Kraftfahrzeuge und Treibstoff zu beschaffen. Das OKW sanktionierte nur zwei Wochen später sämtliche Requisitionen von französischen Kraftfahrzeugen; hier dürfe es „keine anderen Rücksichten geben, als nunmehr die milit[ärische] Notwendigkeit“.[53] Gleichzeitig ermahnte aber die 7. Armee auch, die Beitreibungen auf das nötige Maß zu beschränken und stets zu bezahlen. „Das Privateigentum der durch den feindlichen Luftterror ohnehin hart getroffenen französischen Bevölkerung verdient Schutz und Achtung durch die deutsche Wehrmacht“[54], so der Oberbefehlshaber der 7. Armee. Oder wie es das XXXXVII. Panzer Korps prägnant ausdrückte: „Die deutsche Wehrmacht führt hier im Westen den Krieg gegen die Anglo-Amerikaner, nicht gegen Frankreich.“[55]

Derartige Anweisungen zeigen deutlich, wie sehr der militärischen Führung von Wehrmacht und auch Waffen-SS theoretisch an einer rechtlich abgesicherten und korrekten Handhabung der Requisitionsfrage gelegen war. Allerdings fruchteten derartige Ermahnungen sehr häufig nicht. Immer wieder bemächtigten sich einzelne Soldaten oder kleinere Einheiten französischen Privateigentums oder zwangen die Bauern, Nahrung herauszugeben. Dabei wurde häufig auch Gewalt angewandt bis hin zum

Mord. Besonders negativ stach hier wieder die Waffen-SS hervor, aber auch die Wehrmacht – und dabei vor allem die Luftwaffe – ließ sich einiges zuschulden kommen.

Die Kommandobehörden erkannten freilich, wie sehr unbezahlte Requisitionen oder gar Plünderungen die Stimmung der Bevölkerung negativ beeinflussten. Die Franzosen verhielten sich im Kampfgebiet ruhig und die Deutschen mussten diesen Zustand unbedingt aufrechterhalten. Aufruhr oder gar Aufstände hätten bei der dünnen deutschen Personaldecke und den überspannten Nachschublinien zu einer unkontrollierbaren Dynamik führen können. Plünderern drohten daher Disziplinarstrafen, wenn nicht gar Kriegsgericht. Doch bekamen die Deutschen dieses Problem während der gesamten Schlacht nie ganz unter Kontrolle.

Im Gegensatz zu anderen Teilen Frankreichs kam es aber in der Normandie zu keinem Aufstand der Bevölkerung gegen den Besatzer. Dennoch töteten die Deutschen etwa 600 Zivilisten im Kampfgebiet, darunter 80 Gefangene, die Sipo/SD am 6. Juni im Gefängnis von Caen erschossen. Die Deutschen bezichtigten diese Zivilisten meist der Freischärlerei, der Spionage oder der Feindbegünstigung. Wie viele dieser 600 Opfer unschuldig ermordet wurden, lässt sich heute häufig nicht mehr aufklären. Auffällig ist jedoch auch hier, dass beim Täterprofil erneut die Tendenz klar in Richtung Waffen-SS ging.

Übrigens glaubten auch die alliierten Befreier in Einzelfällen von französischen Zivilisten beschossen worden zu sein. Churchill verbreitete dieses Thema sogar in der britischen Presse, zumal bei den Alliierten durchaus die Furcht grassierte, die Deutschen hätten hinter der alliierten Front ein Netz an französischen Kollaborateuren aufgebaut. Doch anders als die Deutschen, waren die alliierten Soldaten nicht „trigger-happy". Sie führten verdächtige Zivilisten in eigens eingerichtete *Army Civil Interrogation Camps*. Eine Statistik eines solchen Lagers zeigt, dass keine einzige der vom 22. Juni bis 11. August befragten 112 Personen sofort exekutiert wurde: Der größte Teil wurde für weitere Befragungen zurückbehalten, fast ebenso viele bedingungslos freigelassen und nur 15 Leute als erkannte Agenten nach Großbritannien oder zur *21st Army Group* weitergeleitet. Daneben wurden mehrere als ehemalige Kollaborateure erkannte Franzosen den neuen französischen Exekutivorganen zur weiteren Befragung, Internierung oder Verurteilung ausgeliefert.[56] Nur die wirklich Schuldigen sollten damit einer völkerrechtlich gedeckten Strafe entgegensehen.

Insgesamt war weder der alliierten noch der deutschen Führung das Schicksal der französischen Zivilisten gleichgültig. Beide Seiten waren sich der Vorteile bewusst, wenn die Bevölkerung wohlwollend der eigenen Truppe gegenüber stand oder sich zumindest ruhig verhielt. Für die Alliierten ging es hier ja auch um ihre Legitimation als Befreier. Doch letztlich dominierten die rein militärischen Fragen und Probleme diese Schlacht; somit war die normannische Zivilbevölkerung weitgehend auf sich alleine gestellt und nichts weiter als ein Objekt der Kriegführung.

# 7. Befreiung
## Frankreich im Sommer 1944

### 7.1. Der Zusammenbruch der Normandiefront und die Befreiung von Paris

„Ich bin mir darüber im Klaren, dass ein Misslingen dieses Angriffes zum Zusammenbruch der gesamten Normandie-Front führen kann, aber der Befehl ist so unmissverständlich, dass er unbedingt durchgeführt werden muss“[1], so die fatalistischen Worte Kluges am 7. August. Hitler hatte es befohlen: Eine Panzeroffensive mit dem Decknamen „Unternehmen Lüttich“. Es war ein Spiel um alles oder nichts – für Kluge und das Westheer. Letztlich sollte die Offensive auf eine militärische Katastrophe herauslaufen und war „der Katalysator für die deutsche Niederlage in der Normandie“[2].

Die Lage hatte sich in den Tagen vor „Lüttich“ dramatisch zugespitzt. Pattons *3rd US Army* war am 1. August südlich von Avranches endlich der langerwartete Ausbruch aus dem Normandie-Brückenkopf gelungen. Die US Kräfte fächerten sich anschließend in drei Richtungen auf. Erstens stieß das *US VIII Corps* nach Westen vor und befreite mithilfe von örtlichen FFI Verbänden in nur einer Woche die Bretagne. Die deutschen „Festungen“ Brest, Lorient und St. Nazaire waren eingeschlossen. Zweitens fühlten vergleichsweise schwache Kräfte nach Süden bis an die Loire vor. Drittens drehten motorisierte US Verbände nach Osten ein. Am 8. August standen US Panzer in Le Mans. Bradley, mittlerweile Oberbefehlshaber der *US 12th Army Group*, sah, dass sich hier die meisten operativen Möglichkeiten ergaben. Er befahl Patton, seinen Schwerpunkt dorthin zu verlagern und mit zwei Korps die Deutschen von Süden her einzuschließen.

Allerdings barg Pattons kühner Vorstoß durchaus Risiken in sich. Seine gesamte linke Flanke war offen und noch dazu musste die Versorgung durch den Flaschenhals bei Avranches. Genau diesen Flaschenhals, Pattons Lebensarterie, wollte Hitler mit einem Vorstoß zur Küste zertrennen. Aus deutscher Sicht schien auch noch dafür zu sprechen, dass Patton scheinbar seinen Schwerpunkt in der Bretagne hatte. „Lüttich" folgte somit auf dem ersten Blick durchaus einer Logik – allerdings nur beim Kartenstudium im fernen Führerhauptquartier, wo die Fähnchen deutsche Panzer Divisionen symbolisierten, die in Wirklichkeit nur noch aus Restteilen bestanden. Hitlers Befehl, für „Lüttich" acht der neun Panzer Divisionen aus der Front herauszulösen, war nicht realisierbar. Auch dauerte der Aufmarsch wegen der alliierten Luftherrschaft viel zu lange, so dass die Amerikaner in der Zwischenzeit den Flaschenhals langsam erweitern konnten. Anstatt der ursprünglich geplanten 10 Kilometer mussten die Deutschen nun bis zur Küste etwa 30 Kilometer Gelände gewinnen, wenn sie Patton von seinem Nachschub abschneiden wollten.

In der Nacht vom 6. auf den 7. August traten schließlich vier deutsche Panzer Divisionen zum letzten deutschen Großangriff in der Normandie an, wegen Treibstoffmangels vorerst mit nur 120 Panzern. Die Artillerie schwieg, um das Überraschungsmoment aufrechtzuerhalten. Die Amerikaner wussten aber dank der Ultra-Entschlüsselungen des deutschen Funkverkehrs von den Plänen. Trotzdem gelang den Deutschen ein Einbruch von mehreren Kilometern in die Stellungen der *1st US Army*, Mortain fiel wieder in deutsche Hand. Doch bereits am späten Vormittag des 7. August rannte sich der deutsche Angriff im verbitterten Abwehrfeuer der Amerikaner fest. Zudem klarte das Wetter auf und die USAAF kontrollierte wie gewohnt den Himmel über den deutschen Panzern. Von den 300 versprochenen Flugzeugen der Luftwaffe war hingegen nichts zu sehen. Wie schon zuvor bei *Cobra* zeigte sich SS-Oberstgruppenführer Hausser der Aufgabe nicht gewachsen. Hitler übertrug daher umgehend General Eberbach die Verantwortung für den weiteren Angriff, doch zu einem weiteren Angriff der „Panzergruppe Eberbach" kam es nicht mehr.

Ohne „Lüttich" wäre es möglicherweise gar nicht zur folgenden Schlacht gekommen: Der Schlacht von Falaise. Die an „Lüttich" beteiligten Divisionen standen nun weit westlich exponiert, während südöstlich davon Pattons *3rd US Army* auf die

Seine zuraste und nordöstlich die Briten und Kanadier in der Operation *Totalise* ab dem 8. August endlich einen Durchbruch durch die geschwächten deutschen Linien erzielen konnten. Es bot sich den Alliierten nun die Möglichkeit, praktisch die gesamten deutschen Kräfte aus der Normandie im Dreieck Mortain – Argentan – Falaise großräumig einzukesseln. Bradley und Montgomery verständigten sich sehr schnell darauf, dass sich die Briten bzw. Kanadier mit den Amerikanern in einer Zangenbewegung zwischen Argentan und Falaise treffen sollten. Am 19. August schlossen schließlich Verbände der polnischen 1. Panzer Division den Kessel. Bis dahin waren allerdings schon größere deutsche Truppenteile nach Osten entwichen. Zwar gelang es dem II. SS-Panzer Korps nicht, den Umschließungsring von außen auf Dauer aufzubrechen, doch bis zum 21. August konnten weitere Deutsche entkommen.

Bis heute ist unklar, wer dafür die Verantwortung trug, dass der Kessel von Falaise nicht fest geschlossen werden konnte: Bradley, Patton oder Montgomery. Bradley beschuldigte nach dem Krieg Montgomery, dieser hätte ihm keine Erlaubnis zum weiteren Vorstoß nach Norden bei Argentan erteilt, um den Kessel ganz zu schließen. Dafür gibt es aber keinen Beweis, denn in Wahrheit war Bradley selbst zu zögerlich und wollte scheinbar gar nicht über Argentan weiter vorrücken. Patton hatte kaum Interesse an der Schlacht von Falaise, weil zu diesem Zeitpunkt zwei seiner Korps schon viel weiter östlich an der Seine standen. Er hoffte, nach der Überquerung des Flusses womöglich noch viel größere Teile des Westheeres einschließen zu können. Im Nachhinein betrachtet wäre dies vielleicht sogar die erfolgversprechendste Option gewesen – zumindest in der Theorie. Sie blieb aber ungenutzt. Montgomery letztlich kann man vorwerfen, dass er zum Schließen des Kessels von Falaise zwei bisher kampfunerfahrene Divisionen einsetzte, die polnische 1. Panzer Division sowie die kanadische 4. Panzer Division. Letztlich hatte also jeder der drei alliierten Oberbefehlshaber ein Stück weit Schuld, dass es die Alliierten bei Falaise verpassten, den Sack mit der Katze zuzumachen. Zwischen 35 000 bis 40 000 Deutsche konnten entweichen.

So blieb Falaise für die Alliierten nur ein Teilerfolg. Gewiss, von den etwa 100 000 Deutschen im Kessel fielen etwa 10 000 Mann und zwischen 40 000 bis 50 000 gerieten in Gefangenschaft. Zudem verloren Wehrmacht und Waffen-SS fast ihr gesamtes schweres Material. Die Alliierten fanden 470 Panzer und Sturmgeschütze auf dem Schlachtfeld, wobei 81 Prozent unbeschädigt oder von den Deutschen selbst zerstört worden waren.[3] Die Panzerbesatzungen hatten die meisten ihrer Fahrzeuge wegen Treibstoffmangel zurücklassen müssen, um sich anschließend zu Fuß durchzuschlagen. Es war das logische Ende wochenlanger Nachschubprobleme.

Doch die verlorenen Panzer und Sturmgeschütze konnten in den folgenden Wochen weitgehend wieder ersetzt werden. Denn im Monat August 1944 erzielte die deutsche Rüstungsindustrie ihren höchsten Ausstoß während des gesamten Kriegs. Genauso wichtig war auch, dass sich unter den 50 000 Gefangenen kaum Führungspersonal befand. Lediglich ein Korps- und zwei Divisionsstäbe gerieten in Gefangenschaft; doch die Stäbe von zwei Armeeoberkommandos, vier Armeekorps sowie fünfzehn Divisionen konnten entkommen. Auf die operativen Führungselemente des Westheeres hatte Falaise also kaum Auswirkungen.

Allerdings musste Kluge seinen Posten als OB West räumen. Nachdem im Kessel kurzzeitig die Verbindung zu ihm abgerissen war, verdächtigte Hitler ihn, mit den Alliierten Kontakt aufgenommen zu haben und ließ ihn am 17. August durch Generalfeldmarschall Walter Model ersetzen. Kluge wurde nach Berlin befohlen, nahm sich aber auf dem Weg dorthin am 19. August das Leben. Es war ihm klar, dass seine Verbindungen zum militärischen Widerstand nicht mehr geheim geblieben waren. In seinem Abschiedsbrief bat er Hitler, den Krieg zu beenden, unterstrich aber gleichzeitig seine Loyalität zum „Führer" – ob aus Überzeugung oder um seine Familie vor Repressionen des NS-Regimes zu schützen, muss offen bleiben.

Hitler hatte bereits vor einigen Monaten für die Ostfront bestimmt, die Zeiten des großen Operierens seien nun vorbei. Von nun an brauche er nur noch „Steher". Kluges Nachfolger Model galt als ein solcher „Steher". Dreimal hatte er in den vorherigen

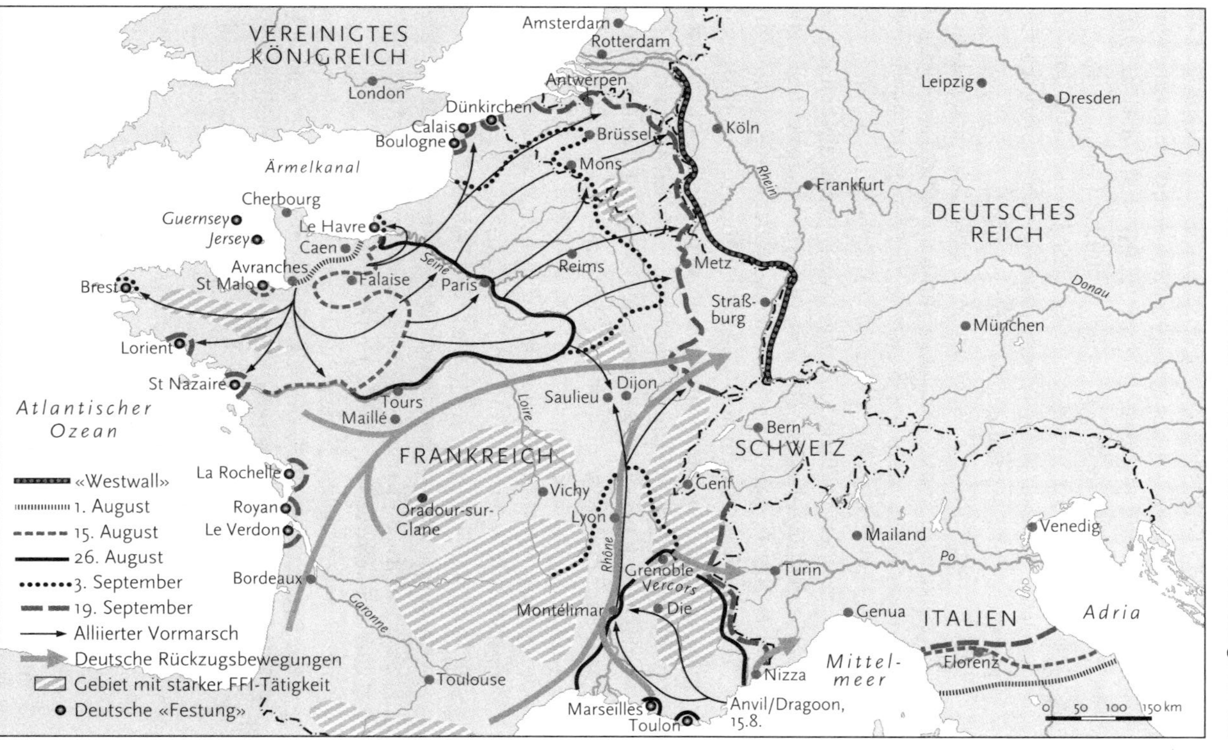
VEREINIGTES KÖNIGREICH
London
Amsterdam
Rotterdam
Antwerpen
Dünkirchen
Calais
Boulogne
Brüssel
Mons
Köln
Leipzig
Dresden
Ärmelkanal
Cherbourg
Guernsey
Jersey
Le Havre
Caen
Avranches
St Malo
Brest
Falaise
Seine
Paris
Reims
Metz
Rhein
Frankfurt
DEUTSCHES REICH
Donau
Straß-burg
München
Lorient
St Nazaire
Tours
Maillé
Loire
Saulieu
Dijon
Atlantischer Ozean
Bern
SCHWEIZ
FRANKREICH
Genf
Vichy
Lyon
Oradour-sur-Glane
La Rochelle
Royan
Le Verdon
Bordeaux
Garonne
Toulouse
Rhône
Grenoble
Vercors
Die
Montélimar
Mailand
Venedig
Po
Turin
Genua
ITALIEN
Adria
Florenz
Mittelmeer
Nizza
Marseilles
Toulon
Anvil/Dragoon, 15.8.
0 50 100 150 km
«Westwall»
1. August
15. August
26. August
3. September
19. September
Alliierter Vormarsch
Deutsche Rückzugsbewegungen
Gebiet mit starker FFI-Tätigkeit
Deutsche «Festung»

Monaten als Oberbefehlshaber verschiedener Heeresgruppen an der Ostfront große Krisen gemeistert. Das sollte er nun auch im Westen machen. Als erste Aufträge fielen Model der Rückzug über die Seine sowie die Verteidigung von Paris zu.

Die Seine-Metropole war als Verkehrsknotenpunkt für die deutsche Versorgung der Front extrem wichtig und zudem lagen hier zahllose Stäbe des Besatzungsapparats – wichtige und überflüssige. Paris galt daher als der Inbegriff des genüsslichen Etappenlebens. Bereits Anfang August hatte Hitler General Dietrich von Choltitz zum neuen „Kommandierenden General und Wehrmachtbefehlshaber von Groß-Paris" berufen und ihn mit umfangreichen Vollmachten ausgestattet. Der körperlich füllige und menschlich häufig schwierige Schlesier galt bei Hitler als „harter Hund", hatte aber insgeheim durchaus Sympathien für den 20. Juli gehegt. Choltitz sollte dafür sorgen, dass Paris „seinen Charakter als Etappenstadt mit ihren üblen Erscheinungen in kürzester Zeit verlieren" und kein „Sammelbecken für Versprengte und Drückeberger" mehr sein würde.[4] Hitler sah im Besitz der französischen Hauptstadt den Schlüssel für die Beherrschung des Landes.

Für seinen Auftrag hatte Choltitz aber nur wenige tausend drittklassige Besatzungstruppen – und die öffentliche Stimmung in Paris kippte. Die Euphorie über die bevorstehende Befreiung schwappte von der Provinz auf die Hauptstadt über. Erste Zeichen von Aufruhr gegen die „Boches" mehrten sich. Am 10. August kam es zu ersten Streiks, am 18. August ordneten die FFI gar die Generalmobilmachung an und riefen zum Generalstreik auf. Die Hauptstadt wollte sich selbst befreien und nicht erst die Ankunft der regulären alliierten Truppen abwarten. Amerikanische Truppen, später verstärkt durch die frei-französische *2e Division Blindée* standen bereits vor den Toren von Paris.

Hitler verlangte von Choltitz ein brutales Durchgreifen. Am 20. August befahl er, den „Kampf um und in Paris ohne Rücksicht auf die Zerstörung der Stadt zu führen". Am 23. August wiederholte er diese Forderung noch einmal: „Paris darf nicht oder nur als Trümmerfeld in die Hand des Feindes fallen."[5] Wenige Stunden vor der Kapitulation am 25. August befahl Hitler die Sprengung ganzer Häuserblocks, die öffentliche Exekution der Rädelsführer sowie den Einsatz der Luftwaffe. Choltitz war es aber bereits vorher gelungen, Hitlers Befehle hinauszuzögern und stattdessen die Pariser Bevölkerung mit Nahrungslieferungen einigermaßen ruhig zu halten. Am Nachmittag des 25. August kapitulierte er im Hôtel de Ville vor den regulären Einheiten der frei-französischen *2e Division Blindée* sowie den örtlichen FFI.

Der „Trümmerfeldbefehl" war aber nicht der einzige Schritt zu einer Radikalisierung der Kämpfe im Westen. Hitler selbst sowie das OKW machten immer weniger Unterschiede in der Kriegführung zwischen Ost- und Westeuropa. Am 20. August gab Jodl einen „Verbrannte Erde" Befehl heraus und forderte alles, was „für [die] eigene Kriegführung wertvoll" war, sollte dem „Feind vorenthalten werden". Dabei sollten besonders mitgeführt werden: „brauchbare Kfz. einschl[ießlich] Generatoren, Treibstoff jeder Art, Pferde, Vieh, Versorgungsgut. Jedes Pferd und jedes Fahrzeug des Landes" mussten „ausgenutzt werden. Was trotzdem nicht befördert werden" konnte, war zu zerstören. Als Höhepunkt befahl der Wehrmachtführungsstab, die „jugendliche wehrfähige" Bevölkerung abzutransportieren. Frankreich sollte beim Rückzug systematisch ausgeraubt werden. Wenn Jodl noch hinzufügte, „gegen Plünderer scharf ein[zu]greifen", so grenzte das fast schon an Zynismus.[6] Kluge hatte bereits zuvor gefordert: „Den Franzosen muss alles weggenommen werden, was sie noch haben."[7] Nur mehr die militärische Notwendigkeit stand im Vordergrund.

Allerdings sagten solche Befehle alleine noch nichts aus, entscheidend blieb die Umsetzung. Und hier zeigte sich, dass die Wehrmacht meist nur kriegswichtiges Material zerstörte und der französischen Bevölkerung keinesfalls die Lebensgrundlage entzog. Da der Wehrmacht nur wenig Zeit beim Rückzug blieb und zudem Sprengmittel fehlten, konnte sie meist nur noch die wichtigsten Brücken zerstören – dies allerdings meist mit großer Gründlichkeit. Auch die Hafenanlagen wurden in allen größeren Küstenstädten nachhaltig gesprengt, so dass es den Alliierten meist einige Wochen kostete, diese wieder in Betrieb zu nehmen. Nach französischen Angaben direkt nach dem Krieg kostete der Wiederaufbau dieser Zerstörungen angeblich fast genauso viel wie alle Zerstörungen des Eisenbahnnetzes durch alliierte Luftbombardements. Ebenso nahmen die Deutschen viele Fahrzeuge sowie 60000 Pferde und Mulis mit. Dem vom OKW geforderten Abtransport der männlichen Bevölkerung kamen Wehrmacht und Waffen-SS aber nirgends nach.

Hinzu kamen Plünderungen. Was in der Normandie begonnen hatte, entwickelte sich nun auf dem Rückzug zum Massenphänomen. Chaos, Disziplinlosigkeiten, Verbrechen und Zerstörungen auf militärischen Rückzügen haben freilich eine lange Geschichte und waren nicht erst eine Erscheinungsform der Kriegführung der Wehrmacht. Für Frankreich mag das Wort „Rückzug" im August 1944 vielleicht sogar etwas beschönigend wirken, denn realiter artete es häufig eher in eine wilde Flucht aus, als dass es an eine geordnete Absetzbewegung erinnerte. Die ursprünglichen Pläne Hitlers, eine Auffangstellung zunächst an der Seine sowie später in Ostfrankreich („Kitzinger-Linie") zu errichten, waren schnell obsolet. Kampfdivisionen von der zusammengebrochenen Front, Besatzungstruppen aus dem Inneren Frankreichs, Organisation Todt, Nachrichtenhelferinnen sowie zahllose Einheiten und Stäbe aus der Etappe: Alles flutete in heillosem Durcheinander in Richtung Reichsgrenze, stets verfolgt von alliierten Truppen und Fliegern sowie den immer stärker werdenden französischen Widerstandskräften. Der Chef des NS-Führungsstabes des Heeres, General Georg Ritter von Hengl, berichtete nach einem Besuch an der Westfront: „Erfahrene und überlegte Kommandeure bestätigten einwandfrei, das Heer beim Rückmarsch 1918 nach der Revolution sei eine Gardetruppe im Vergleich zu diesen flüchtenden Truppenhaufen gewesen."[8]

Die Alliierten verzichteten seit dem 8. August auf eine weitere Bombardierung der Infrastruktur im Westen, um den eigenen Vormarsch nicht zu verzögern. Eisenhower drängte Patton immer weiter nach Osten vorzustoßen; der *Supreme Commander* und SHAEF hofften auf einen deutschen Kollaps, bevor die absehbaren eigenen Versorgungsprobleme durchschlugen. Patton befand sich hierbei voll in seinem Element. Anfang August hatte er in sein Tagebuch notiert: „Die Leute sind so verdammt langsam, mental wie körperlich, und es mangelt ihnen an Selbstvertrauen. Mir reicht es mit der menschlichen Schwäche. Aber die flackernde Flamme meines eigenen Selbstvertrauens brennt unaufhörlich heller."[9] In der zweiten Augusthälfte holten die Alliierten auch zeitlich den Rückstand zu ihren ursprünglichen Planungen auf und befreiten Frankreich schneller als zuvor erwartet. Selbst die Deutschen urteilten nun anerkennend über die operative Kriegführung der Alliierten und im Besonderen der Amerikaner. Doch so beeindruckend der alliierte Sturm durch Frankreich im August 1944 auch war: Sie hatten es bei Falaise versäumt, das deutsche Westheer vollkommen zu zerschlagen und damit den Krieg möglicherweise frühzeitig zu beenden. Doch es bot sich praktisch zeitgleich noch eine zweite militärische Möglichkeit an, das Versäumte nachzuholen: Die Landung in Südfrankreich.

## 7.2. „Anvil-Dragoon": Die Landungen in Südfrankreich

Die Landung in der Provence am 15. August 1944 war die letzte große amphibische Operation des Zweiten Weltkriegs in Europa. *Anvil-Dragoon* stand stets im Schatten von *Overlord*, sowohl damals militärisch als auch heute in der Erinnerung. Außerhalb Frankreichs ist dieses Unternehmen fast schon in Vergessenheit geraten. Das lag vor allem daran, dass die Alliierten die sich aus der Landung bietenden Möglichkeiten erneut nur teilweise ausnutzten. Wie bereits gesehen, so reichte der Plan einer Landung in Südfrankreich ins Jahr 1943 zurück, doch Eisenhower musste seine Vorliebe für *Anvil* im Frühjahr 1944 vorerst begraben.

Das Unternehmen war damit aber nicht tot. Nach dem Ausbruch aus dem Anzio-Brückenkopf und der Befreiung Roms kam *Anvil* Mitte Juni wieder auf den Tisch. Der britische General und alliierte Oberbefehlshaber im Mittelmeer, General Henry Maitland Wilson, meldete, er habe nun Kapazitäten für eine weitere amphibische Landung frei. Der britische und der amerikanische Generalstab diskutierten in der Folge mehrere Optionen für diese Landung: In der Biskaya, in der nördlichen Adria, im Golf von Genua, in der Camargue oder in der Provence.

Eisenhower griff diese Ideen auf. Mit einer weiteren amphibischen Landung mit drei Divisionen hoffte er einen leistungsfähigen Hafen in seine Kontrolle zu bekommen, und zwar in Südfrankreich. Churchill aber sah wie schon in all den Monaten zuvor *Anvil* mit äußerst kritischem Auge und wandte sich sogar direkt an Roosevelt. Der britische Premier gab zu bedenken, dass *Overlord* und *Anvil* wegen der weiten geographischen Entfernung in keinem strategischen Zusammenhang stünden. Stattdessen bevorzugte er eine Landung in der Po-Ebene, um anschließend über Slowenien nach Südosteuropa einzudringen. Es war seine alte Vorliebe für den Balkan. Schließlich musste Churchill aber klein beigeben, zumal er auch bei seinen eigenen Militärs kaum Unterstützung für seine Pläne erhielt. Die Entscheidung für *Anvil* war gefallen, der Codename wurde zudem Mitte Juli in *Dragoon* umgeändert. Es war möglicherweise eine Reminiszenz an Churchills langen Widerstand gegen das Projekt. Denn „Dragoon“ heißt im Englischen nicht nur „Dragoner“, sondern auch „zwingen“.

Am 2. Juli erhielt Wilson schließlich von Brooke den Befehl, *Anvil-Dragoon* vorzubereiten. Zehn Divisionen sollten unter dem Oberbefehl der *US 6$^{th}$ Army Group* von General Jacob L. Devers in der Provence landen, von wo aus zunächst die Hafenstädte Toulon und Marseille genommen werden und anschließend die Alliierten das Rhône Tal nordwärts in Richtung Vogesen und Burgund vorstoßen sollten. Die Auswahl der Divisionen zeigte, wie politisch *Anvil-Dragoon* geworden war. Die Speerspitze des Angriffs bildeten zwar drei US Infanterie Divisionen (*3$^{rd}$*, *36$^{th}$* und *45$^{th}$*) der *7$^{th}$ US Army* unter General Alexander Patch, einem Pazifik-Veteranen, bzw. des *US VI Corps* unter *Major General* Lucian K. Truscott. Doch als Nachfolgekräfte sollten frei-französische Verbände der *Armée B* (später *1$^{re}$ Armée*) von General Jean de Lattre de Tassigny zum Einsatz kommen. Den Franzosen sollte also bei *Anvil-Dragoon* eine tragende Rolle zur Befreiung ihres Mutterlandes zufallen. Nicht umsonst hatte de Gaulle aus rein politischen Gründen den amerikanischen Plan für *Anvil-Dragoon* stets nach Kräften unterstützt. Trotz Unterschiede in Kultur, Sprache und Doktrin verband die französischen und die amerikanischen Verbände eine weitgehende Homogenität, denn schließlich hatten vor allem die Amerikaner die frei-französischen Divisionen ausgerüstet. Dies erleichterte die Koalitionskriegführung und die Franzosen hatten durch ihre überragenden militärischen Leistungen bei Monte Cassino im Mai 1944 auch das Vertrauen der Amerikaner gewonnen.

Die Amerikaner stellten das Gros der Landungsflotte und auch die Luftunterstützung. Der britische Anteil an *Dragoon* war hingegen gering: Eine Fallschirmjäger Brigade, einige Geschwader der RAF sowie mehrere Schiffe der *Royal Navy*. Bezeichnenderweise waren die beteiligten fünf Flugzeugträger 1943 von der *US Navy* in die *Royal Navy* überführt worden. Die untergeordnete britische Rolle in diesem Unternehmen reflektierte einerseits die stets skeptische Haltung Churchills zu *Anvil-Dragoon*, andererseits aber auch die begrenzten Kapazitäten der Briten im letzten Kriegsjahr.

Der Landung selbst war sicherlich die einfachste aller alliierten amphibischen Großlandungen und glich fast schon einem militärischen Spaziergang. An allen drei großen Landungsabschnitten (*Alpha, Delta, Camel*) konnten die US Truppen nach dem obligatorischen Luft- und Seebombardement schnell Fuß fassen. *Dragoon* gilt als „Beispiel einer fast perfekten amphibischen Operation in Hinblick auf Training, der zeitlichen Abstimmung, der Zusammenarbeit von Heer-Marine-Luftwaffe, der Leistungen und der Ergebnisse“.[10] Lediglich am *Camel Beach* kam es zu einigen Gefechten. Insgesamt hatten die Amerikaner am 15. August nur 95 Tote und 385 Verwundete zu beklagen, ein Großteil davon durch Minen. Über 60 000 Mann waren an jenem Tag an Land gegangen. Als am folgenden Tag zusätzlich die Freien Franzosen der *Armée B* landeten, konnten die Alliierten sehr schnell aus dem Brückenkopf ausbrechen. Südlich von Draguignan war noch am 15. August die *1st Airborne Task Force* mit britischen und amerikanischen Fallschirmjägern gelandet und setzte den Stab des LXII. Reserve Korps von General Ferdinand Neuling außer Gefecht. Neuling selbst geriet am 18. August in Gefangenschaft; nach über zwei Monaten hatten die Alliierten den ersten deutschen Kommandierenden General eines Armeekorps in Frankreich gefangen genommen.

Der OB West und die Armeegruppe G hatten bereits am 21. Juli vereinbart, bei einer alliierten Landung in Südfrankreich nicht am Strand, sondern im Hinterland zu verteidigen. Nur zwei Wochen später musste Blaskowitz melden, dass die Abwehr einer alliierten Invasion in seinem Befehlsbereich mit den zur Verfügung stehenden Truppen kaum Aussicht auf Erfolg haben würde. Die schnellen alliierten Erfolge zu Beginn von *Dragoon* bestätigten dieses Urteil nur allzu deutlich. Durch Abgaben an die Normandiefront in den vorherigen Wochen waren die ohnehin schon schwachen Reihen der 19. Armee am Mittelmeer immer weiter ausgedünnt worden. Deren Oberbefehlshaber, General Friedrich Wiese, hatte gerade einmal noch acht Infanterie Divisionen zur Verfügung, worunter sich nur eine einzige Angriffsdivision befand; vier waren sogar nur Ausbildungsdivisionen. Panzerbrechende Waffen fehlten, da sie fast allesamt an die Normandiefront abgegeben worden waren. An den Landungsstränden hatten sich in den Bunkern meist nur alte Soldaten oder Ostbataillone befunden, die kaum Widerstand geleistet hatten. Von den ursprünglich drei Panzer Divisionen stand Mitte August nur noch eine einzige in Südfrankreich, die 11. Panzer Division. Zunächst reagierte die deutsche Führung lethargisch, eine militärische Antwort blieb in den ersten zwei Tagen nach *Dragoon* praktisch aus, die Truppe selbst war maßlos überfordert.

Auch angesichts der aussichtslosen Lage in Nordfrankreich entschloss sich Hitler zu etwas, was er nur sehr selten in diesem Krieg tat: Er ordnete am 17. August – mit Ausnahme der „Festungen" am Atlantik und Mittelmeer – den kompletten Rückzug aus Südfrankreich an. Dies betraf nicht nur die 19. Armee an der Mittelmeerküste, sondern auch die in Südwestfrankreich verbliebenen Kampfverbände sowie den gesamten Besatzungsapparat und die Sicherungstruppen in Binnenland. Insgesamt befanden sich noch etwa 250 000 bis 300 000 deutsche Soldaten in Südfrankreich. Der OB West Model war zu diesem Zeitpunkt mit der schwierigen Situation in Nordfrankreich mehr als beschäftigt und überließ die Organisation des Rückzugs alleine dem Oberbefehlshaber der Armeegruppe G, Generaloberst Johannes Blaskowitz. Seine Lebensarterie war das Rhône Tal. Hierdurch sollte

**Bild 10**
***La Libération:* Ein Sherman-Panzer der *Task Force Butler* im Städtchen Die. Militärisch verpassten es die Alliierten nach der Landung in Südfrankreich, die Deutschen beim Rückzug abzuschneiden.**

sich die Masse der 19. Armee vom Mittelmeer nach Norden zurückziehen.

Doch zunächst lief alles auf eine deutsche Katastrophe und auf einen überwältigenden alliierten Sieg hinaus. Toulon und Marseille waren schnell eingeschlossen und es war nur noch eine Frage von Tagen, bis die beiden „Festungen" kapitulieren würden. Eine bedrohliche Lage entwickelte sich überdies am linken deutschen Flügel. Mit atemberaubender Geschwindigkeit raste hier die ad hoc gebildete *Task Force Butler*, gefolgt von zwei US Infanterie Divisionen (*36$^{th}$* und *45$^{th}$*) und effektiv unterstützt von lokalen FFI, nach Norden quer durch die französischen Alpen. Auf der Höhe von Die schwenkte die *Task Force Butler* nach Westen ein und erreichte am 20. August bei Montélimar das Rhône Tal. Somit standen US Truppen im Rücken der Deutschen; deren Rückzugsstraße war folglich abgeschnitten. Eine Umgehungsmöglichkeit im Osten war für die Deutschen wegen des bergigen und vom *Maquis* kontrollierten Geländes unmöglich. Es folgten bis zum 29. August heftige Kämpfe bei Montélimar. Die Bedeutung dieser Schlacht ist in der Geschichte des Zweiten Weltkriegs bisher nicht hinreichend gewürdigt worden. Hier ging es darum, ob die Amerikaner, unterstützt von FFI Kräften, praktisch der gesamten deutschen 19. Armee den Rückzug versperren konnten. Anschließend hätten sie schnell weiter nach Norden in Richtung Dijon vorstoßen und möglicherweise auch noch die aus Südwestfrankreich kommenden deutschen Kräfte abschneiden können – immerhin etwa 80 000 Mann.

Mit der Besetzung von Montélimar hatten die Amerikaner zunächst den Vorteil auf ihrer Seite, doch es verließ sie der Mut. Truscott glaubte, die *Task Force Butler* – insgesamt eine Brigade mit 30 Panzern, 12 Jagdpanzern und 12 Artilleriegeschützen – sei zu schwach und zudem logistisch zu verwundbar, um die Stadt zu halten. Er befahl daher den Rückzug auf die angrenzenden Höhen bis die *US 36th* und *45th Infantry Division* am nächsten Tag als Verstärkung eintrafen. Doch mittlerweile hatten die Deutschen die 11. Panzer Division herangeführt. Sie blockierte in den folgenden Tagen erfolgreich mehrere Angriffe von drei amerikanischen Divisionen aus den Seitentälern östlich der Rhône. Die offizielle Geschichte der *US Army* machte Logistikprobleme dafür verantwortlich, warum diese Divisionen zusammen mit der *Task Force Butler* keinen permanenten Druck auf das Rhône Tal aufbauen konnten. Allerdings: Die Amerikaner hatten mehrere Tage Zeit, diese Truppen über sichere Nachschubstraßen durch die Alpen zu versorgen. In Wahrheit waren die Angriffe der Amerikaner zu unkoordiniert und stattdessen beschossen sie von den Höhen östlich von Montélimar die deutschen Rückzugskolonnen im Tal mit Artilleriefeuer. Das sorgte zwar für Verluste und die Deutschen mussten etwa 2500 Fahrzeuge zurücklassen und sich zu Fuß durchschlagen. Die Masse der 19. Armee zwang sich aber bis zum 29. August in kleinen Kampfgruppen durch den Flaschenhals bei Montélimar hindurch; nur der Stab einer einzigen Division (198. Infanterie Division) geriet in Gefangenschaft. Hinzu kamen einige verspätete Besatzungstruppen aus dem Massif Central, darunter ein aus Rodez kommendes Bataillon der Aserbaidschanischen Legion. Die Amerikaner übergaben völkerrechtswidrig die Gefangenen den lokalen FFI; etwa 60 Gefangene, darunter alle höherrangigen deutschen Offiziere, wurden bei Vals-les-Bains erschossen.

Am 3. September befreiten Freie Franzosen und FFI die Stadt Lyon, die „Capitale de la Résistance“. Gut eine Woche später, am 11. September, trafen bei Saulieu in Burgund die in Südfrankreich gelandeten Einheiten der *1^re^ Division Française Libre* auf Einheiten der in der Normandie gelandeten *US 6^th^ Armored Division*. Mehrmals noch wollte das *US VI Corps* in der ersten Septemberhälfte die Deutschen umfassen und vom Rückzug abschneiden, so bei Meximieux und bei Marboz. Doch jedes Mal verhinderte dies die 11. Panzer Division. Blaskowitz gewann so mit seinen Truppen das „Rennen zur Burgundischen Pforte“[11], also jener Ebene zwischen Vogesen und Jura. Hier konnten die Deutschen die Front erstmals wieder stabilisieren. Etwa 235 000 Mann der Armeegruppe G hatten den Rückzug angetreten, 160 000 Mann erreichten das Ziel, häufig selbstständig in kleinen Marschgruppen.[12] Selbst die meisten deutschen Truppen aus Südwestfrankreich konnten zurückgeführt werden. Lediglich die von der französisch-spanischen Grenze kommende „Kolonne Elster“ geriet mit knapp 20 000 Mann bei Issoudun in amerikanisch-französische Gefangenschaft. Hinzu kamen kleinere isolierte Stützpunkte im Massif Central und den Pyrenäen. Zurückblieben auch etwa 30 000 Mann in den „Festungen“ am Atlantik. Dennoch ließ Hitler kurz darauf den ihm stets suspekten Blaskowitz ablösen; der Generaloberst hatte einen Frontvorsprung westlich von Belfort geräumt, den Hitler als Sprungbrett für eine große Gegenoffensive ausersehen hatte.

Hatte sich *Dragoon* für die Alliierten gelohnt? Politisch war das Unternehmen sicherlich bedeutend, weil so die Freien Franzosen einen militärischen Beitrag zur Befreiung ihres Mutterlandes leisten konnten. Das Unternehmen verlief auf den ersten Blick auch militärisch sehr erfolgreich. Die amerikanischen Einheiten aus der Normandie und jene aus der Provence vereinigten sich zweieinhalb Monate früher als ursprünglich geplant. Die deutschen Gesamtverluste betrugen etwa 80 000 bis 100 000 Mann. Auch war die Einnahme des nur wenig zerstörten Großhafens

Marseille sowie auch Toulon für den amerikanischen Nachschub im Herbst 1944 eminent wichtig. Im Oktober und November gingen etwa 40 Prozent des gesamten Nachschubs über diese beiden Häfen. Insofern hatte *Dragoon* auch logistisch für die Amerikaner seine Berechtigung.

Aber: In der alles entscheidenden ersten Septemberhälfte standen wegen der Zerstörungen weder Marseille noch Toulon den Alliierten für den Nachschub zur Verfügung. So hatte Churchill letztlich recht behalten: *Dragoon* war ein militärisch überflüssiges Unternehmen. Das làg zum einen an den schnellen alliierten Erfolgen in Nordfrankreich, zum anderen an den Operationen selbst, allen voran im Rhône Tal. Dabei war das Potential von *Dragoon* riesig. Von all den alliierten „missed opportunities", dem Westheer *den* entscheidenden Schlag zu versetzen, war dieses Unternehmen vielleicht die größte vertane Chance. Die Amerikaner und Franzosen schafften es nicht, die deutschen Truppen in Südfrankreich zu zerschlagen und in Südwestfrankreich großräumig einzukesseln. Während in Falaise die Chance vertan wurde, die deutschen Stäbe auszuschalten, verpassten es die Alliierten bei *Dragoon*, die schiere Masse an Soldaten in einer gigantischen Kesselschlacht gefangenzunehmen. Gewiss, es waren meist nur zweit- oder drittklassige Truppen, doch anstatt alle knapp 300 000 deutschen Soldaten aus Südfrankreich außer Gefecht zu setzen, hatten die Deutschen „nur" 80 000 bis 100 000 Mann an Gesamtverlusten zu beklagen. Angesichts der katastrophalen Ausgangssituation war dies ein beachtlicher Erfolg der Deutschen. Genau betrachtet lag dies nur an einer einzigen Division, der 11. Panzer Division; sie konnte die Rückzugsstraßen im Rhône Tal so lange offen halten, bis sich fast die gesamte 19. Armee vom Mittelmeer zurückziehen konnte. *Dragoon* zeigte noch ein weiteres Manko auf alliierter Seite: Das Potential, die französischen Widerstandskräfte militärisch voll zu nutzen, wurde nicht ausgeschöpft. Es war freilich ein Potential, das politisch wie militärisch schwer zu handhaben war.

## 7.3. Der französische Widerstand und seine Bekämpfung

Eine Geschichte der Kämpfe in Frankreich 1944 wäre ohne die Résistance unvollständig.[13] Sie ist bis heute in Frankreich ein kontroverses und politisch hochaufgeladenes Thema, zugleich aber auch ein Mythos. Ein Mythos, der sich 1945 vorrangig aus zwei politisch motivierten Narrativen speiste: Der kommunistischen Sicht eines Volkskriegs gegen den Faschismus sowie der gaullistischen Erzählung von der nationalen Einheit im Kampf gegen den deutschen Besatzer. Im Krieg musste die Résistance einen langen steinigen Weg gehen und viele politische Brücken schlagen, bis endlich Anfang 1944 die FFI als militärische Organisation entstanden. Ein einheitlicher Block waren aber auch die FFI nicht, weder politisch noch militärisch. Interne Spannungen zwischen Gaullisten, Sozialisten und Konservativen sowie vor allem der Kommunisten mit ihren FTPF konnten nur notdürftig gekittet werden und brachen auf lokaler Ebene häufig aus. Gegenseitige Schuldzuweisungen nach militärischen Niederlagen – und derer gab es eine unüberschaubare Menge im Sommer 1944 – waren noch während der Okkupation an der Tagesordnung und wurden häufig nach dem Krieg in rhetorischer Form weitergeführt. Die politische Unzuverlässigkeit war auch der Hauptgrund, warum die Alliierten nur zögerlich auf die FFI für ihre militärischen Planungen bauten.

De Gaulle wollte die Aktionen der Résistance stets in enger Verbindung mit SHAEF koordinieren; die FFI sollten unter General Kœnig als irreguläre Kräfte die regulären alliierten Armeen am Landungstag ergänzen. SHAEF integrierte die Résistance in seine Pläne und sah für die FFI vier verschiedene Aktionen am D-Day vor: Der *Plan Vert* sollte das Eisenbahnnetz lähmen, der *Plan Violet* Funk- und Telefonverbindungen trennen und der *Plan Bleu* Stromleitungen sprengen. Neben diesen drei Sabotageplänen existierte noch der *Plan Bibendum*, wonach die Widerstandskräfte direkt die Besatzungstruppen angreifen sollten.

Allerdings: Vor dem D-Day blieb die materielle Unterstützung der Alliierten verhältnismäßig gering. Zwar hatten vor allem im Frühjahr 1944 einige *Inter-Allied Missions* mehrere Wochen in Südfrankreich operiert, um das militärische Potential für den

 Guerillakrieg zu sondieren. Zuverlässig waren die Angaben der alliierten Offiziere meist aber nicht. Sie schickten stattdessen maßlos übertriebene Erfolgsmeldungen nach London und Algier. Nach einer deutschen Großoperation gegen den Maquis im französischen Jura im April 1944 meldete beispielsweise ein britischer Verbindungsoffizier nach London, die Deutschen hätten 500 Mann an Toten und 700 Mann an Verwundeten verloren. In Wahrheit waren es gerade einmal 6 Tote und 14 Verwundete.

Auch die Résistance selbst spielte gekonnt auf dieser Propagandaklaviatur. Schließlich ging es darum, die noch unentschlossene Bevölkerung vom Erfolg der eigenen Sache zu überzeugen. Nachdem die Wehrmacht Ende März 1944 das Widerstandszentrum auf dem Plateau des Glières in den Alpen zerschlagen hatte, verbreitete die Résistance das Gerücht, der Angriff hätte die Deutschen 500 Tote gekostet. In Wahrheit waren es gerade einmal drei, zwei davon sogar durch Unfall. Angesichts solcher haltloser Meldungen der Résistance sprach damals der Präfekt des Départements Haute-Savoie zu Recht von Material für einen „veritablen Roman“[14]. Diese „Romanerzählungen“ hielten sich noch lange nach dem Krieg und werden gelegentlich sogar noch heute zitiert.

Bereits vor der alliierten Landung stellte der *Maquis* in einigen abgelegenen Gegenden des Massif Centrals, der Alpen und des Jura eine Gefahr für kleinere deutsche Einheiten dar. Zudem nahmen die Sabotageakte rasant zu, blieben aber in ihrer Bedeutung weit hinter den alliierten Luftangriffen zurück. Im April 1944 beispielsweise gingen nur 17 Prozent der deutschen Ausfälle an Lokomotiven und 9 Prozent der Waggons auf Aktionen der Résistance zurück.[15] Bis zum 6. Juni blieb es in den meisten Teilen Frankreichs vollkommen ruhig. Die Vichy-Verwaltung arbeitete nach wie vor im deutschen Interesse und selbst die Polizei ging weitgehend zuverlässig ihrer Arbeit nach.

Das änderte sich aber mit dem *D-Day*. In einigen Gebieten Frankreichs übernahm die Résistance die Herrschaft, getragen auf einer Welle der Euphorie unter der Bevölkerung. In manchen Provinzstädten wie Tulle oder Bourg-en-Bresse wurde die schwache deutsche Garnison vertrieben, gefangen genommen oder getötet. Allerdings beschränkten sich die Aktivitäten der

FFI auf bestimmte Regionen: die Bretagne, die Ardennen, den Jura, die Pyrenäen, das Limousin, das Massif Central sowie die Alpen. Rasche deutsche Gegenmaßnahmen sorgten in den meisten Gegenden allerdings sehr schnell für Ernüchterung. Nur in einigen abgelegenen Räumen, vor allem im Jura und den Alpen, konnten die FFI die befreiten Gebiete halten – vorerst. 

Es zeigte sich sehr schnell, wie wenig die Widerstandskräfte militärisch der Wehrmacht und der Waffen-SS entgegensetzen konnten. Besonders gefährlich war die Mischung von Wunschdenken und Realität. Die meist jungen *Maquisards* waren von einer patriotischen Leidenschaft beseelt, gepaart mit dem jugendlichen Willen sich beweisen zu müssen. Dies führte häufig zu unüberlegten Aktionen mit fatalen Konsequenzen. In Wirklichkeit war ihre Bewaffnung nämlich unzulänglich, die Ausbildung rudimentär und es fehlte an Führungspersonal.

Die Alliierten sahen diese Probleme sehr deutlich und verstärkten ab dem 6. Juni ihre Anstrengungen. Zum einen versorgten sie die FFI vermehrt aus der Luft mit Waffen, zum anderen setzten SOE und OSS im Hinterland ausgesuchte Offiziere und Unteroffiziere ab. Sie hatten unterschiedliche Aufträge. Während die insgesamt 17 *Inter-Allied Missions* in Frankreich lediglich die Verbindung nach London und Algier stärken und möglicherweise die FFI in gewissem Maße auch politisch kontrollieren sollten, hatten andere Teams einen klaren Ausbildungs-, Sabotage- und Kampfauftrag: die über 80 dreiköpfigen *Jedburgh-Teams*, die knapp 10 *US Operational Groups* mit etwa 10 bis 15 Mann sowie ihr britisches Pendant, der *Special Air Service* (SAS), mit 13 Gruppen in einer Stärke von meist über 50 Mann. In diesen Teams befanden sich auch sehr viele Freie Franzosen. Der Erfolg dieser Spezialkräfte war aber – mit Ausnahme der Bretagne – eher bescheiden. Sie hatten alle die gleichen zwei fundamentalen Probleme: Personalmangel und zudem kam ihr Einsatz zu spät, um fühlbare Ergebnisse vorweisen zu können. Beispielsweise wurden über zwei Drittel aller *Jedburgh-Teams* erst Mitte August im Hinterland abgesetzt, wo sie wegen des schnellen alliierten Vormarsches bereits nach wenigen Tagen von der Front wieder aufgerollt wurden.

 Die Deutschen hatten bereits vor dem 6. Juni den Maquis als ein Sicherheitsrisiko im Hinterland gesehen, das noch vor der alliierten Landung zerschlagen werden sollte. Die ersten vier militärischen Großunternehmen in den Alpen, im Jura und in der Dordogne waren die Folge. Während die Deutschen Ende März am Plateau des Glières erfolgreich waren, konnten sie im Jura und in der Dordogne die Widerstandskräfte nur schwächen. Gleichzeitig radikalisierte sich das deutsche Vorgehen. Der sogenannte Sperrle-Erlass vom 3. Februar 1944 forderte von der Truppe rücksichtslose Maßnahmen, wenn nötig auch gegen die Zivilbevölkerung. Ein weiterer Befehl Keitels vom 4. März legte darüber hinaus fest, bewaffnete gefangene *Maquisards* nicht mehr einem Kriegsgericht zu übergeben, sondern sofort zu exekutieren. Der Mechanismus für Ausschreitungen der Truppe war damit bereits vor dem 6. Juni in Gang gesetzt.

Als direkt nach dem *D-Day* der Partisanenkampf in großem Maße ausbrach, waren die FFI nicht mehr nur ein Risiko, sondern zur Bedrohung geworden. Das galt weniger für den Nachschub in die Normandie als vielmehr für die Autorität der Besatzungsmacht und Vichy. Denn obgleich der *Etat Français* nur noch dahinsiechte, so war er zur Durchsetzung deutscher Interessen nach wie vor extrem wichtig. Pétain hatte bereits vor der Invasion das Versprechen abgegeben, die französische Verwaltung würde ihre Arbeit weiterführen. Dies geschah auch weitgehend, wenngleich die Polizei mittlerweile völlig unzuverlässig war und teilweise zu den FFI überlief. Eine politische Lösung für die sich immer mehr ausbreitende Résistance hatten die Deutschen nicht zu bieten. Es herrschte Totaler Krieg, die Deutschen glaubten also den Widerstand rein militärisch bekämpfen zu müssen.

Die deutsche Reaktion auf die Aufstände folgte rasch und hart, häufig war sie auch brutal und verbrecherisch. Gedrängt von Jodl, befahl der OB West am 8. Juni, „mit äußerster Schärfe und ohne Nachsicht" gegen die Widerstandskräfte vorzugehen. Zudem waren „zur Wiederherstellung von Ruhe und Sicherheit [...] schärfste Maßnahmen zu ergreifen, zur Abschreckung der Bewohner dieser dauernd verseuchten Gebiete, denen endlich die Lust vergehen muss, die Widerstandsgruppen aufzunehmen und sich von ihnen regieren zu lassen, und zum warnenden Beispiel für die gesamte Bevölkerung."[16] Praktisch zeitgleich legte sich das OKW – nach monatelangen internen Diskussionen – auch in der „Freischärler-Frage" endgültig fest. Die Deutschen verweigerten den FFI den Kombattantenstatus, Gefangene sollten erschossen werden. Rein rechtlich war die deutsche Argumentation sogar nachvollziehbar, denn die FFI waren häufig nicht uniformiert und beriefen sich vor allem auf de Gaulle, eine Regierung ohne völkerrechtliche Anerkennung also. Auch waren nach damaligem Völkerrecht weder die Verhängung von Repressalien noch die Erschießung von Geiseln zur Aufrechterhaltung der inneren Sicherheit in einem besetzten Gebiet explizit verboten. Explizit erlaubt waren diese Maßnahmen aber auch nicht. Die Deutschen bewegten sich also vielfach in rechtlichen Grauzonen, ließen aber keinen Zweifel aufkommen, dass sie die jeweils radikalste Interpretation für die richtige hielten. In der Anwendung der Mittel ließen sie häufig jegliches Maß vermissen.

Ganz zweifellos war die Erschießung von unbeteiligten Zivilisten auch nach damaligen Maßstäben ein schweres Kriegsverbrechen. Und diese häuften sich in den Tagen nach dem 6. Juni. Besonders negativ stach hierbei die 2. SS-Panzer Division „Das Reich" hervor. Sie hinterließ auf ihrem Marsch von Südfrankreich an die Normandiefront eine gewaltige Blutspur. Die Höhepunkte bildeten die Erhängung von 99 Männern in der Provinzstadt Tulle am 9. Juni sowie vor allem das Massaker von Oradour-sur-Glane am folgenden Tag. Eine Kompanie der Division ermordete 642 Männer, Frauen und Kinder und steckte das Dorf in Brand. Die Verantwortlichkeiten für dieses Blutbad sind bis heute nicht geklärt, jedoch spricht vieles dafür, dass ein Bataillonskommandeur, Adolf Dieckmann, den Befehl gegeben hatte. Oradour sorgte selbst bei vielen deutschen Stellen für Empörung und so blieb es das einzige Mal, dass die Deutschen in einem französischen Dorf nahezu das ganze Leben auslöschten. Das Massaker gilt bis heute als Synonym für die Grausamkeiten der deutschen Besatzungsherrschaft in Frankreich, obgleich es ein Extrem- und nicht der Normallfall war. Daneben begingen

Einheiten der SS-Division „Das Reich" in nur knapp einer Woche Einsatz Anfang Juni weitere Verbrechen, so in Argenton-sur-Creuse mit 67 zivilen Opfern und in den Pyrenäen, wo zwischen dem 10. und 12. Juni ein einziges Bataillon der Division insgesamt 107 Zivilisten tötete.

Mitte Juni hatte sich die innere Lage in Frankreich wieder einigermaßen beruhigt, die erste Phase des Partisanenkampfs war damit beendet. Die FFI erkannten die momentane Aussichtslosigkeit, den offenen Kampf gegen die Besatzer aufzunehmen. Eine unmittelbare Unterstützung der Alliierten war nicht möglich. Auch zeigten die teilweise brutalen deutschen Abschreckungsmaßnahmen Wirkung. Bevölkerung und FFI waren eingeschüchtert.

Es begann die zweite Phase des Partisanenkriegs, von Mitte Juni bis Ende Juli. Nun befanden sich die Deutschen in der Offensive und zerschlugen mehrere Widerstandszentren in abgelegenen Gebieten, so am Mont Mouchet im Massif Central und bei St. Marcel in der Bretagne. Daneben durchkämmten gepanzerte Kampfgruppen der 9. und 11. Panzer Division das Rhône Tal sowie das Massif Central. Es war sehr selten, dass die Deutschen Panzergrenadiere zur Bekämpfung des Widerstands einsetzten. Normalerweise blieb dies eine Aufgabe von zweit- oder gar drittklassigen Ausbildungs- oder Besatzungstruppen. Die zahlenmäßig größten Unternehmen fanden im französischen Jura und den Alpen statt, wo meist die Gebirgsjäger der 157. Reserve Division, einer Ausbildungsdivision, die Speerspitze des Angriffs bildeten. Beim Unternehmen „Treffenfeld" Mitte Juli im Jura boten die Deutschen etwa 6000 Mann auf, darunter auch Kosaken und andere Osttruppen.

Das größte Unternehmen gegen den französischen Widerstand fand jedoch im Hochland des Vercors statt. Bereits seit 1943 hatten sich *Maquisards* auf dieses Bergplateau südwestlich von Grenoble geflüchtet. Die lokalen Résistance Führer sahen darin ein großes Potential. Der Vercors sollte, begünstigt durch die erschwerten Zugangsmöglichkeiten, eine natürliche Zitadelle sein. Hier konnten sich die Widerstandskämpfer gegen deutsche Angriffe wehren, bis alliierte Hilfe eintraf und gleichzeitig kleinere

Unternehmen gegen deutsche Nachschublinien in den Alpen oder sogar durchs Rhône Tal führen. Dieser *Plan Montagnard* war aber mit den Alliierten nur vage abgesprochen und als die Deutschen Ende 1943 einige Schlüsselfiguren verhafteten, waren die Verbindungen nach London und Algier völlig getrennt. Die Männer im Vercors bekamen davon allerdings nichts mit und befahlen nach dem 6. Juni die Mobilisierung auf dem Plateau. Unter Führung des ehemaligen Berufsoffiziers François Huet formten Offiziere und Unteroffiziere, vorrangig ehemalige *Chasseurs Alpins*, aus den losen Gruppen der *Maquisards* militärisch geschulte FFI Einheiten. Dieser Prozess verlief teilweise nicht ganz spannungsfrei, denn einige der jungen *Maquisards* waren eher an Abenteuer und freiem Leben interessiert als an militärischem Drill. Hinzu kamen politische Meinungsverschiedenheiten zwischen den häufig eher links orientierten *Maquisards* und den gaullistisch-konservativen Offizieren und Unteroffizieren. Huet und sein Führungskader wünschten sich nichts sehnlicher, als die *Maquisards* möglichst schnell in militärisch organisierte FFI und anschließend möglicherweise sogar in reguläre Einheiten umzuformen. Bezeichnenderweise erhielten die neuen Einheiten die alten Nummern der lokalen Regimenter von 1940 verliehen. Der Guerillakrieg blieb für viele französische Offiziere nur eine Notlösung und war ihnen im Grunde suspekt. Das war ein weitverbreitetes Denkmuster, auch in anderen Teilen Frankreichs. Daneben hegten sie die Hoffnung, die Deutschen würden sie als Kombattanten anerkennen. Doch dieser Wunsch erfüllte sich nirgends, auch nicht im Vercors.

Wie an vielen anderen Orten im deutsch besetzten Europa, so entstand auch im Vercors eine Partisanenrepublik. Am 3. Juli riefen die Widerstandskämpfer die Französische Republik aus und ernannten den sozialistischen Lokalpolitiker Eugène Chavant zum Präsidenten. Der Wind der Freiheit wehte über dem Vercors, symbolisiert durch eine riesige Trikolore am Rande des Plateaus, welche die Deutschen in Grenoble gut sehen konnten. 4000 FFI-Kämpfer warteten auf einen deutschen Angriff. Zur Unterstützung entsandten die Alliierten eine *US Operational Group* mit 15 Mann und eine *Inter-Allied Mission* mit sechs Mann

**Bild 11**

**Eine Gruppe *Maquisards* im Massif du Vercors bei Grenoble. Der Plan, in dieser natürlichen „Zitadelle" einem deutschen Angriff standhalten zu können, endete im Juli 1944 in einer Tragödie.**

auf das Plateau. So richtig durchdacht war diese Hilfe aber nicht, wie sich schon an der Wahl der beiden Chefs für diese *Inter-Allied Mission* zeigte. Keiner der beiden britischen Majore konnte Französisch. Auch die Versorgung mit Waffen war schlecht, nur gut 3000 Mann konnten bewaffnet werden. Vor allem aber blieben die gewünschten schweren Waffen aus. Die Alliierten hatten deutlich gemacht, dass im Guerillakrieg Handfeuerwaffen ausreichend seien, denn in dieser Art von Krieg ging es nicht um das Halten von Gelände.

Am 21. Juli begann der deutsche Angriff gegen den Vercors. Mit knapp 10000 Soldaten war es das größte Unternehmen gegen die Résistance während der Besatzungszeit. Die 157. Reserve Division war fast komplett daran beteiligt. Die Deutschen umstellten das Plateau, um den Ausbruch der *Maquisards* zu verhindern. Gleichzeitig bildeten sie vier Kampfgruppen für die Offensive: Im Süden rückten Panzergrenadiere durch das Drôme-Tal, im Nordosten drangen zwei Gebirgsjägerbataillone auf die Hochebene ein, im Osten eroberten weitere zwei Gebirgsjägerbataillone die als uneinnehmbar erachteten steilen Gebirgspässe und im Herzen des Plateaus bei Vassieux-en-Vercors landeten zwei Kompanien einer Fallschirmjäger-Spezialeinheit in Lastenseglern, unterstützt von Sipo/SD-Kräften. Auch die Luftwaffe griff effizient in die Bodenkämpfe ein. Es war ein kühn angelegtes Unternehmen; das erste und einzige Mal setzten die Deutschen im Kampf gegen die Résistance Luftlandetruppen ein.

Der Plan ging auf. Vor allem der Einsatz der Fallschirmjäger überraschte die FFI völlig. An Feuerkraft und Ausbildung hoffnungslos unterlegen, konnten die FFI nirgends den deutschen Angriffen standhalten. Verzweifelte Hilferufe nach Algier und London um Luftunterstützung blieben unerhört. In einem besonders drastischen Telegramm beschimpfte Chavant die alliierten Verbündeten und die Freien Franzosen als „Kriminelle und Feiglinge"[17]. Warum die Unterstützung ausblieb, ist bis heute nicht geklärt. Nach dem Krieg wurde vor allem von kommunistischer Seite immer wieder behauptet, de Gaulle und die Alliierten hätten den Vercors bewusst „verraten", um innenpolitisch lästige Konkurrenz loszuwerden. Dieses Argument entbehrt aber jeder Logik, denn die militärische Führung des Vercors war gaullistisch geprägt und Kommunisten gab es auf dem Plateau praktisch keine. Am wahrscheinlichsten scheint daher, dass die Alliierten in jenen Tagen ihre militärischen Prioritäten anders setzten.

In dieser hoffnungslosen Situation gab Huet zwei Tage nach Beginn des deutschen Angriffs den Befehl zur Auflösung. In kleinen Gruppen schlugen sich viele Widerstandskämpfer durch die deutschen Linien. Insgesamt kamen auf dem Plateau 840 Franzosen ums Leben, knapp ein Viertel davon Zivilisten. Die deutschen Verluste beliefen sich auf 65 Tote, 133 Verwundete und 18 Vermisste. Nach dem Krieg überhäuften sich die ehemaligen Widerstandskämpfer mit gegenseitigen Anschuldigungen für die Tragödie.

Wie alle militärischen Unternehmen gegen den *Maquis*, so war auch jenes im Vercors von zahllosen Vergeltungsmaßnahmen begleitet. Das begann bereits mit der Luftlandung. In Vassieux erschossen Fallschirmjäger, Sipo/SD und später angelandete Osttruppen während und nach den Kämpfen insgesamt wohl 90 Zivilisten, darunter auch Frauen und Kinder. Nach dem Ende des eigentlichen militärischen Unternehmens durchstreiften die Deutschen tagelang das Plateau auf der Suche nach versprengten *Maquisards*. Aus Kräftemangel konnten sie – wie überall in Frankreich – keine Truppen zurücklassen und so hinterließen sie stattdessen „Verbrannte Erde“: Bauernhöfe wurden niedergebrannt, Vieh abgeführt, junge Männer deportiert, FFI-Kämpfer sowie Zivilisten erschossen. Der Vercors sollte ein für alle Mal dem *Maquis* als Operationsbasis entzogen werden, die Bevölkerung von einer zukünftigen Unterstützung der Widerstandskräfte brutal abgeschreckt werden. Dabei hatten der Kommandeur der 157. Reserve Division und seine Gebirgsjäger noch im Frühjahr 1944 genau dieselben Methoden von Sipo/SD scharf kritisiert.

So wiederholte sich ein Muster, das bereits in vorherigen Großunternehmen angewandt wurde, und zwar nicht nur in Frankreich, sondern auch in Italien, der Sowjetunion und auf dem Balkan – in den letztgenannten beiden Gegenden freilich meist in einer deutlich radikaleren Form. Kurzfristig zeitigte dieses brutale Vorgehen aus deutscher Sicht durchaus Erfolge. Die Landbevölkerung beschuldigte anschließend häufig den *Maquis*, er habe sich beim Anmarsch der Deutschen kampflos zurückgezogen und die Bevölkerung schutzlos den blutigen Repressalien ausgesetzt. Selbst viele *Maquisards* kehrten der Résistance den Rücken. Beispielsweise verblieben nach der deutschen Operation „Treffenfeld“ im Jura im Juli 1944 von den ursprünglich etwa 10 000 Mann nur mehr etwa 5000 beim *Maquis*. Langfristig konnten die Deutschen mit diesem Vorgehen aber nur ganz selten ein „Bandenzentrum" wirklich zerstören, denn nach einigen Tagen tauchten die *Maquisards* meist wieder auf.

Ein Punkt erscheint in diesem Zusammenhang für Frankreich noch wichtig: Entgegen dem heute weitverbreiteten Zerrbild schlugen die Deutschen meist nicht blind zu, sondern versuchten durchaus diejenigen zu treffen, die vorher die Résistance, in welcher Form auch immer, unterstützt hatten. Man muss daher für Frankreich im Sommer 1944 nicht von einer unterschiedslosen, sondern einer selektiven Terrorpolitik sprechen. Die Deutschen waren normalerweise recht gut informiert, wer in den einzelnen Dörfern mit dem *Maquis* sympathisiert oder ihn sogar offen unterstützt hatte. Sipo/SD hatten Frankreich mit einem sehr effektiven und perfiden Netzwerk von Agenten überzogen. Laut Nachkriegsaussage eines Sipo/SD Offiziers war es auch nie schwierig, genug Informanten zu finden. Der Grund war einfach: Die Deutschen zahlten besser als die Alliierten. Das Funktionieren dieses Sipo/SD Netzes ist einer der letzten großen weißen Flecken in der historischen Erforschung der Besatzungszeit.

In der Realität gab es freilich auch viele Fälle, in denen vollkommen unbeteiligte Zivilisten ermordet wurden. Vor allem häuften sich die unterschiedslosen Massaker, wenn die militärische Lage unübersichtlich war. Das konnte im Kleinen wie in Vassieux der Fall sein oder im Großen in den Tagen kurz nach dem 6. Juni und beim deutschen Rückzug. Entscheidend blieb aber die jeweilige Einheit. Im Vercors beispielsweise gingen deutlich mehr zivile Tote auf die zwei Kompanien Fallschirmjäger als auf die vier Bataillone Gebirgsjäger zurück. Bei den größten Verbrechen in der Widerstandsbekämpfung wiederholten sich gewisse Tätermuster. Wichtige Faktoren waren hierbei vor allem die Erfahrung aus dem „Ostkrieg" und im Partisanenkrieg sowie das Selbstverständnis als Elite-Einheit. Am wichtigsten war und blieb aber die NS-Indoktrination. Um deutsche Gegenreaktionen auszulösen, bedurfte es zusätzlich noch jeweils ganz konkreter Anlässe, meist ein plötzlicher Beschuss der Truppe aus dem Hinterhalt oder die „Säuberung" eines „Bandenzentrums" bei einer Großoperation. Am brutalsten operierten zweifellos SS-Einheiten, allen voran die 2. SS-Panzer Division „Das Reich“. Acht der zehn größten Massaker in Frankreich begingen Einheiten der Waffen-SS oder Sipo/SD. Falls Frauen und Kinder zu den Opfern gehörten, waren die Täter ebenfalls fast ausschließlich in den Reihen der Waffen-SS zu suchen. Sie durchbrach damit ein westliches Kulturmuster, wonach Kriege als eine Tätigkeit für Männer galten. In Italien zeigten sich zur gleichen Zeit in der Widerstandsbekämpfung übrigens ganz ähnliche Täterprofile.[18]

Anfang August begann die dritte und letzte Phase des Partisanenkriegs im Sommer 1944. Sie dauerte bis zum deutschen Abzug. Die Lage in der Normandie und die anstehende Landung in Südfrankreich befeuerten den *Maquis* regelrecht, er ging mehr und mehr zur offenen Kriegführung über. Die Armeegruppe G sprach daher Anfang August von „fast unkontrollierten Räumen des Central Massivs“ und einer „organisierte[n] Armee [...] in unserem Rücken“.[19] Ab dem 7. August, also noch vor dem allgemeinen Rückzugsbefehl, begannen die Deutschen sogar die Militärverwaltung aus fünf südfranzösischen Départements (Cantal, Creuse, Aveyron, Lozère, Ardèche) abzuziehen. Auch in den Alpen konnten die Deutschen nur mehr die Hauptverkehrsstraßen halten bzw. mussten sie wieder freikämpfen. Die wenigen Kampftruppen im Inneren Frankreichs waren nach und nach in die Normandie oder ans Mittelmeer verlegt worden, die zurückgebliebenen schwachen Besatzungstruppen – häufig nur Ostbataillone – standen auf verlorenem Posten. So gelang es den FFI manchmal in der zweiten Augusthälfte, einige deutsche Garnisonen – zumindest teilweise – in Gefangenschaft zu nehmen, so in den Département-Hauptstädten Limoges, Foix und Annecy. In anderen Gegenden Frankreichs hingegen, vor allem an der Atlantikküste, blieb es bis zum Schluss weitgehend ruhig.

Mit dem deutschen Rückzug zog auch eine letzte Gewaltwelle über Frankreich hinweg. Die Résistance glaubte nun endlich die Überhand gewonnen zu haben und griff abziehende deutsche Kolonnen an. Die Gegenreaktionen blieben meist nicht aus. Traurige Höhepunkte waren die Massaker von Maillé (Indre-et-Loire) am 25. August (124 zivile Opfer) und Buchères (Aube) am 24. August (66 zivile Opfer). Beide Male waren Frauen und

Kinder unter den Opfern, beide Male kamen die Täter von der Waffen-SS. Aber auch die Wehrmacht war für ein Massenverbrechen verantwortlich. In Robert-Espagne (Meuse) und drei benachbarten Dörfern tötete am 29. August ein Bataillon der soeben von Italien nach Frankreich verlegten 3. Panzer Grenadier Division 86 Zivilisten; immerhin waren keine Frauen und Kinder darunter. Daneben exekutierten Sipo/SD beim Abzug viele ihrer Gefangenen in den Gefängnissen. Doch auch die FFI erschossen nun gefangene deutsche Soldaten im größeren Stil. Diese Verbrechen sind bisher von der Wissenschaft noch nicht aufgearbeitet worden. Bekannte Höhepunkte waren die Exekutionen in Vieugy/Habère-Lullin (Haute-Saovie), in Les Rousses (Jura) und in Vals-les-Bains (Ardèche) mit jeweils bis zu 80 Opfern. Diese kamen übrigens meist von deutscher Polizei oder Osttruppen. Eisenhower insistierte sehr schnell, dass diese Erschießungen sofort aufzuhören hatten, da sich die Deutschen sonst nicht ergeben würden.

Insgesamt forderte der Partisanenkrieg 1944 unter den Franzosen 13 000 bis 16 000 Opfer, zwei Drittel bis drei Viertel davon waren FFI, der Rest Zivilisten, die in vielen Fällen gar nichts mit dem Widerstand zu tun hatten. Hinzu kamen aus dem Rest der Besatzungszeit knapp 1000 erschossene Geiseln sowie 3000 Leute, die nach einem Kriegsgerichtsurteil exekutiert wurden. Darüber hinaus deportierten die Deutschen etwa 60 000 Menschen wegen Widerstandshandlungen ins Reich oder in die besetzten Ostgebiete. Von diesen kamen über 40 Prozent nicht zurück, vor allem wegen der schwierigen Versorgungslage im Reich gegen Kriegsende 1945. Deutsche Soldaten hingegen dürften 2500 bis maximal 3000 im Kampf gegen den *Maquis* gefallen sein, viele davon erst beim Abzug. Am Ende standen einige abgelegene Départements, die sich selbst befreit hatten. Hatte sich also der Krieg der Résistance gegen die Besatzer militärisch gelohnt?

Montgomery erwähnte die FFI in seinen Memoiren mit keinem Wort. Vor dem Hintergrund seiner persönlichen Erfahrungen in Irland Anfang der 1920er Jahre misstraute er prinzipiell dem Kleinkrieg. Im Gegensatz dazu behauptete Eisenhower in seinen Memoiren, die Leistungen der FFI hätten 15 reguläre alliierte Divisionen ersetzt. Das wären in etwa so viele Divisionen wie die Briten in der Normandie hatten! Eine solche Aussage schmeichelte natürlich der Résistance, doch mit der Wahrheit hatte dies kaum etwas gemein. Die FFI waren sicherlich ein Ärgernis für die Deutschen im Rücken der Front, doch konnten sie weder den Nachschub in die Normandie nachhaltig stören oder gar Fronttruppen im Hinterland binden. Erst mit dem Abzug ab Mitte August waren sie eine echte Gefahr für die Deutschen.

Irreguläre Kräfte müssen zur Unterstützung der regulären Kräfte eingesetzt werden, nicht anders herum. Insofern war der ursprüngliche gaullistische und vor allem von Ex-Militärs unterstützte Ansatz rein militärisch gesehen richtig, mit dem Zuschlagen bis kurz vor der Ankunft der Alliierten zu warten. Doch in der Realität gelang dies nur sehr selten. Lediglich in der Bretagne leistete der *Maquis* wertvolle Hilfe beim amerikanischen Vormarsch auf die „Festungen" Brest, St. Nazaire und Lorient. Und auch der schnelle Vormarsch durch die Alpen direkt nach *Dragoon* war zum Teil auf eine effektive Unterstützung durch die FFI zurückzuführen. Das waren jedoch eher die Ausnahmen. Besonders vernichtend fiel das Urteil der in der Provence gelandeten *1ère Division Française Libre* über ihre Landsleute aus: „Insgesamt ist der Einsatz der organisierten FFI-Einheiten ein totaler Misserfolg."[20] Die Bedeutung der Résistance liegt also weniger im militärischen als vielmehr im politisch-moralischen Bereich. Denn diese Franzosen zeigten, dass es in den „années noires" noch ein anderes Frankreich gab, also eine Alternative zu Vichy und dem *attentisme*. Ein Frankreich, das nicht mit den Nationalsozialisten kollaborierte, sondern gegen den deutschen Besatzer Widerstand leistete.

## 7.4. Ein innerlich zerrissenes Land: Frankreich nach dem Bürgerkrieg und der Befreiung

Im Spätsommer 1944 war Frankreich bis auf Lothringen, das Elsass sowie einige Kanal- und Atlantikhäfen befreit. Überall jubelte die Bevölkerung den alliierten Soldaten und den eigenen FFI zu. Doch dieser vielfach unbeschreibliche Freudensturm

**Bild 12**
**Bayeux, 14. Juni 1944: General Charles de Gaulle wird von seinen Landsleuten überschwänglich empfangen, die Alliierten geben als Folge ihre Pläne für eine Militärverwaltung auf.**

über die *Libération* übertünchte nur kurzzeitig die tiefen Risse durch die Gesellschaft und die Politik. Frankreich war gespalten, das Erbe der Dritten Republik aus der Vorkriegszeit nicht überwunden, sondern in vielen Bereichen sogar noch verschärft worden.

Nach den ursprünglichen alliierten Plänen sollte der französische Staat nicht sofort seine Souveränität wiedererlangen. Amerikaner und Briten wollten eigentlich – wie schon in Italien – für

 Frankeich eine Militärverwaltung, das *Allied Military Government of Occupied Territories* (AMGOT), aufbauen und hatten hierfür sogar schon eigens Geld gedruckt. De Gaulle war erbost. Für ihn war AMGOT illegitim, denn eine Besatzung schien nur die andere abzulösen. Am 2. Juni, also noch vor der Landung, verkündete er, sein CFLN sei nun die Provisorische Regierung Frankreichs; gleichzeitig ernannte er bereits *Commissaires Régionaux*, die nach der Befreiung die Regionalen Präfekten der Vichy-Regierung ablösen sollten.

Der eigentliche Wendepunkt war der 14. Juni. De Gaulle setzte nach über vier Jahren erstmals wieder seinen Fuß auf Heimatboden und besuchte Bayeux, die erste von den Alliierten befreite Stadt Frankreichs. Die Alliierten ahnten schon, was kommen würde und Churchill hatte de Gaulle daher eine strikte Auflage gesetzt: keine öffentliche Kundgebung an seine Landsleute. Doch der Franzose kümmerte sich nicht darum. Er sah sich als legitimer Vertreter Frankreichs bestätigt, als ihm in den Straßen der mittelalterlichen Stadt die Menschenmassen euphorisch zuströmten. Vor der *Sous-Préfecture* hielt er dann eine Rede und bezeichnete sein CFLN nicht mehr als provisorische Regierung, sondern schlicht als „Gouvernement Français", als französische Regierung. Vor seiner Abreise ließ er noch einige seiner Leute in der Stadt zurück, um eine neue Verwaltung aufzubauen. Die alliierte Militärverwaltung war somit von innen ausgehöhlt, de Gaulles Besuch in Bayeux bedeutete praktisch das Ende von AMGOT. Churchill war erbost und bezeichnete de Gaulle als „verbohrten, ehrgeizigen und abscheulichen Anglophoben"[21]. Roosevelt war auch nicht darüber erfreut, wollte aber fortan de Gaulle vorsichtig für die alliierten Ziele benutzen, ohne ihn aber der französischen Bevölkerung zu oktroyieren. Im Juli gaben die Amerikaner dann die AMGOT Pläne auf, allerdings ohne die Briten davon zu informieren.

Seine überragenden, gleichzeitig aber auch eiskalten politischen Fähigkeiten stellte de Gaulle bei der Befreiung von Paris erneut unter Beweis. Er erkannte die grundlegende Symbolik der Hauptstadt und setzte sich erneut über die Abmachungen mit seinen Verbündeten hinweg. Obgleich die Amerikaner bereits in den Vororten waren und die Stadt eigentlich umgehen wollten, befahl de Gaulle am 22. August eigenmächtig General Philippe Leclerc de Hautecloque, mit seiner *2e Division Blindée* aus dem 200 Kilometer entfernten Argentan nach Paris zu rollen. Am Abend des 24. August standen französische Panzer am *Hôtel de Ville* und tags darauf nahm Leclerc zusammen mit dem Führer der Pariser FFI, Henri Rol-Tanguy, die deutsche Kapitulation entgegen. Noch am 25. August hielt de Gaulle unter dem überschwänglichen Jubel seiner Landsleute eine emotionale Rede. Er sprach vom „mit den Füßen getretenen" Paris und bezeichnete die Stadt als „Märtyrerin", die nun befreit sei. Den Alliierten blieb nichts anderes übrig, als de Gaulles Streich stillschweigend zu akzeptieren, denn dieser war nun zweifellos das neue legitime, wenn auch noch nicht vollends legale Staatsoberhaupt Frankreichs. Denn endgültig erkannten die Alliierten seine neue Regierung erst am 23. Oktober 1944 an.

Auch in Paris selbst zeigte de Gaulle seinen Sinn für Symbolik. Am 26. August paradierten Soldaten seiner *2e Division Blindée* über die Champs Elysées, den Amerikanern hingegen wurde diese Ehre erst am 29. August zu Teil. Bewusst spielte damit de Gaulle die überragende Rolle der Alliierten bei der Befreiung Frankreichs herunter und gab stattdessen dem eigenen Volk vor, es habe das Land und auch die Hauptstadt selbst befreit. Der Résistance-Mythos sollte und musste die nationale Einheit wiederherstellen. Denn schließlich übernahm de Gaulle ein innerlich tief zerrissenes Land.

Nichts verdeutlicht dies mehr als die Ereignisse nur knapp vier Monate vor de Gaulles triumphalem Siegeszug durch Paris. Am 28. April 1944 hatte ein anderer Staatsmann an gleicher Stelle zu seinen Landsleuten gesprochen. Auch ihm schwappten Wogen der Begeisterung (oder vielleicht besser: der Hoffnung) von Seiten der Bevölkerung entgegen. Es war Pétain, der *Chef d'Etat Français*. Vichy mochte abgewirtschaftet haben, der *Maréchal* war aber nach wie vor bei vielen Franzosen populär. Selbst nach dem *D-Day* versuchte er, sein Land aus den Kämpfen in der Heimat möglichst herauszuhalten. Am 14. Juni erklärte er offiziell, Frankreich sei strikt neutral. Es war der gleiche Tag, als de Gaulle

Bayeux besuchte. Natürlich war absehbar, dass die Deutschen sich bald zurückziehen mussten. Insgeheim versuchten daher in den Sommermonaten einige Vertreter von Vichy, Kontakt zu de Gaulle aufzunehmen, um weiteres Blutvergießen unter Franzosen zu vermeiden und um einen friedlichen Übergang der Regierungsgewalt zu erreichen. De Gaulle lehnte aber strikt ab. Jede wie auch immer geartete Kontinuität zu Vichy war für ihn inakzeptabel.

Seit Monaten hatten sich Franzosen gegenseitig bekriegt, auch wenn im Sommer 1944 die loyalen Vichy-Kräfte nur mehr Hilfskräfte im deutschen Kampf gegen die Résistance waren. Die meisten Historiker vermeiden es, von einem französischen Bürgerkrieg im Jahr 1944 zu sprechen. Dies darf aber getrost bezweifelt werden, wenn man sich die Todeszahlen ansieht. Einerseits ist es zwar schwierig zu sagen, wie viele Menschen Vichy auf dem Gewissen hatte, da die Repressionsopfer meist direkt oder indirekt mit der Kollaboration mit dem deutschen Besatzer zusammenhingen. Andererseits sind aber die Zahlen für die Résistance bekannt. Aus ihrer Hand starben bis zur Befreiung des Landes zwischen 7000 und 8000 Franzosen; deutsche Soldaten hingegen dürften es bis zum völligen Abzug wohl nur etwa 2500 gewesen sein. Diese Zahlen sprechen also eine deutliche Sprache: Die Résistance bekämpfte viel eher die Kollaborateure von Vichy als den Besatzer; diese „Verräter" waren überdies rein militärisch auch noch das leichtere Ziel. Wer also abstreitet, dass es 1944 in Frankreich einen Bürgerkrieg gab, müsste im gleichen Atemzug auch erklären, die Résistance habe keinen Krieg gegen die deutschen Besatzer geführt. Es gab also im Jahr 1944 ganz ohne Zweifel einen französischen Bürgerkrieg, obgleich dieser freilich nicht die Ausmaße wie in anderen Ländern erreichte, vor allem in Jugoslawien oder Griechenland.

Allerdings hörte dieser Bürgerkrieg mit dem Abzug der Deutschen sofort auf. Vichy hatte mit dem Besatzer seine letzte Stütze verloren und in der Bevölkerung keinen Rückhalt mehr. Die verbliebenen Ultra-Kollaborateure, etwa 10 000 Mann, zogen mit den Deutschen Richtung Osten ab, darunter die meisten Mitglieder der Regierung. Auch Pétain war darunter, wenn auch gegen seinen Willen. In Sigmaringen formierte sich eine französische Exil-Regierung; Pétain trat zwar offiziell nie zurück, übergab aber die Regierungsgeschäfte an Fernand de Brinon. Es war eine absurde Exil-Regierung, zerstritten in Macht- und Richtungskämpfen zwischen traditionellen Vichy-Anhängern und Faschisten. Immerhin blieb ihr ein größeres Betätigungsfeld übrig: die propagandistische Betreuung von Hunderttausenden von Franzosen, die sich nach wie vor in deutscher Hand im Reich befanden, allen voran Kriegsgefangene von 1940 und Zwangsarbeiter, aber auch Freiwillige in der Waffen-SS. Diese Exil-Regierung existierte bis zum bitteren Ende im April 1945.

In Frankreich selbst begann nach der *Libération* die *Épuration,* die Abrechnung mit den im Land gebliebenen Kollaborateuren oder manchmal auch, was man dafür hielt. Es genügte meist schon, wenn man irgendwelche Kontakte zum Besatzer gepflegt hatte. Sinnbildlich standen hierfür die etwa 20 000 kahlrasierten Frauen, die man überall in Frankreich durch die Straßen trieb. Häufig wurden alte Rechnungen zwischen Nachbarn beglichen. Lange Zeit kursierten Gerüchte – vor allem von der Extremen Rechten verbreitet –, die *Épuration* habe 100 000 Menschenleben gefordert. Diese Zahl ist aber weit übertrieben. Zu den oben genannten 7000 bis 8000 Opfern während der Besatzung – darunter übrigens überproportional viele Frauen – kamen „nur" mehr knapp 2000 Lynchmorde in der sogenannten *Épuration sauvage* direkt nach der *Libération* hinzu. Ab Herbst 1944 ging die *Épuration* dann in geregelte strafrechtliche Bahnen über. Diese Gerichtsverfahren zogen sich bis Anfang der 1950er Jahre hin. Zu Tode verurteilt und exekutiert wurden hierbei weitere knapp 800 Franzosen, darunter Laval, Darnand und de Brinon. Auch gegen Pétain wurde das Todesurteil ausgesprochen, doch de Gaulle begnadigte den ehemaligen *Chef d'Etat Français* zu Gefängnishaft. Weitere 38 000 Franzosen wurden zu Gefängnisstrafen verurteilt und Politik, Verwaltung sowie Polizei von ehemaligen Vichy-Anhängern gründlich „gesäubert". Eines war hierbei aber bemerkenswert: Kein einziger Repräsentant des Vichy-Regimes wurde wegen der Mitwirkung bei den Judendeportationen belangt.

Die *Épuration* befriedete Frankreich jedoch nicht wirklich, denn auch die Sieger waren sich uneins, die Spannungen zwischen Gaullisten und Kommunisten nach wie vor latent. Viele Leute befürchteten im Sommer und Herbst 1944 eine kommunistische Machtübernahme. Auf Korsika hatte es in der Tat bereits im Herbst 1943 einige Indizien hierfür gegeben. Zudem hatten sich bei der Befreiung Frankeichs im Sommer 1944 die kommunistischen FTPF häufig als die militärisch effizienteste Widerstandsgruppe erwiesen. Vor allem aber genossen die Kommunisten bei vielen Franzosen höchstes Ansehen, da sie am längsten und am entschiedensten gegen die deutschen Besatzer und Vichy gekämpft hatten. Der *Parti Communiste Français* (PCF) befeuerte diese Sicht noch weiter, indem er sich zum Opfer stilisierte, zum „parti des 75 000 fusillés" („Partei der 75 000 Erschossenen") – quantitativ eine etwa dreifache Übertreibung. Wie stark der Zuspruch in der Bevölkerung für die Kommunisten war, zeigten die Wahlen zur Gesetzesgebenden Versammlung am 21. Oktober 1945, den ersten freien Wahlen in Frankreich nach der Befreiung. Der PCF ging mit 26,1 Prozent als stärkste Kraft hervor, ein Ergebnis, das er bei den folgenden nationalen Wahlen im November 1946 sogar noch auf 28,2 Prozent steigern konnte. Es ist bis heute das beste Ergebnis dieser Partei bei Parlamentswahlen.

Mit einer Mischung aus politischer Integration und militärischer Ausgrenzung versuchte de Gaulle den kommunistischen Machtansprüchen Schranken zu setzen. So hatte er bereits im April 1944 zwei Kommunisten als Minister in sein CFLN berufen und auch in der anschließenden Provisorischen Regierung bekleideten Kommunisten Ministerämter. Doch gleichzeitig drängte de Gaulle die Kommunisten zunächst aus militärischen Schlüsselpositionen und hielt sie später von den neu aufgestellten Streitkräften fern. Die Kommunisten sollten keinesfalls eine bewaffnete Machtbasis haben.

Nach der Integration der FFI in die frei-französischen Streitkräfte zählte die französische Armee 560 000 Mann. Dieses *Amalgame* von irregulären und regulären Kräften gestaltete sich allerdings als nicht einfach. Reibereien waren alltäglich, vor allem zwischen den altgedienten Offizieren aus der *Armée d'Afrique* und den kommunistischen Führern vieler ehemaliger FFI Bataillone. Diese sahen sich als die wahren Befreier Frankreichs und wollten als neue französische Armee eine „Armée du Peuple". Die standesbewussten, konservativen und häufig ehemals Vichy-freundlichen Offiziere passten nicht in dieses Bild. Problemlos ging das *Amalgame* nur vonstatten, wenn die FFI bereits während der Okkupation von ehemaligen Offizieren geführt worden waren, wie bei der späteren *27e Division Alpine* an der Alpenfront. Im Laufe des Herbst 1944 verließen viele ehemalige kommunistische Widerstandskämpfer wieder die Armee und im Januar 1945 entstammten von den übernommenen ehemaligen FFI Bataillonen nur noch 10 Prozent den kommunistischen FTPF.[22]

Wie sehr selbst de Gaulle eine gewaltsame kommunistische Machtübernahme für möglich hielt, zeigte sich im Herbst 1944 im Limousin. Die Gegend galt als traditionelle Hochburg der Kommunisten, und hier war auch der *Maquis* besonders stark gewesen. Nach der Befreiung war dort ein Machtvakuum entstanden, Truppen der Regierung gab es praktische keine. Daher wollte de Gaulle je eine Panzer und eine Infanterie Division aus der Vogesenfront herausziehen. Diese sollten zwar hauptsächlich die immer noch deutsch besetzten Zugänge an der Gironde-Mündung einnehmen, um die Zufahrt zum zweitgrößten französischen Hafen Bordeaux zu öffnen (*Opération Indépendance*). Gleichzeitig konnten sie aber auch zur Bekämpfung möglicher kommunistischer Aufstände im nahen Limousin eingesetzt werden. Die Befürchtungen bewahrheiteten sich aber nicht, *Indépendance* wurde wegen der gespannten Lage an der Vogesenfront immer wieder verschoben. Erst Mitte April 1945 befreiten französische Truppen nach kurzen, aber heftigen Kämpfen die Gironde-Mündung. Nur drei Wochen vor der deutschen Gesamtkapitulation war das Unternehmen militärisch vollkommen überflüssig und nur mehr ein reines Prestigeprojekt de Gaulles.

Bei Kriegsende hatte Frankreich eine Armee mit insgesamt 1,3 Millionen Soldaten. Drei Panzer sowie neun Infanterie Divisionen drangen im Frühjahr 1945 in Südwestdeutschland ein. De Gaulle hatte sich mit dem schnellen Neuaufbau der französischen Streitkräfte außenpolitischen Einfluss erkauft. Das 1940 besiegte Frankreich reihte sich 1945 bei den vier Siegermächten des Zweiten Weltkriegs ein. Es war eine weitere politische Meisterleistung de Gaulles.

Innenpolitisch lief es allerdings weniger gut für ihn. Seine Provisorische Regierung von 1944 bis 1946 vereinigte die drei Hauptgruppen der Résistance: Seine eigenen Gaullisten im *Mouvement Républicain Populaire,* die Kommunisten und die Sozialisten. Doch dieser Allianz war keine lange Dauer beschieden, der Geist der Résistance konnte die ideologischen Gräben nicht beseitigen. Es waren die alten Risse in der Gesellschaft aus der Zeit der Dritten Republik vor 1940. Der Krieg, die Besatzung und die Befreiung hatten diese Gegensätze sogar noch verstärkt. Somit war der Sieg der Résistance aus ihrer eigenen Sicht ein „victoire inachevée“[23], ein unvollendeter Sieg. Eine grundlegende Erneuerung der französischen Gesellschaft und des politischen Lebens blieb aus. De Gaulle trat am 20. Januar 1946 aus der Provisorischen Regierung zurück, da sich seine Forderungen nach einer Präsidialverfassung nicht verwirklichen ließen.

So erhielt die Vierte Französische Republik (1946 bis 1958) ein parlamentarisches Regierungssystem. In dem politisch zersplitterten Land erwies sich diese Entscheidung als fatal. Die Vierte Republik war von instabilen Mehrheiten und häufig wechselnden Regierungen geprägt. Mit Beginn des Kalten Kriegs wurden ab 1947 zudem die Kommunisten aus der Regierungsverantwortung gedrängt. Kaum verwunderlich, da sich der PCF obendrein noch als dezidiert stalintreu gerierte. Zunächst die schwierige wirtschaftliche Lage, später dann die Kriege in Indochina und vor allem Algerien belasteten die Innenpolitik weiter. Im Mai 1958 putschte das Militär in Algerien und holte de Gaulle in die Politik zurück. Ein zweites Mal galt er nun als Retter Frankreichs und musste die nationale Einheit wiederherstellen. Aber das ist eine ganz andere Geschichte.

# 8. Stillstand
## Herbst 1944

### 8.1. Market Garden: Das Luftlandeunternehmen bei Arnheim

Anfang September schien es so, als sei der Krieg bald zu Ende. Eisenhower drängte seine Verbände immer weiter nach Osten und hoffte, das Westheer würde kollabieren, bevor die eigenen unvermeidlichen Nachschubprobleme wegen der immer längeren Wege voll durchschlagen würden. Zu diesem Zeitpunkt konnte die Wehrmacht kaum mehr eine zusammenhängende Front aufbauen, die Alliierten näherten sich immer mehr der Reichsgrenze. Zwischen Maas und Mosel klaffte ein 75 Kilometer breites Loch in den deutschen Linien. Rundstedt – seit 5. September wieder OB West – meldete gerade einmal noch 100 einsatzbereite Panzer. Insgesamt hatte der OB West von Juni bis Ende August 334 000 Mann an Verlusten zu beklagen, 1200 Panzer sowie 3500 Geschütze galten zudem als verloren.[1]

Doch ab der zweiten Septemberwoche verlangsamte sich der alliierte Vormarsch merklich, der rasanten Kampagne vom August ging der Schwung verloren. Es gab hierfür eine Reihe von Gründen: Aufgrund der totalen Mobilisierung der deutschen Gesellschaft trafen Mitte September die ersten Neuaufstellungen aus dem Reich an der Westfront ein, die sogenannten Volksgrenadier Divisionen. Zwei bereits im August aus Italien nach Frankreich verlegte Panzergrenadier Divisionen konnten zudem die amerikanischen Spitzen in Burgund und der Champagne aufhalten. All diese Divisionen verstärkten die zurückflutenden deutschen Truppen, worunter sich noch einige kleine, aber kampfkräftige Verbände befanden. Die Befestigungen des „Westwalls" an der Reichsgrenze waren zwar in einem schlechten Zustand, hatten aber psychologisch eine ungeheure Wirkung. Erstmals hatte die Truppe eine klare Linie vor Augen, wo sich eine neue Verteidigung aufbauen ließ. Während des Rückzugs selbst zeigte sich erneut die Überlegenheit deutscher Taktik und operativer Führungskunst gegenüber den Alliierten. Model und Blaskowitz führten die Trümmerteile ihrer Heeresgruppen flexibel und ignorierten dabei mitunter Befehle aus dem Führerhauptquartier. Auf den unteren Kommandoebenen gelang es vielen Offizieren, zusammengewürfelte Einheiten neu zu organisieren und ad hoc zu einigermaßen kampfkräftigen Verbänden zusammenzuschließen.

Die offizielle Geschichte der US Army beschreibt den alliierten Vormarsch mit den blumigen Worten: „Ende August 1944 glichen die alliierten Streitkräfte altehrwürdigen Rittern auf der Suche nach dem Heiligen Gral, waren aber auf dem Weg dorthin durchaus nicht abgeneigt, Drachen zu töten und Damen in Not zu retten."[2] Gemeint waren hierbei die verschiedenen operativen Ziele, wie die Einnahme der V-Waffen Basen sowie die Häfen an der Kanalküste und die Befreiung von Brüssel. Doch bei diesem „Drachentöten" und „Damenretten" geriet das eigentliche Ziel, der Vorstoß zum Rhein, etwas aus den Augen. Die Alliierten waren nicht fokussiert genug. Bei Mons in Südbelgien verpassten sie es erneut, größere eingekesselte deutsche Verbände vollkommen zu zerschlagen. Wie schon bei Falaise war auch hier die Anzahl der Gefangenen mit etwa 25 000 Mann hoch, doch 40 000 Mann entkamen, darunter wiederum die meisten Stäbe, allen voran drei Armeekorps.

Zu dieser Zeit stritten Eisenhower und Montgomery über die weitere Operationsführung. In einen Brief an Eisenhower vom 4. September schrieb Montgomery: „Ich denke, wir haben nun den Punkt erreicht, wo ein wirklich kräftiger und vollblütiger Vorstoß in Richtung Berlin Aussicht auf Erfolg hat und somit den deutschen Krieg beendet."[3] Wegen des stockenden Nachschubs forderte „Monty", einer der drei Heeresgruppen (*21st Army Group, 12th Army Group, 6th Army Group*) absolute Priorität einzuräumen. Welche Heeresgruppe das sein sollte, war natürlich klar: seine eigene *21st Army Group*. Sie sollte über den Niederrhein ins Ruhrgebiet und nach Deutschland vorstoßen.

Eisenhower hingegen wollte auf breiter Front („broad front") weiter nach Osten auf den Rhein vorrücken. Zusammen mit anderen US Generälen lehnte er Montgomerys „narrow front"-Vorschlag zunächst rundum ab. Warum sollten gerade die Briten und die Kanadier den Zuschlag für die entscheidende Offensive ins Reich bekommen? Diese hatten schließlich bisher in diesem Feldzug nur eher mittelmäßige militärische Leistungen gezeigt. Zudem stellten die Amerikaner mittlerweile deutlich mehr Ressourcen zur Verfügung. Bereits Mitte August standen 23 US Divisionen in Frankreich und im Vergleich dazu nur mehr 16 britisch-kanadische. Doch Churchill intervenierte und unterstützte Montgomery. Anders als der US Präsident Roosevelt mischte sich der britische Premier häufiger in die militärischen Operationen ein, wenn er glaubte, britische Interessen seien bedroht. Dazu kam, dass Eisenhower Anfang September auch noch von Montgomery den Oberbefehl über die alliierten Landstreitkräfte übernahm, natürlich sehr zur Verbitterung des Briten. Noch nie war das Verhältnis der beiden Koalitionspartner so angespannt wie in jenen Wochen. Eisenhower lenkte schließlich in einen Kompromiss ein: Den September über sollte Montgomerys *21st Army Group* Priorität in der Versorgung haben.

Vor dem Hintergrund dieser „broad front"/„narrow front"-Debatte muss die Luftlandeoperation *Market Garden* gesehen werden. Sie war „weit davon [...] entfernt, in einem strategischen Vakuum entwickelt worden zu sein; sie war vielmehr in einer erhitzten Atmosphäre von rivalisierenden Theorien und unnachgiebigem Patriotismus ausgedacht worden."[4] Es war die kühnste militärische Operation, die der ansonsten übervorsichtige Montgomery in seinem Leben plante. Seit dem *D-Day* kreisten in den alliierten Stäben immer wieder Pläne für den erneuten Einsatz von Luftlandetruppen, so zur Eroberung von Caen im Juni oder der Schließung des Mons Kessels Anfang September. Doch allesamt waren sie verworfen worden. *Market Garden* hingegen startete am 17. September. Ziel war es, einen Übergang über den Rhein zu gewinnen.

Die Operation bestand aus zwei Teilen: *Market* und *Garden*. Für *Market* sprang das *XVII Airborne Corps*, bestehend aus zwei amerikanischen und einer britischen Luftlande Division, zwischen Eindhoven und Arnheim ab, um eine Reihe von Brücken einzunehmen, darunter die beiden Rhein-Brücken bei Nimwegen und Arnheim. Zeitgleich sollte in der Operation *Garden* das briti-

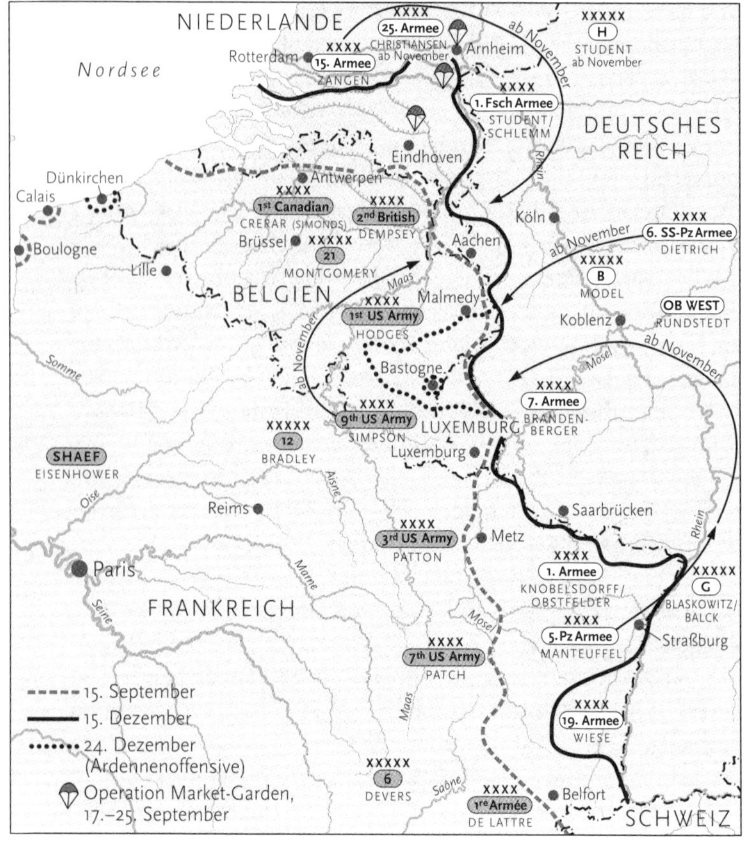


sche *XXX Corps* entlang einer einzigen Straße die 100 Kilometer bis Arnheim vorrücken, um innerhalb von maximal vier Tagen die Verbindung mit den drei Luftlande Divisionen herzustellen.

*Market Garden* verlief aber nicht nach Plan. Die Deutschen erholten sich schnell vom ersten Schock und Model befahl kleinen Kampfgruppen Gegenangriffe in die Flanken des *XXX Corps*. Dabei stellte es sich als sehr verhängnisvoll heraus, dass die Alliierten nur eine einzige Straße für den Vormarsch ausgewählt hatten. Der Zeitplan kam durcheinander. Die *US 101st Airborne Division* im Raum Veghel konnte erst am dritten Tag erreicht werden und die Kämpfe bei der *US 82nd Airborne* um Nimwegen endeten am fünften Tag.

Am kritischsten war die Lage bei der britischen *1st Airborne Division*, die nach wie vor in Arnheim isoliert war. Sie hatte bereits in den Tagen zuvor viele Hindernisse überwinden müssen. Ihre Landezonen waren fast 10 Kilometer vom eigentlichen Ziel, der Rheinbrücke in Arnheim, entfernt gewesen. Dazu unterlief den Alliierten ein weiteres Missgeschick, das ihnen nur selten in diesem Krieg passierte: Ihr Nachrichtendienst hatte versagt und das II. SS-Panzer Korps im Raum Arnheim nicht erkannt. Als Verstärkungen für die *1st Airborne* waren der Absprung der polnischen 1. Fallschirmbrigade sowie die Landung der *52nd Lowland Division* auf einem Flugfeld vorgesehen. Doch die Polen landeten erst am fünften Tag, noch dazu hauptsächlich südlich des Rheins; die *52nd Lowland* musste sogar ganz in England zurückbleiben, weil das Flugfeld nicht erobert werden konnte. Zudem hatte die Waffen-SS die Abwurfzone für den Nachschub besetzt. Verzweifelt krallten sich die Reste der *1st Airborne* an die Rheinbrücke. Dem *XXX Corps* gelang es aber nur bis auf knapp 10 Kilometer an die Brücke heranzukommen; dort versteifte sich der deutsche Widerstand. Am 25. September schlugen sich schließlich die letzten Überlebenden der *1st Airborne* über den Rhein zu den eigenen Linien durch. Sie hatten fünf Tage länger durchgehalten als eigentlich geplant – vergeblich.

Arnheim gilt als der letzte deutsche Sieg im Zweiten Weltkrieg. Die Alliierten konnten keinen Rhein-Übergang gewinnen, ihren Verlusten von gut 15 000 Mann standen nur etwa 8000 auf deutscher Seite gegenüber. Unklar ist, ob ein alliierter Sieg bei Arnheim den Krieg verkürzt und ihn vielleicht sogar schon zu Weihnachten beendet hätte. Hierfür lassen sich durchaus Argumente anführen. Der Rhein war ein bedeutendes natürliches Hindernis. Erst am 7. März 1945 konnten die Alliierten bei Remagen den Fluss überschreiten, Arnheim selbst wurde erst am 14. April 1945 befreit. Den Holländern stand ein letzter harter Besatzungswinter bevor mit Tausenden von Hungertoten. Nach einem Erfolg bei Arnheim hätte der alliierte Vormarsch wieder an Stoßkraft gewinnen können, die Deutschen einen weiteren herben

Rückschlag erlitten. In der soeben einigermaßen wieder stabilisierten Front hätte ein neues großes Loch gestopft werden müssen. Die Alliierten wären nur mehr 100 Kilometer vom Ruhrgebiet entfernt gewesen.

Doch es ist fraglich, ob ein Erfolg bei Arnheim den Krieg wirklich beträchtlich verkürzt hätte. Die gesamte Logistik hätte – zumindest anfangs – wie durch ein Nadelöhr entlang einer einzigen Straße über eine einzige Rheinbrücke geführt werden müssen. Auch hatte Eisenhower Montgomerys *21st Army Group* eine Bevorzugung im Nachschub nur bis zum 1. Oktober zugesagt, unabhängig davon wie *Market Garden* ausgehen sollte. Der *Supreme Commander* hatte vielleicht sogar nur deshalb in das Luftlandeunternehmen eingewilligt, weil er wusste, sein Rivale Montgomery konnte nur verlieren. Wenn die Operation erfolgreich war, würde sie den Krieg nicht beenden. Und wenn sie scheiterte, war Montgomerys Reputation angeschlagen. Und so war es auch. Nach *Market Garden* hatte „Monty" kein Argument mehr für seine „narrow front".

## 8.2. Die Kämpfe an der Reichsgrenze

Nach *Market Garden* setzten die Alliierten ihre Operationen gemäß Eisenhowers „broad front" fort. Das hieß im Norden kämpfte die britisch-kanadische *21st Army Group* langsam die Schelde-Mündung frei, in der Mitte nahm die *US 12th Army Group* Aachen und verzettelte sich anschließend im Reichswald, und im Süden befreite die amerikanisch-französische *6th Army Group* das Elsass und Lothringen. Noch glaubten die Alliierten an ein relativ schnelles Kriegsende. Der amerikanische Generalstabschef Marshall beispielsweise rechnete mit Anfang Januar 1945. Eisenhower teilte allerdings nicht mehr ganz diesen Optimismus. Der britische *Joint Planning Staff* setzte das Datum des zu erwartenden Kriegsendes auf Ende Januar 1945, spätestens auf Mitte Mai.

Bekanntlich traf das „worst case scenario" ein, der Krieg wurde erst Anfang Mai beendet. Die Zeiten des schnellen alliierten Vormarsches vom August 1944 waren unwiederbringlich vorüber, es folgten wie schon in der Normandie lange, verlustreiche Kämpfe. Nur langsam schob sich die Front in den folgenden drei Monaten weiter nach Osten vor. Es war auch das Resultat von Eisenhowers „broad front" Strategie. Sie war natürlich teilweise – oder vielleicht sogar: vor allem – den politischen Anforderungen eines Koalitionskriegs geschuldet. Eisenhower wollte keine der drei Heeresgruppen bevorzugen, da sich ansonsten sofort entweder die Briten, die Franzosen oder seine eigenen amerikanischen Landsleute zurückgesetzt gefühlt hätten. Aus rein militärischer Sicht war die „broad front" aber der denkbar schlechteste Ansatz. Das Potential einer militärischen Schwerpunktbildung, wie es Pattons *3rd US Army* während der Befreiung Frankreichs im August 1944 so beispielhaft gezeigt hatte, wurde vergeben. Erneut war Vorsicht die Mutter der Porzellankiste und Risikovermeidung ganz groß geschrieben.

Letztlich führte die „broad front" auch zu einer Verschärfung der Nachschubsituation, da nun alle drei Heeresgruppen gleichzeitig versorgt werden mussten. Um dieses Problem zu lösen, sollten die nordfranzösischen Hafenstädte möglichst schnell unter alliierte Kontrolle kommen. Doch dies war leichter gesagt als getan. Bereits im Februar 1944 hatte Hitler eine Reihe von Hafenstädten zu „Festungen" erhoben und die Besatzungen zum Kampf bis zur letzten Patrone verpflichtet. Dazu kam es freilich nirgends, doch leisteten die deutschen Verteidiger teilweise verbissen Widerstand für einige Wochen. Le Havre fiel erst am 12. September, Brest am 16. September, Boulogne am 22. September und Calais am 1. Oktober. Die Hafenanlagen waren bei der Kapitulation jeweils vollkommen verwüstet. Einen Lichtschimmer gab es aber: Bereits am 4. September war mit Antwerpen erstmals ein Großhafen an der Kanalküste unzerstört in alliierte Hände gefallen, wenn auch mit einem Schönheitsfehler: Die deutsche 15. Armee kontrollierte nach wie vor die Zufahrt entlang der Schelde, so dass der Hafen vorerst noch nicht benutzt werden konnte. Mühsam kämpften kanadische und britische Verbände der *21st Army Group* die Flussmündung bis zum 8. November frei. Der deutsche Gegner bestand zu einem großen Teil aus sogenannten Magen- und Ohrenbataillonen. Erst am 28. November konnte der Hafen von Antwerpen für die Alliierten in Betrieb gehen, 25 000 Tonnen an Nachschubgütern wurden nun täglich gelöscht.[5] Zwar beschossen die Deutschen den Hafen mit V-Waffen, doch dies zeigte keine fühlbaren militärischen Konsequenzen, kostete allerdings etwa 2900 Zivilisten das Leben. Bei Kriegsende gingen knapp 40 Prozent des gesamten alliierten Nachschubs über Antwerpen.[6]

Ähnlich hoffnungsvoll wie bei Antwerpen begannen aus alliierter Sicht auch die Kämpfe der *US 12th Army Group* im Reichsgebiet. Mitte September überschritten US Verbände erstmals die deutsche Grenze und traten zum Angriff auf Aachen an. Bei den Verteidigern kam es zu einem heillosen Chaos und Streit über die Evakuierung der Zivilbevölkerung. Partei-Dienststellen hatten diese bereits angeordnet, doch der Kommandeur der 116. Panzer Division, Generalleutnant Gerhard von Schwerin, stoppte sie wieder – ob aus militärischen oder humanitären Gründen, ist bis heute strittig. Hitler befahl ein Kriegsgerichtsverfahren gegen Schwerin, das jedoch im Sande verlief. Am 21. Oktober zogen die Amerikaner in das völlig zerstörte Aachen ein. Doch diesem Erfolg standen seit September die extrem verlustreichen Kämpfe im Hürtgen-Wald gegenüber, der längsten amerikanischen Feldschlacht dieses Krieges. Bei minimalem Bodengewinn wurde der „Bloody Hürtgen“ für die Amerikaner zum Synonym einer menschenverschlingenden Kriegsmaschinerie. Hodges schickte im Laufe von zwei Monaten immer neue Divisionen in das riesige Waldgebiet, zuletzt insgesamt sechs Divisionen. Jede von ihnen hatte danach im Durchschnitt über 5000 Mann Verluste. Die Schlacht war damit aber nicht beendet und zog sich mit Unterbrechungen bis zum Februar 1945.

Nicht viel anders sah das Bild bei der amerikanisch-französischen *6th Army Group* in den Vogesen aus. Zwar stand der *Army Group* mit Marseille ein funktionstüchtiger Hafen zur Verfügung, doch wegen der langen Nachschublinien gab es auch hier Versorgungsprobleme. Die Munition musste rationiert werden. Zudem bevorzugten die Amerikaner systematisch ihre eigenen Truppen und vernachlässigten die Franzosen der *1re Armée*. Ende September legte de Lattre ein Memorandum vor, wonach in der

*6th Army Group* eine amerikanische Division im Durchschnitt viermal mehr Tonnen Nachschub erhielt als eine französische.[7] Nach diesem Protest verbesserte sich die Versorgungsfrage bei den französischen Einheiten. Doch kamen andere interne Probleme hinzu. Bei vielen afrikanischen Soldaten ließ die Kampfmoral nach, weil sie sich ausgebeutet fühlten. De Lattres *blanchiment*, der Austausch von Soldaten aus den Kolonialtruppen mit Franzosen aus dem Mutterland, gestaltete sich aus den verschiedensten Gründen schwierig. Aber auch bei amerikanischen Soldaten kam es reihenweise zu unerlaubten Entfernungen von der Truppe; das erhoffte schnelle Kriegsende trat nicht ein, Kriegsmüdigkeit machte sich breit. In den kalten, dicht bewaldeten und schneebedeckten Vogesen kamen die amerikanisch-französischen Angriffe nur langsam voran. Die „non-combat casualties" stiegen vor allem wegen Erfrierungen oder Fußbrand rapide an. Am 23. November befreiten die Franzosen schließlich Straßburg, so dass im Elsass nur noch ein größerer Frontvorsprung bei Colmar bis Februar 1945 in deutscher Hand blieb. Praktisch vollkommen statisch blieb bis Kriegsende die Alpenfront an der französisch-italienischen Grenze, selbst wenn es an dieser „front oublié"[8] im Mont-Blanc Gebiet zwischen deutschen Gebirgsjägern und französischen *Chasseurs Alpins* zu den höchsten Gefechten über Meeresspiegel in der gesamten europäischen Geschichte kam.

Daneben hielten die Deutschen bis Kriegsende die „Festungen" Dünkirchen, St. Nazaire, La Rochelle sowie die Kanalinseln. Royan Nord und Süd an der Mündung der Gironde wurden noch kurz vor Kriegsende, am 18. bzw. 20. April 1945, von französischen Truppen befreit. In den „Festungen" kam es über all die Monate nur mehr zu sporadischen Gefechten zwischen den Deutschen und den belagernden ehemaligen FFI-Bataillonen. Überall stellte sich – trotz aller fanatischer NS-Durchhalterhetorik – ein *modus vivendi* zwischen Belagerten und Belagerern ein, mit dem Austausch von Kriegsgefangenen sowie Lebensmitteltransporten für die Zivilbevölkerung in die „Festungen". Vorsichtshalber ließ aber Hitler nach und nach die meisten „Festungskommandanten" austauschen. Statt der von ihm stets beargwöhnten Heeresoffiziere kamen die neuen Kommandanten von der Kriegsmarine, schienen sie ihm doch zuverlässigere Stützen im Kampf auf den Außenposten zu sein.

Das mühselige alliierte Voranschieben an der Reichsgrenze war aber nicht nur auf ihre eigenen Unzulänglichkeiten und Versorgungsprobleme zurückzuführen. Ab September 1944 ging es für die Deutschen um ihren Heimatboden, und das NS-Regime sah hierin die Chance, noch einmal die letzten Ressourcen zu mobilisieren. Partei und SS konnten auf Kosten der Wehrmacht ihren Einfluss weiter ausdehnen. Hierfür stand sinnbildhaft der am 18. Oktober unter NSDAP-Regie aufgestellte „Volkssturm". Militärisch ungleich wichtiger war allerdings die Bildung der Volksgrenadier Divisionen. Hierbei handelte es sich um schnell aufgestellte Divisionen des Ersatzheeres unter dem Oberbefehl Himmlers. Sie füllten die nach den Niederlagen des Sommers 1944 entstandenen riesigen Personallücken wieder einigermaßen auf. Der Name „Volksgrenadier" sollte eine besonders enge Verbindung zwischen dem deutschen Volk und einer immer mehr politisierten Wehrmacht symbolisieren. Himmler hatte für diese Divisionen häufig disziplinar belastete Offiziere zur Bewährung aussuchen lassen. Damit hoffte er, sich ihre Loyalität zu erzwingen.

Zudem forderte Hitler Mitte September die Kampfführung auf dem Heimatboden zu „fanatisieren": „Jeder Bunker, jeder Häuserblock in einer deutschen Stadt, jedes deutsche Dorf muss zu einer Festung werden, an der sich der Feind entweder verblutet oder die ihre Besatzung im Kampf Mann gegen Mann unter sich begräbt", so der Diktator. Die „Standfestigkeit der Truppe" sei mit „drakonischen Mitteln" wieder herzustellen.[9] Aachen sollte zum „deutschen Stalingrad" werden, ein Fanal für den deutschen Widerstandswillen. Goebbels schwebte es schon seit längerem vor, „auf deutschem Boden einen radikalsten revolutionären Krieg zu proklamieren"[10]. Doch Teile des deutschen Volks und der Wehrmacht waren kriegsmüde. Standgerichte sorgten hinter der Front für eine brutale Aufrechterhaltung der Disziplin. Auf Desertion stand nach einem OKW-Befehl vom 19. November 1944 Sippenhaft für die Familie. Schlüsselpositionen wurden mit

**Bild 13**
**Deutsche Grenadiere an der Reichsgrenze. Die Herbstmonate 1944 waren für beide Seiten verlustreich, sind aber heute die „vergessenen Kämpfe" der Westfront 1944.**

politisch zuverlässigen Leuten besetzt. Bezeichnenderweise erhielt Himmler höchstpersönlich Anfang Dezember den Oberbefehl über die neu aufgestellte Heeresgruppe Oberrhein. Bei der Heeresgruppe G hatte bereits Ende September mit Hermann Balck ein regimetreuer General das Kommando übernommen. Model und Rundstedt galten ohnehin als zuverlässig.

Mit Fanatismus und Kriegsgerichten alleine lässt sich aber nicht erklären, warum Wehrmacht und Waffen-SS im Herbst 1944 die Front im Westen wieder stabilisieren und dem Gegner schwere Verluste zufügen konnten. Es gab dafür auch einfache militärische Gründe. Beispielsweise waren die deutschen Versorgungslinien nach dem Rückzug an die Reichsgrenze deutlich kürzer geworden. Die Deutschen hatten somit den Vorteil der sogenannten Inneren Linien. Gerne verschwiegen wird heute auch, dass die Wehrmacht in puncto Menschenführung anderen

Armeen überlegen war. Nachkriegsfilme wie „Steiner – Das Eiserne Kreuz" zeichneten ein bis heute weit verbreitetes, aber völlig falsches Bild. Es war keinesfalls so, dass die deutschen Frontoffiziere ihre Männer verheizten, während sie es sich hinter der Front gut gehen ließen. Die Todeszahlen sprechen hier eine andere und deutliche Sprache. Während der zweiten Jahreshälfte 1944 lag bei den Offizieren an der Westfront die Anzahl der Toten bei gut 16 Prozent der Gesamtverluste. Bei Unteroffizieren und Mannschaften waren es nur gut 8 Prozent.[11]

Vor allem aber blieben im Westheer die Führungsstrukturen, das Gerippe einer jeden Armee, intakt. Gewiss, mit Rommel und Kluge waren zwei Generalfeldmarschälle tot und mit Eberbach war am 1. September einer der fähigsten deutschen Panzergenerale in britische Kriegsgefangenschaft geraten. Weitere elf Generale waren in den Monaten Juni bis September gefallen und sechzehn in alliierte Kriegsgefangenschaft geraten. Doch die Masse des Führungspersonals stand weiterhin zur Verfügung. Von den insgesamt 20 Generalkommandos, die im Juni im Westen gestanden hatten, waren nur zwei Stäbe (LXII. Reserve Korps und LXXXIV. Armee Korps) in all den Monaten in Kriegsgefangenschaft geraten, von den Armeen kein einziger. All diese Faktoren trugen dazu bei, dass Wehrmacht und Waffen-SS nicht wie die deutschen Heere 1918 kollabierten. Im Gegenteil. „Die Kampfmoral steigt täglich"[12], wusste Model Ende September über seine Soldaten zu berichten.

Die Schlachten des Herbsts 1944 waren für beide Seiten verlustreiche Materialschlachten, wobei sich das alte Spiel aus der Normandie wiederholte: Die Alliierten konnten ihre Verluste ersetzen, 2,6 Millionen Soldaten standen im November 1944 im Westen. Bei den Deutschen hingegen gingen die Ressourcen an Mensch und Material langsam aber sicher zur Neige. Anders als in der Normandie war aber der Ausgang dieser Materialschlacht. Treffend heißt es dazu in der offiziellen Geschichte der *US Army*: „Obwohl die Deutschen niemals die Initiative in ihrer Hand hielten, kontrollierten sie eher als die Alliierten das Ergebnis."[13] Und dieses „Ergebnis" war die letzte deutsche Großoffensive im Zweiten Weltkrieg.

## 8.3. Die Ardennenoffensive

„Mehr brauche ich Euch nicht zu sagen. Ihr fühlt es alle: Es geht ums Ganze!“[14] So schwor Rundstedt am 16. Dezember 1944 seine Soldaten auf das kommende Ereignis ein. An jenem Morgen traten diese ein letztes Mal in diesem Krieg zu einer Großoffensive an. Viele Landser waren euphorisch: Vorbei schienen die Zeiten des Rückzugs oder der verlustreichen Stellungskämpfe. Jetzt griffen sie wieder an! Die Operation trug den Namen „Wacht am Rhein“ und ist heute im deutschen Sprachraum allgemein als „Ardennenoffensive“ bekannt geworden; sie war der letzte Akt der Hitlerschen Strategie. In Kontinuität der Führerweisung Nr. 51 vom November 1943 fand diese letzte deutsche Großoffensive daher im Westen gegen die „Plutokratie“ statt – und nicht an der Ostfront gegen den „Bolschewismus“. Dort hätte eine größere Offensive nur lokal zu einer Änderung der Kriegslage geführt. Zu groß war die Überlegenheit der Roten Armee.

Im Westen hingegen schien es anders auszusehen. Bereits ab Oktober hatten der OB West und die Heeresgruppe B erste Pläne für eine Gegenoffensive ausgearbeitet. Angedacht war eine großräumige Einkesselung der US-Truppen im Raum Aachen. Hitler hatte aber größere Ziele; Warnungen seiner Militärs ignorierte er wie so häufig in diesem Krieg. Hatten seine Generäle nicht auch 1940 vor Beginn der Operation im Westen behauptet, dieser Feldzug würde scheitern? Hitler wollte das damalige Husarenstück wiederholen, und so ähnelten sich auch die Operationspläne von 1940 und 1944: Deutsche Panzer sollten aus der deutsch-belgischen Grenzregion schnell über die bewaldeten und 1944 tief verschneiten Ardennen vorstoßen. Im Gegensatz zu 1940 war aber das Unternehmen „Wacht am Rhein“ 1944 nicht auf Richtung Kanalküste, sondern auf die Hafenstadt Antwerpen angesetzt, um die *21st Army Group* großräumig einzukesseln. Damit sollte nicht nur ein militärischer, sondern auch ein politischer Keil zwischen die anglo-amerikanischen Verbündeten getrieben werden. Zudem würde die Einnahme von Antwerpen dem alliierten Nachschubsystem einen sehr schweren Schlag versetzen. Denn fast ein Drittel des gesamten alliierten Nachschubs lief mittlerweile über diesen Hafen. Auf den ersten

 Blick schienen „Wacht am Rhein“ also gleich mehrere rationale Argumente zugrunde zu liegen.

Doch dem standen mehrere fundamentale Probleme entgegen. Eines davon war die Luftherrschaft. 1940 war sie ein Garant des Sieges. Anstatt sonnigem „Hermann-Göring-Wetter“ mussten die Deutschen aber nun für „Wacht am Rhein“ auf schlechte Sicht, Wolken, Regen und Schnee hoffen, um ihre Panzer manövrieren und die Nachschubkolonnen ungestört bewegen zu können. Natürlich war *das* deutsche Kernproblem weiterhin nicht gelöst und erst recht nicht im Dezember 1944: die Logistik. Überall herrschte Treibstoffmangel, vor allem seit im August 1944 die strategisch wichtigen Erdölfelder von Ploieşti in Rumänien verloren gegangen waren. Hier lag der Kern des Hasardspiels bei „Wacht am Rhein“: Die deutschen Panzer hatten nur Sprit für etwa 60 Kilometer. Die restlichen gut 150 Kilometer bis Antwerpen mussten mithilfe erbeuteter alliierter Treibstoffdepots zurückgelegt werden – so der Plan oder besser: die Hoffnung.

Für diese Offensive kratzte das Deutsche Reich noch einmal die letzten Reserven zusammen und bildete aus drei Armeen die Angriffsstreitmacht. Die 7. Armee von General Erich Brandenberger sollte die südliche linke Flanke decken; in der Mitte sollte die 5. Panzerarmee unter dem fähigen Panzerführer General Hasso von Manteuffel mit Panzer- und Infanterie Divisionen des Heeres über die Maas vorstoßen. Der Angriffsschwerpunkt lag jedoch am rechten nördlichen Flügel bei SS-Oberstgruppenführer Sepp Dietrich und seiner 6. SS-Panzerarmee. Hier sollte das I. SS-Panzerkorps als Speerspitze den Hauptangriff vorantragen und Antwerpen nehmen. So standen insgesamt 17 Divisionen mit über 200 000 Mann sowie etwa 600 Panzern und Sturmgeschützen am 16. Dezember 1944 zum Angriff bereit. Als Reserve konnten vier weitere gepanzerte Divisionen zugeführt werden. Erstmals hatten die Deutschen im Westen sogar eine numerische Überlegenheit, denn auf amerikanischer Seite lagen ursprünglich nur 83 000 Mann in den Verteidigungsstellungen. Zusätzlich sollten hinter den feindlichen Linien in US-Uniformen getarnte SS-Soldaten Verwirrung stiften.

„Wacht am Rhein" war streng geheim gehalten worden. Und in der Tat: Der Überraschungscoup gelang. Keiner hatte auf alliierter Seite mehr an einen großen deutschen Gegenschlag geglaubt. Am ersten Tag überrollten die deutschen Divisionen die verdutzten GI's der *US 28$^{th}$ Infantry Division*, der einzigen US-Division im Angriffssektor der deutschen 5. Panzerarmee. Doch im eigentlichen Schwerpunkt – bei der 6. SS-Panzerarmee – kam der Angriff schnell zum Erliegen und konnte nur durch den frühzeitigen Einsatz der Reserven wieder Fahrt aufnehmen. Ein gleichzeitiges Luftlandeunternehmen („Unternehmen Stößer") von 1200 Fallschirmjägern im Rücken des Feindes scheiterte kläglich. Auch in den Folgetagen schleppte sich der Vormarsch der 6. SS-Panzerarmee nur langsam voran. Die militärischen Leistungen der Waffen-SS in der Ardennenoffensive waren ein beredtes Zeugnis, wie sehr Himmlers Truppe nach der Normandieschlacht verbraucht war und ihrem Anspruch als militärische Elite nicht mehr gerecht werden konnte.

Im Gegensatz zu den SS-Einheiten stießen hingegen die Heereseinheiten bei der 5. Panzerarmee tief in feindliches Gebiet vor. Die Sache hatte nur einen Schönheitsfehler: Der wichtige Verkehrsknotenpunkt Bastogne konnte nicht genommen werden. Hier verteidigte sich die *US 101$^{st}$ Airborne Division* verbissen gegen zahlreiche deutsche Angriffe; Kapitulationsaufforderungen quittierte der Kommandeur, *Brigadier General* Anthony McAuliffe, nur mit einem Wort: „Nuts!" („Blödsinn!") So blieb den Deutschen nichts anderes übrig, als sämtlichen Verkehr und Nachschub zeitaufwändig um das belagerte Bastogne herum zu leiten. Auch an anderen Orten stauten sich die deutschen Kolonnen auf den engen Straßen in dem hügeligen Waldgelände. Trotzdem kamen am Weihnachtstag die Spitzenkräfte der 2. Panzer Division bis auf fünf Kilometer an die Maas heran. Doch damit war der deutsche Vormarsch endgültig beendet. Rundstedt und Model forderten von Hitler nun vergeblich die „kleine Lösung", das hieß die Einnahme von Aachen anstelle von Antwerpen. Dazu war es aber zu spät.

In der Ardennenoffensive verbreiteten die Deutschen ein letztes Mal Angst und Schrecken unter der fremden Zivilbevölkerung. Mehrere hundert Zivilisten kamen in den Kämpfen und bei Repressalien um. Sogar eine eigens gebildete Einsatzgruppe L operierte hinter den Linien, um feindlich gesinnte belgische Zivilisten zu verhaften oder gegebenenfalls zu töten; einen Massenmordauftrag wie an der Ostfront hatte diese Einsatzgruppe allerdings nicht. Zudem erschossen deutsche Soldaten in einer Mischung aus Frustration und Zeitdruck amerikanische Kriegsgefangene. Das bekannteste Beispiel war die Ermordung von 81 US-Soldaten am 17. Dezember bei Malmédy durch die „Kampfgruppe Peiper" der 1. SS-Panzer Division „LSSAH". Die Gefangenen waren aus Sicht der SS nur „unnötiger Balast" für den weiteren Vormarsch.

Bei diesen deutschen Verbrechen dürfen zwei Aspekte jedoch nicht außer Acht gelassen werden. Erstens waren die Verbrechen an Gefangenen und Zivilisten weitgehend ein „Werk" der SS und nicht der Wehrmacht.[15] Zweitens nahmen US-Truppen – vor allem nach dem Bekanntwerden der Ereignisse von Malmédy – nur mehr selten SS-Soldaten gefangen. Es gab hierfür sogar in einigen Einheiten schriftliche Befehle. Das blieb nicht ohne Wirkung. Der bisher bekannteste Fall spielte sich am Neujahrstag 1945 in Chenogne ab, wo Soldaten der *11th Armored Division* etwa 60 deutsche Kriegsgefangene ermordeten. Die Opfer waren übrigens Soldaten der Wehrmacht – und nicht der Waffen-SS. Patton schrieb vielsagend in sein Tagebuch: „Die *11th Armored Division* ist noch sehr ‚grün' und hat unnötige Verluste erlitten ohne etwas zu erreichen. Es gab auch einige bedauerliche Vorfälle von Gefangenenerschießungen (ich hoffe wir können das verheimlichen)."[16]

Militärisch hatten die Alliierten nach Überwindung des anfänglichen Schocks schnell reagiert und in aller Eile zahllose Reserven herangeschafft. Bereits nach einigen Tagen hatte sich der Himmel außerdem aufgeklart. Die Alliierten konnten nun ihre Luftüberlegenheit voll zum Tragen bringen. Ein großes Unternehmen der Luftwaffe („Unternehmen Bodenplatte") am Neujahrstag wurde hingegen zum kompletten Desaster. Etwa ein Drittel der über 900 eingesetzten Flugzeuge ging beim Versuch der Bombardierung von alliierten Flugplätzen verloren. Es war ein weiterer Beweis für den katastrophalen Ausbildungsstand der jungen Luftwaffenpiloten. Wegen der Geheimhaltung von „Bodenplatte“ wurden viele Flugzeuge sogar von der eigenen Flak abgeschossen. Schritt für Schritt drückten die US-Streitkräfte den deutschen Frontvorsprung (daher amerikanisch: „Battle of the Bulge“) wieder ein. Am Abend des 26. Dezember konnte ein Korridor zur belagerten *US 101st Airborne Division* in Bastogne hergestellt werden.

Zwar kam es zwischen Amerikanern und Briten zu größeren Spannungen über das weitere militärische Vorgehen, doch erreichten diese Reibereien bei Weitem nicht die von Hitler erhoffte Intensität – von einem Koalitionsbruch ganz zu schweigen. Erneut erhitzten sich die Gemüter der Alliierten an der Person Montgomerys. Eisenhower hatte ihm in der Notlage die *1st* und *9th US Army* unterstellt, doch mit einem Gegenangriff wollte „Monty“ erst noch warten. Zudem glaubten die Amerikaner, er habe in einer Pressekonferenz Anfang Januar die Leistungen der US-Truppen geschmälert. Sogar der Ruf nach einer Entlassung Montgomerys wurde in der Folge laut. Die Erregung war teilweise verständlich, denn schließlich hatten die Amerikaner in der „Battle of the Bulge“ mit 30 Divisionen den Löwenanteil zu tragen. Dem standen gerade einmal drei britische Divisionen gegenüber. Noch etwas gilt es zu berücksichtigen: In absoluten Zahlen waren die Monate Dezember 1944 und Januar 1945 die verlustreichsten für die Amerikaner während des gesamten Kriegs in Europa.[17] Im Rückblick mag Montgomerys behutsames Vorgehen militärisch vielleicht sogar richtig gewesen sein, denn aus einer Reihe von weitgehend zusammenhangslosen Einzelaktionen formte er in der ersten Januarwoche eine schlagkräftige Gegenoffensive. Doch wie schon so häufig seit dem *D-Day* gelang es den Alliierten wieder nicht, die deutschen Truppen einzukesseln. Und noch etwas wiederholte sich. Die Deutschen verloren mehr Panzer durch Spritmangel als durch Feindeinwirkung. Die katastrophale deutsche Logistikplanung schlug mit voller Wucht zurück.

Eine deutsche Entlastungsoffensive im Nord-Elsass („Unternehmen Nordwind“) ab dem 1. Januar 1945 drang zwar bis zu

30 Kilometer tief in die feindlichen Linien, blieb dann aber ebenfalls wegen der gegnerischen Materialüberlegenheit stecken. Auch hier gab es wegen einer möglichen Evakuierung Straßburgs kurzzeitig Streitereien im alliierten Lager, diesmal zwischen Amerikanern und Franzosen. Es sollte bis Ende Januar dauern, bis die Alliierten das verlorene Gelände in den Ardennen und im Elsass endgültig wieder zurückgewinnen konnten. Insgesamt hatten sie etwa 90 000 Mann an Toten, Verwundeten und Gefangenen verloren. Die deutschen Zahlen lagen zwar etwas niedriger, doch anders als die Alliierten konnten die Deutschen diese Verluste nicht mehr ersetzen.

Militärisch war die Ardennenoffensive nur mehr ein Strohfeuer, politisch jedoch hatte sie weitreichende Konsequenzen. Der alliierte Vormarsch im Westen verzögerte sich deswegen um einige Wochen, erst im März überschritten die Westalliierten den Rhein. Im Gegensatz dazu führte die sowjetische Großoffensive ab dem 13. Januar 1945 sehr schnell zum Zusammenbruch der Ostfront, da fast alle deutschen Reserven im Westen vorher verheizt worden waren. Diese militärische Lage verschaffte Stalin einen großen Verhandlungsvorteil im Februar 1945 auf der Konferenz von Jalta gegenüber Roosevelt und Churchill. Es ist müßig darüber zu spekulieren, doch ohne Ardennenoffensive wäre der Großteil des Deutschen Reichs und auch Berlin vermutlich nicht in die Hände der Roten Armee, sondern in die der Westalliierten gefallen.

# 9. Erbe und Mythos einer Schlacht

Die Normandie ist sicher eine der bekanntesten Schlachten (oder Operationen) der Weltgeschichte. Bei Briten, Amerikanern, Kanadiern und auch Franzosen hat sie in der nationalen Erinnerung einen festen Platz, an den nur wenige andere militärische Auseinandersetzungen herankommen, wie Waterloo, die Somme und die Battle of Britain in Großbritannien oder wie Gettysburg und Pearl Harbor in den USA. In Deutschland stand die Normandie von jeher im Schatten von Verdun und Stalingrad. Nichts verdeutlicht diesen Unterschied mehr als der Platz, welchen die jeweiligen historischen Standardwerke der Westfront 1944 einräumen. Auf deutscher Seite wird das Thema in dem 13-bändigen Standardwerk „Das Deutsche Reich und der Zweite Weltkrieg“ vom Militärgeschichtlichen Forschungsamt auf gerade einmal gut 220 Seiten abgehandelt, die Normandie gar nur auf knapp 50 Seiten. Die Amerikaner hingegen widmeten dem Krieg im Westen 1944 in ihrer Weltkriegsreihe „United States Army in World War II“ gleich 10 eigene Bände, zwei davon explizit der Normandie.

Die Dominanz der Normandieschlacht in der westlichen Welt entwickelte sich aber in einigen Bereichen erst über die Jahrzehnte, so in der Politik. De Gaulle verübelte es den Alliierten noch lange nach dem Krieg, dass seine Freien Franzosen bei *Neptune* praktisch gar keine und bei *Overlord* nur eine winzige Rolle spielen durften. Französische Einladungen an die ehemaligen Verbündeten aus dem Krieg blieben daher für *D-Day* Feierlichkeiten vorerst aus. Erst ab 1984 kam dann die ganz große Politikprominenz, allen voran US-Präsident Ronald Reagan. Zehn Jahre später, zum 50. Jahrestag, waren sämtliche Regierungschefs aller 1944 in der Normandie kämpfenden Staaten eingeladen – mit Ausnahme der Deutschen. Es gab hier noch gewisse Vorbehalte bei einigen alliierten Veteranen trotz mittlerweile jahrzehntelanger militärischer Kooperation in der NATO nach 1945. Es sollte daher bis 2004 dauern, ehe der französische Staatspräsident Jacques Chirac mit Gerhard Schröder erstmals einen deutschen Kanzler einlud. Die letzten Gräben zwischen Siegern und Besiegten waren nun endgültig überwunden. Die Feierlichkeiten 2004 waren auch eine Wende in der Erinnerung an *Dragoon*. Bisher eine fast rein französische Angelegenheit lud Chirac erstmals auch afrikanische Regierungschef ein und würdigte die militärischen Leistungen der ehemaligen Kolonien bei der Befreiung des französischen Mutterlandes.

Nicht nur die Politik, auch das alliierte Militär kehrt bis heute immer wieder gerne in die Normandie zurück und zwar in Formen von *Staff Rides* und *Battlefield Tours*. Für die britischen Offiziersanwärter der Royal Military Academy Sandhurst beispielsweise ist seit einigen Jahren eine taktische Übung vor Ort fester Bestandteil des Ausbildungsprogramms. In der Normandie selbst blüht der Schlachtfeld-Tourismus mit Duzenden von kleineren Museen mit militärischen Memorabilien aus jener Zeit oder dem großen „Mémorial de Caen", das die Normandieschlacht in eine Gewaltgeschichte der europäischen Kriege des 20. Jahrhunderts einbettet. Auch das Filmgeschäft hat die Normandie seit langem entdeckt, mit „The Longest Day" („Der Längste Tag", 1962), „Saving Private Ryan" („Der Soldat James Ryan", 1998) oder „Band of Brothers" („Wir waren wie Brüder", 2001) als den erfolgreichsten und bekanntesten Streifen. Eine Entwicklung erscheint hier bemerkenswert. Während „The Longest Day" noch alle Kriegsteilnehmer darstellte, handelten die beiden anderen Filme ausschließlich aus der amerikanischen Perspektive. Als Folge scheint in der öffentlichen Wahrnehmung aus der multinationalen Normandieschlacht immer mehr eine rein amerikanische Schlacht zu werden.

Was sind die Gründe für die herausragende Stellung der Normandie als Erinnerungsort? Woher diese Faszination? Ganz zweifellos spielt hier der Triumph der „Freien Welt" und der Untergang des Nationalsozialismus eine entscheidende Rolle. Die Normandie war der Anfang vom Ende der deutschen Besatzungsherrschaft in Westeuropa. Die alliierte Landung war ein Ereignis, auf das die besetzten Völker seit Sommer 1940 gewartet hatten, mochte es vorerst in noch so weite Ferne gerückt sein.

Selten wird es in der Weltgeschichte eine Schlacht gegeben haben, von der so absehbar war, dass sie einmal kommen müsste. Für die Amerikaner kommt noch etwas Besonderes hinzu: Es war der verlustreichste Tag der US Streitkräfte während des Zweiten Weltkriegs, noch vor Pearl Harbor. Auch mag die Faszination für *Overlord* darin liegen, dass es die letzte große konventionelle kriegerische Auseinandersetzung in Westeuropa einleitete.

Andere Behauptungen, warum der *D-Day* nach 1945 solch eine Bedeutung erlangt hat, sind hingegen falsch oder zumindest fraglich. Die Landung in der Normandie bedeutete nicht den Beginn der Befreiung Frankreichs, denn bereits seit Herbst 1943 war Korsika den Achsenmächten entrissen. Rein rechtlich ließe sich sogar sagen, die Befreiung Frankreichs hatte schon im Herbst 1942 mit *Torch* und der Übernahme von Algerien durch die Freien Franzosen begonnen. Schließlich war Algerien damals offiziell Teil des französischen Mutterlands mit drei Départements. Fraglich ist auch, ob *Neptune* die größte amphibische Landung der Weltgeschichte ist. Zweifellos war es die größte See- und Luftstreitmacht, die jemals zusammengezogen wurde. Die Anzahl der Landungstruppen war allerdings in Sizilien 1943 bei *Husky* höher.

War *Overlord* eine Entscheidungsschlacht des Kriegs? Nach 1945 bejahten vor allem Amerikaner und Briten diese Frage. Damit wollten sie ihren Anteil an der Niederringung Hitler-Deutschlands gebührend herausstellen. Außerdem stand diese Sicht in der Tradition der Perspektive von 1944. Beide Seiten dachten damals, mit der alliierten Invasion würde die Entscheidungsschlacht des Kriegs geschlagen. Hitler orakelte am 20. Dezember 1943 in einer Lagebesprechung über die bevorstehende Landung: „Wenn sie im Westen angreifen, dann entscheidet dieser Angriff den Krieg."[1] Und auch die Alliierten waren sich am 5. Juni 1944 ihrer Sache keinesfalls sicher, denn „es gab kein perfektes Rezept für einen erfolgreichen Angriff von See, so gut er auch vorbereitet sein mochte".[2]

Die historische Forschung lehnt es heute mittlerweile ab, von der Normandie als Entscheidungsschlacht des Zweiten Weltkriegs zu sprechen. Erstens verweisen die Historiker fast unisono darauf hin, dass der Krieg im Frühjahr 1944 schon längst entschieden war – und zwar an der Ostfront. Daraus folgern sie, zweitens, dass die Rote Armee fast im Alleingang die Wehrmacht besiegte. Beide Sichtweisen sollten aber überdacht werden.

Um den Anteil der Westalliierten am Sieg über das Deutsche Reich zu bestimmen, darf man sich nicht nur auf den Sommer 1944 konzentrieren. Es ist zwar richtig: Im Juni 1944 standen 165 deutsche Divisionen im Osten und nur 60 im Westen. Doch absorbierten die Westalliierten in Italien, Dänemark und Norwegen weitere deutsche Divisionen, so dass man auf eine Anzahl von 94 deutschen Divisionen kommt, die im Sommer 1944 gegen die Westalliierten eingesetzt waren. Insgesamt fielen bis Ende 1944 2,74 Millionen deutsche Soldaten im Kampf gegen die Rote Armee (Kriegsgefangene nicht eingerechnet), gegen die Westalliierten an sämtlichen Fronten (Westen, Afrika, Italien, Atlantik und Luftkrieg) „nur“ etwa 750000.[3] Die Rote Armee fügte den Deutschen also über dreieinhalb Mal so viele tödliche Verluste zu als die Westalliierten. Doch wenn man die Zahlen ab Juni 1944 sieht und vor allem auch die Verluste durch Kriegsgefangenschaft einbezieht, relativiert sich auch hier die angeblich überragende Bedeutung der Ostfront. Im Sommer 1944 verloren die Deutschen im Westen an Toten, Verwundeten und Gefangenen wohl etwa 400000 Mann. In den zeitgleichen Großoffensiven der Roten Armee in Weißrussland („Unternehmen Bagration“) und Galizien büßte die Wehrmacht wohl gut 600000 Mann ein. Generell waren im Westen die deutschen Verluste durch Kriegsgefangenschaft prozentual deutlich höher als im Osten. Die Landser schätzten – kaum überraschend und völlig zu Recht – ihre Überlebenschancen in alliierten Gefangenenlagern positiver ein als in sowjetischen. Bis Ende 1944 hielten die Westalliierten über 700000 deutsche Gefangene von sämtlichen Kriegsschauplätzen in ihrem Gewahrsam, die Sowjets hingegen nur gut 500000, wobei freilich zusätzlich hunderttausende deutsche Gefangene in sowjetischer Hand bis dato schon gestorben waren. Für die deutsche Kriegführung war es freilich gleichgültig, ob ein Soldat durch Tod oder Gefangenschaft fehlte. In beiden Fällen galt er als endgültiger Verlust.

Die Deutschen mussten auch nach dem Beginn des „Unternehmens Barbarossa" 1941 weiterhin jahrelang wirtschaftliche Ressourcen gegen die Westalliierten einsetzen, allen voran bei der Luftwaffe und der Kriegsmarine – Rüstungsressourcen, die im Krieg gegen die Sowjetunion dringend benötigt worden wären. Wer weiß außerdem, dass zu Beginn des „Unternehmens Barbarossa" immer noch rund 30 – wenngleich zweitklassige – Divisionen im Westen standen? Man kann darüber spekulieren, ob nicht gerade diese Kräfte vor Moskau im Herbst 1941 den Ausschlag für die deutsche Seite hätten geben können. All diese Gedankenspiele sollen eines verdeutlichen: Das Deutsche Reiche wurde von einer Koalition besiegt, nicht von der Sowjetunion allein. Und in der Strategie dieser Koalition war die Landung in der Normandie ein wichtiger Baustein für den Sieg.

Von *Overlord* hing es ab, wie die Sieger die europäische Landkarte nach dem Krieg zeichnen würden, welche Länder in den Einflussbereich der Sowjetunion und welche in den Einflussbereich der Westalliierten gerieten. Ein – wenn auch hypothetisches – Scheitern der Landung in der Normandie hätte sicher bedeutet, dass ganz Deutschland und möglicherweise sogar Teile Westeuropas unter den Hammer und den Sichel gekommen wären. *Overlord* war also eine Entscheidungsschlacht des Zweiten Weltkriegs, und zwar in politischem Sinne.

Doch *Overlord* und anschließend *Dragoon* hätten möglicherweise sogar zu einer Entscheidungsschlacht im militärischen Sinne werden können. Zweimal bot sich – praktisch zeitgleich im August – den Alliierten die Möglichkeit, dem deutschen Westheer den Todesstoß zu versetzen: Bei Falaise und im Rhône Tal. Ein Sieg in einer dieser Schlachten hätte mit ziemlicher Sicherheit den Krieg erheblich verkürzt, ein Sieg in beiden Schlachten den Krieg womöglich sofort beendet.

Historiker haben die militärischen Leistungen der Alliierten im Westen 1944 häufig kritisiert. In der Tat zeigten sich besonders auf operativer Ebene nicht zu übersehende Schwächen. Der konzentrierte Einbruch in die gegnerische Front und der anschließend schnelle Vorstoß in die Tiefe des Raumes mit gepanzerten Kräften, um den Gegner einzuschließen, ihn vom

Nachschub abzuschneiden und schließlich in einer Vernichtungsschlacht im Clausewitzschen Sinne zu besiegen: All dies verstanden und beherrschten die Alliierten während des gesamten Kriegs nicht so richtig, sieht man einmal von Pattons Panzervorstoß durch Frankreich im August 1944 ab.

Doch kann man hierfür die britische und die amerikanische Armee kritisieren? Eigentlich nein, denn man muss auch die politischen und wirtschaftlichen Dimensionen bedenken. Historisch hatte den Briten der Abnutzungskrieg auf dem Kontinent mit Ausnahme des Ersten Weltkriegs stets Vorteile gebracht. Je länger ein Krieg dauerte und je länger sich die kontinentalen Armeen bekriegten und sich gegenseitig schwächten, umso besser war dies für die Briten mit ihrer sicheren Insellage. So war die britische Militärdoktrin nicht auf eine Entscheidungsschlacht ausgelegt, sondern auf den Ermattungs- und Abnutzungskrieg. Ähnliches galt auch für die Amerikaner im Zweiten Weltkrieg. Zwar wollten sie gemäß ihrer Militärdoktrin eine möglichst schnelle Entscheidung herbeiführen. Daher auch ihr Drängen auf einen Angriff in Frankreich bereits 1943. Letztlich mussten sie sich zu diesem Zeitpunkt aber nicht nur den Briten, sondern auch der Realität beugen. Die volle Mobilisierung ihrer Ressourcen brauchte Jahre. Als eigentlich unbeabsichtigte Folge davon konnten sie ihre industrielle Überlegenheit immer mehr ausspielen und somit die eigenen Verluste möglichst gering halten. Damit fielen ihre operativen Schwächen – genauso wie bei den Briten – kaum mehr ins Gewicht.

Man sollte bei den Alliierten nicht ihre Lernfähigkeit unterschätzen. Das traf zwar weniger auf die britische, dafür aber auf die amerikanische Armee zu. Der Erfolg einer Armee hängt immer im starken Maße davon ab, wie schnell sie sich neuen Begebenheiten anpassen und aus bisherigen Fehlern lernen kann. Gerade hier zeigte sich die Stärke der *US Army* in der Normandie. Es war eine eindeutige Entwicklung zum Positiven. Nach dem Ersten Weltkrieg hatte ein US-General seiner *Army* in der Retrospektive einen „Mangel an Hirn“ oder gar „Mangel an Begabung“[4] vorgeworfen. Und auch im Zweiten Weltkrieg musste die *US Army* zunächst Rückschläge hinnehmen, bevor sie in der Normandie endlich Innovationsfreude zeigte. In den sieben Wochen zwischen dem D-Day und *Cobra* hatte sich diese Armee verändert. Dies erkannte auch der Gegner: Rommel hatte bereits zuvor die Amerikaner für ihren Pragmatismus, ihre Anpassungsfähigkeit und den Willen zum schnellen Lernen gelobt. Zu Beginn der Normandieschlacht war der Generalfeldmarschall mit dieser Meinung (wieder einmal) ein Außenseiter in der Wehrmacht. Doch angesichts der Leistungen der *US Army* in der Normandie begannen auch Rommels Kameraden umzudenken. Vom Herbst 1944 bis Spätwinter 1945 zeigten sich aber bei der *US Army* dann wieder vielfach die alten Schwächen.

Die Kämpfe im Westen 1944 zementierten bei den Westalliierten endgültig die militärische Dominanz der Amerikaner gegenüber den Briten, sowohl in fachlicher als auch in quantitativer Hinsicht. Während am *D-Day* noch in etwa gleich viele Briten (oder besser: Commonwealth-Truppen) an Land gingen, so hatte sich das Kräfteverhältnis gegen Kriegsende eindeutig verschoben. 60 US Divisionen und nur mehr 20 aus dem Commonwealth kämpften im Westen gegen die Deutschen. Das hatte freilich auch große Auswirkungen auf die Nachkriegspolitik.

Max Hastings hat über die militärischen Leistungen der Alliierten einmal angemerkt: „Die Normandie ist eine Operation, die ein perfektes Beispiel für die Stärken und Schwächen der Demokratie liefert."[5] Er meinte damit einerseits die fast makellose Organisation und Stabsarbeit für dieses hochkomplexe Unternehmen sowie andererseits die durchschnittliche, bisweilen sogar schwache Leistung im Kampf. Dem ist eigentlich kaum etwas hinzuzufügen, außer der zentralen Anmerkung, dass Kriege nicht alleine auf dem Schlachtfeld entschieden werden.

Dies war bei den Deutschen das grundlegende Missverständnis in ihrem militärischen Denken in der ersten Hälfte des 20. Jahrhunderts. Sie glaubten an eine Entscheidung einzig im Kampf und versuchten mit schnellen Kriegen ihre geostrategischen Schwächen als Macht in der Mitte Europas auszugleichen. So beherrschte die Wehrmacht das operative Denken wie keine zweite Armee im Zweiten Weltkrieg. Mit Erfolg schlug sie in der ersten Kriegshälfte in der Offensive und in der zweiten Kriegshälfte in der Defensive eine Reihe von Vernichtungsschlachten – doch ohne strategisches Ergebnis. Alle taktischen und operativen Erfolge waren wertlos. Insofern hatte Generalfeldmarschall Erich von Manstein mit seinem Diktum der „Verlorenen Siege" doch Recht – auch wenn er diese Aussage in einem falschen Zusammenhang traf. Im Westen 1944 kam noch etwas Weiteres hinzu: Die Alliierten ließen es mit ihrem Ansatz der Materialschlacht gar nicht mehr zu, dass die Deutschen ihre operative Stärke ausspielen konnten. Da zählte es auch wenig, dass bis zum Beginn des Kessels von Falaise und *Dragoon* die deutschen Verluste mit 160 000 Mann sogar geringer als jene der Alliierten mit 180 000 Mann waren.[6]

Warum kämpften die Deutschen in diesem Krieg so lange? Historiker haben pausenlos darauf hingewiesen, dass der Krieg seit Ende 1941 vor Moskau, spätestens aber nach Stalingrad Anfang 1943 aussichtslos gewesen sei. Sie sprachen daher von einer Realitätsverweigerung der Wehrmacht. Das ist aus der Rückschau sicherlich richtig, doch aus der Perspektive der Zeit stellte sich die Sache anders dar. Dabei ist ein Verständnis des damaligen deutschen operativen Denkens, des „military mindsets", unerlässlich. Die deutschen Militärs dachten nicht in Kategorien von industriellem Ausstoß und Ermattungsstrategie. Sie dachten vielmehr in eben jener Kategorie der Entscheidungsschlacht oder anders ausgedrückt: einem singulären Ereignis, das den gesamten Kriegsverlauf völlig umwirft oder doch zumindest eine Kettenreaktion auslöst. Daher klammerten sie sich so sehr an die alliierte Landung als Entscheidungsschlacht. Und als diese verloren war und die Alliierten sich im Herbst die Zähne an der Reichsgrenze ausbissen, schien sich mit einer Gegenoffensive der letzten Reserven eine neue – diesmal aber wirklich endgültige – Option anzubieten. Die Ardennenoffensive – so dilettantisch sie auch in der Logistik geplant war – hatte also im deutschen militärischen Denken durchaus einen festen rationalen Kern. Ende Dezember war aber dieses Denken an der Realität gescheitert. Doch die Wehrmacht kämpfte im Westen trotzdem weiter – ob bewusst nur mit halber Kraft oder um damit die „Pflicht zum Untergang"[7] zu erfüllen, sei dahingestellt.

So zog sich der Krieg noch einmal gut vier Monate in die Länge. Es waren die blutigsten Monate für die Deutschen im gesamten Krieg: 1,5 Millionen Soldaten der Wehrmacht und der Waffen-SS starben im Kriegsjahr 1945, wenngleich eher an der Ost- als an der Westfront. Das waren 29 Prozent aller Todesfälle im gesamten Krieg.[8] Hinzu kamen Hunderttausende Tote unter der deutschen Zivilbevölkerung sowie nicht-deutschen Zwangsarbeitern, Kriegsgefangenen und vor allem KZ-Häftlingen.

Während die Rote Armee ab dem 13. Januar in einer Großoffensive die deutschen Linien im Osten stellenweise förmlich überrannte, schoben sich die Westalliierten nur langsam an den Rhein heran. Am 7. März brachten die Amerikaner die unzerstörte Ludendorff-Brücke bei Remagen in ihren Besitz und überschritten den Fluss. Gut zwei Wochen später, am 23./24. März, folgten Briten, Kanadier sowie weitere US-Truppen am Oberrhein. In den kommenden Wochen schlossen diese Einheiten die deutsche Heeresgruppe B im „Ruhr-Kessel“ ein. Model beging Selbstmord, die Reste kapitulierten am 21. April. Es war die einzige erfolgreiche große Kesselschlacht der Westalliierten im Krieg. Zu diesem Zeitpunkt rasten andere westalliierte Truppen aber schon durch Deutschland. Frankfurt/Main war bereits am 29. März in ihre Hand gefallen, München folgte am 30. April, Hamburg am 3. Mai. Am 25. April reichten sich Soldaten der *US Army* und der Roten Armee bei Torgau an der Elbe symbolisch die Hände. Nach Hitlers Selbstmord am 30. April unterzeichnete Jodl am 7. Mai in Reims die Kapitulationsurkunde mit den Westalliierten, einen Akt, den Keitel am 8./9. Mai in Berlin-Karlshorst noch einmal für alle drei Teilstreitkräfte im Beisein aller Alliierten wiederholte. Das Dritte Reich hatte damit bedingungslos kapituliert, der „letzte deutsche Krieg“[9] sein Ende gefunden.

# Deutsche Stellenbesetzung, Juni/Juli 1944

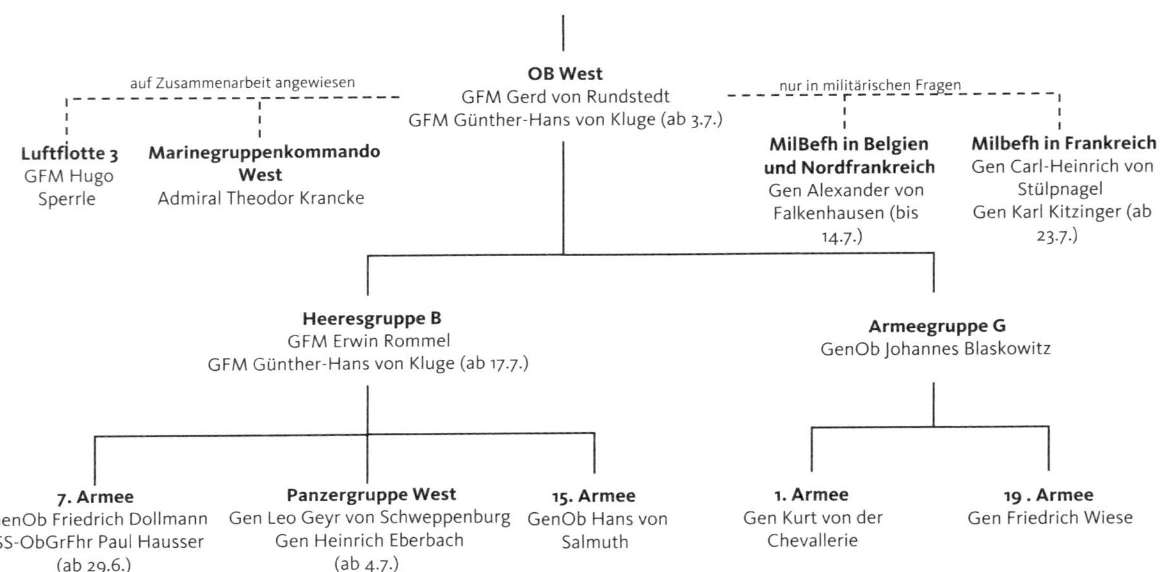

# Deutsche Stellenbesetzung, Oktober 1944

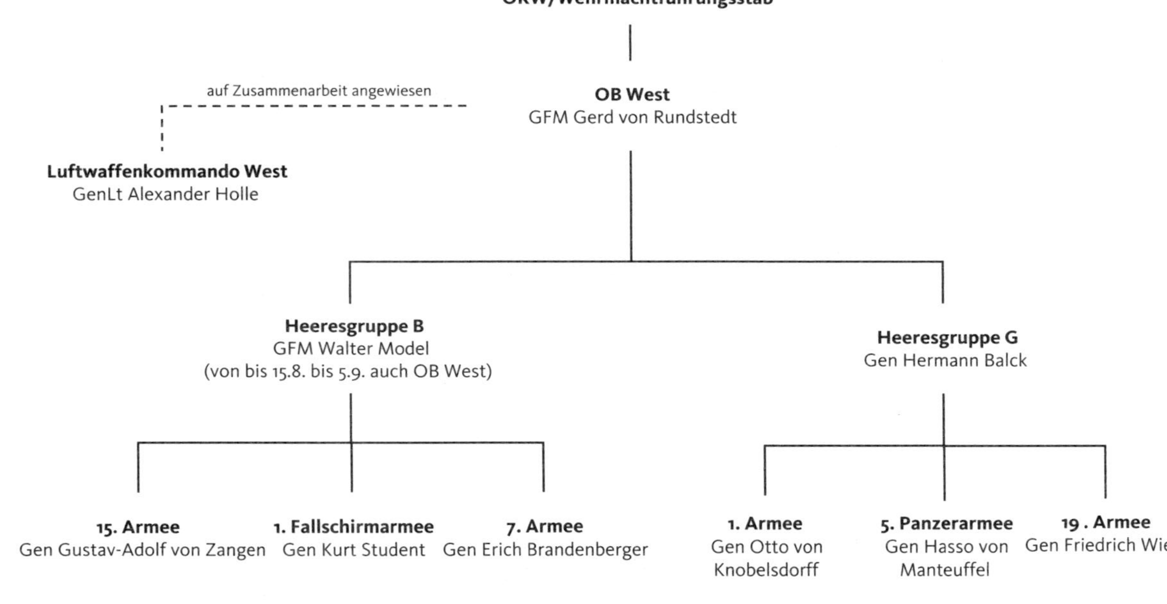

# Alliierte Stellenbesetzung, Juni 1944

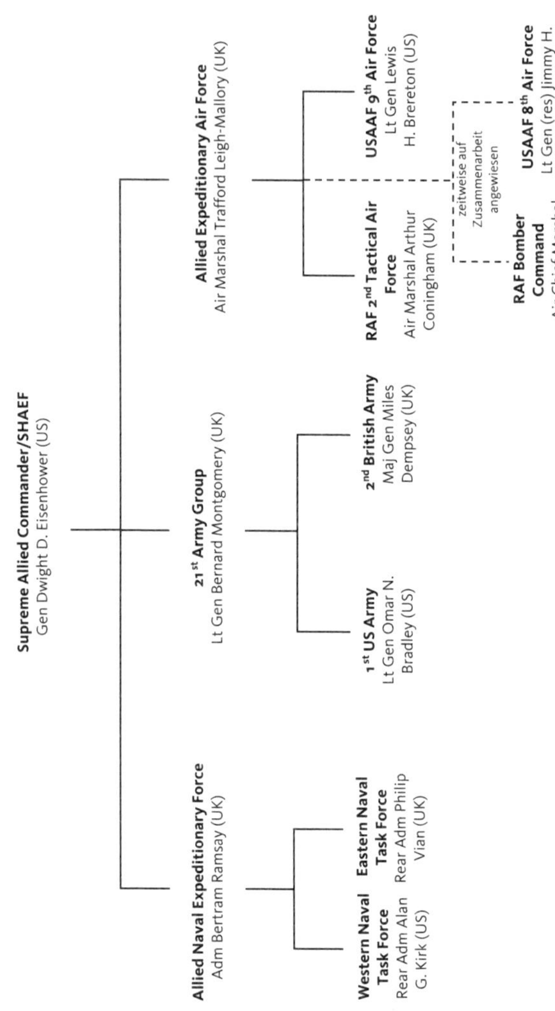

# Alliierte Stellenbesetzung, Ende Oktober 1944

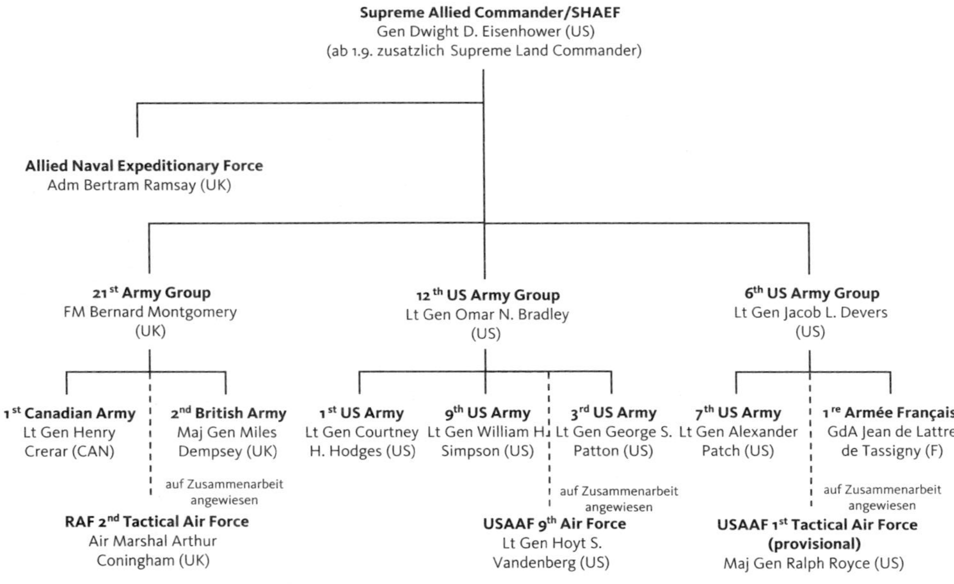

## Zeittafel

### 1940

| | |
|---|---|
| 10. Mai | Beginn der deutschen Offensive im Westen |
| 18. Juni | Aufruf von General Charles de Gaulle in London an seine Landsleute zur Fortführung des Kampfes (*Appel du 18 juin*) |
| 22. Juni | Deutsch-französischer Waffenstillstand von Compiègne |

### 1941

| | |
|---|---|
| 11. Dezember | Deutsche Kriegserklärung an die USA |
| 14. Dezember | OKW-Befehl zum Bau eines „Atlantikwalls" in Westeuropa |

### 1942

| | |
|---|---|
| 19. August | Gescheitertes britisch-kanadisches Landungsunternehmen bei Dieppe (*Operation Jubilee*) |
| 8. November | Alliierte Landung in Nordafrika (*Operation Torch*) |
| 11. November | Deutsch-italienische Besetzung Vichy-Frankreichs („Unternehmen Anton") |

### 1943

| | |
|---|---|
| 13. Mai | Kapitulation von 250.000 italienischen und deutschen Truppen in Tunis |
| 10. Juli | Alliierte Landung in Sizilien (*Operation Husky*) |
| Anfang September | Alliierte Landung auf dem italienischen Festland; Waffenstillstand zwischen Italien und den Westalliierten<br>In den folgenden Tagen deutsche Entwaffnung der italienischen Streitkräfte, darunter auch in Südostfrankreich („Unternehmen Achse") |
| 3. November | Hitlers „Weisung Nr. 51": Priorität des westlichen Kriegsschauplatzes |

| | |
|---|---|
| Mitte Dezember | Bildung des *Supreme Headquarters Allied Expeditionary Force* (SHAEF); Ernennung von General Dwight D. Eisenhower zum *Supreme Allied Commander*; General Bernard Montgomery wird Oberbefehlshaber der *21st Army Group* |

**1944**

| | |
|---|---|
| Februar bis April | Erste große deutsche militärische Operationen gegen den *Maquis* im Jura, den Alpen (Plateau des Glières) und der Dordogne |
| April/Mai | Alliierte Luftoffensive über Westeuropa zur Vorbereitung auf *Overlord* |
| 6. Juni | *Operation Neptune* (D-Day): Beginn von *Overlord* zur Befreiung Westeuropas. Erfolgreiche Landung von sechs Infanterie Divisionen an fünf Stränden der Normandie (*Sword, Juno, Gold, Omaha* und *Utah*); zusätzliche Landung von drei Luftlande Divisionen im Hinterland der Normandie |
| 8. Juni | Befreiung von Bayeux |
| 10. Juni | Vereinigung aller fünf Landungsstrände<br>Massaker von Oradour-sur-Glane mit 642 Opfern durch eine Kompanie der 2. SS-Panzer Division „Das Reich“ |
| 13. Juni | Deutscher Sieg im Gefecht bei Villers-Bocage gegen eine britische *Armoured Brigade* |
| 14. bis 18. Juni | Amerikanischer Durchbruch zur Westküste der Cotentin Halbinsel: Deutsche „Festung“ Cherbourg eingeschlossen |
| 19. bis 22. Juni | „Großer Sturm“ im Ärmelkanal: Zerstörung des amerikanischen *Mulberry Harbor* am Omaha Beach |
| 23. bis 29. Juni | Schlacht um Cherbourg |
| 26. bis 30. Juni | Britische Großoffensive auf die Höhe 112 westlich von Caen (*Operation Epsom*) |
| 28. bis 29. Juni | Gegenoffensive des II. SS-Panzer Korps auf die Höhe 112 |
| 3. Juli | Ablösung Rundstedts als OB West durch Generalfeldmarschall Günther von Kluge |

| | |
|---|---|
| 8. bis 9. Juli | Britische Großoffensive östlich von Caen (*Operation Charnwood*): Befreiung des Nordteils der Stadt |
| 17. Juli | Verwundung Rommels nach einem britischen Tieffliegerangriff: Kluge übernimmt zusätzlich den Oberbefehl über die Heeresgruppe B |
| 18. bis 20. Juli | Britische Großoffensive im Raum Caen (*Operation Goodwood*) |
| 21. Juli bis 5. August | Deutsches Großunternehmen gegen FFI-Kräfte im Gebirgsmassiv des Vercors südwestlich von Grenoble |
| 22. Juli | Befreiung von St. Lô durch amerikanische Truppen |
| 25. Juli | Beginn der amerikanischen *Operation Cobra*: Einbruch in die Normandiefront |
| 31. Juli/ 1. August | Amerikanischer Durchbruch bei Avranches: Übergang zum Bewegungskrieg im Westen |
| 7. bis 13. August | Misslungene deutsche Gegenoffensive bei Mortain („Unternehmen Lüttich“) |
| 8. bis 13. August | Britisch-Kanadische Großoffensive südlich von Caen (*Operation Totalise*) |
| 12. bis 21. August | Kesselschlacht von Falaise: Hohe deutsche Verluste an Mensch und Material, doch können die meisten Stäbe entkommen |
| 15. August | Alliierte Landung in der Provence (*Operation Anvil-Dragoon*) |
| 17. August | Ablösung Kluges (Selbstmord, 19. August) durch Generalfeldmarschall Walter Model<br>Befehl Hitlers zum Rückzug aus Südfrankreich |
| 20. bis 29. August | Schlacht von Montélimar: Den Amerikanern gelingt es nicht, die Deutschen im Rhône Tal abzuschneiden |
| 25. August | Befreiung von Paris durch die *2^e^ Division Blindée* und örtliche FFI-Kräfte |
| 5. September | Rundstedt erneut OB West, Model behält den Oberbefehl über die Heeresgruppe B |

| | |
|---|---|
| 11. September | Vereinigung der in der Normandie und der in Südfrankreich gelandeten alliierten Kräfte bei Saulieu (Burgund) |
| 17. bis 25. September | Alliierte Luftlandung zwischen Eindhoven und Arnheim (*Operation Market-Garden*) scheitert |
| 21. Oktober | Alliierte Einnahme Aachens als erste deutsche Großstadt |
| Oktober bis Dezember | Verlustreiche Kämpfe für beide Seiten an der Schelde-Mündung, an der Reichsgrenze (Hürtgen-Wald), in Lothringen und in den Vogesen |
| 16. bis 24. Dezember | Deutsche Großoffensive in den Ardennen („Unternehmen Wacht am Rhein“) scheitert nach ersten Überraschungserfolgen |

**1945**

| | |
|---|---|
| 3. März | Die Amerikaner überschreiten bei Remagen den Rhein |

## Anmerkungen

### 1. Prolog: Zwei Gefechte in einer gigantischen Schlacht

1 Bundesarchiv-Militärarchiv, Freiburg (BA-MA), RS 7/v. 52b. Erklärung an Eidesstatt durch Freiherr Geyr v. Schweppenburg vom 4. 12. 1969. Betrifft: Versorgungsstreitsache Frau Käthe Meyer.

### 2. Strategie: Der Westen 1940–1943

1 So Hitler im Oktober 1940. Vgl. Das Deutsche Reich und der Zweite Weltkrieg, hrsg. v. Militärgeschichtlichen Forschungsamt, Bd. 5/1, Stuttgart 1988, S. 127 (Beitrag Hans Umbreit).

2 Zitiert nach: Hans Umbreit, Der Militärbefehlshaber in Frankreich 1940–1944, Boppard am Rhein 1968, S. 131.

3 Zitiert nach: Ahlrich Meyer, Anmerkungen zu Ernst Jüngers Denkschrift „Zur Geiselfrage", in: VfZ 52 (2004), S. 280–286, hier S. 285.

4 Daten aus: Marc-Olivier Baruch, Das Vichy-Regime. Frankreich 1940–1944, Stuttgart 2000, S. 123. Das Deutsche Reich und der Zweite Weltkrieg, hrsg. v. Militärgeschichtlichen Forschungsamt, Bd. 5/2, Stuttgart 1999, S. 187 u. 198 (Beitrag Hans Umbreit).

5 Vgl. Andreas Hillgruber, Der 2. Weltkrieg. Kriegsziele und Strategien der großen Mächte, Stuttgart u. a. 1982, S. 128.

6 Druck der Weisung Nr. 51 bei: Walther Hubatsch (Hrsg.), Hitlers Weisungen für die Kriegführung 1939–1945. Dokumente des Oberkommandos der Wehrmacht, Frankfurt/Main [2]1962, S. 233–241.

7 Henry Rousso, Vichy. Frankreich unter deutscher Besatzung 1940–1944, München 2009, S. 17.

8 Zitiert nach: ebenda, S. 22.

9 Field-Marshal Lord Alanbrooke, War Diaries 1939–1945, hrsg. v. Alex Danchev und Daniel Todman, Berkley u. a., 2001, S. 406. Original: „depression, at times almost with despair".

10 Winston S. Churchill, The Second World War, Band 5. Closing the Ring. New York 1951, S. 432. Original: "I hoped that we were hurling a wild cat on to the shore, but all we got was a stranded whale."

### 3. Planung: Vorbereitungen auf die Landung

1 Zitiert nach: Dieter Ose, Entscheidung im Westen 1944. Der Oberbefehlshaber West und die Abwehr der alliierten Invasion, Stuttgart 1982, S. 153.

2 Benannt nach dem ehemaligen Kommandanten des Schlachtschiffs Bismarck, Kapitän zur See Ernst Lindemann.

3 Zitiert nach: Mythos Rommel. Katalog zur Sonderausstellung,

hrsg. v. Haus der Geschichte Baden-Württemberg, Stuttgart 2008, S. 86.

4 Zitiert nach: Hans Wegmüller, Die Abwehr der Invasion. Die Konzeption des Oberbefehlshabers West 1940–1944, Freiburg 1979, S. 84.

5 Ende Juni kamen mit der 9. SS-Panzer Division „Hohenstaufen" sowie der 10. SS-Panzer Division „Frundsberg" noch zwei weitere SS-Divisionen von der Ostfront hinzu.

6 Vgl. BA-MA, RH 2/1506. Generalstab des Heeres. Abt. Frd. Heere West III. Nr. 4384/43 g. v. 18. 5. 1943. Bewertung der britischen Führung und Truppe nach den Kampferfahrungen in Nordafrika.

7 Vgl. BA-MA, RH 2/1506. Generalstab des Heeres. Abt. Fremde Heere West/Ia. Nr. 1272/44 geh. v. 4. 2. 1944. Einzelnachrichten des Ic-Dienstes West Nr. 25.

8 Vgl. Basil Liddell Hart (Hrsg.), The Rommel Papers, London 1953 S. 404.

9 So der im Frühjahr als Chef des Stabes zur Armeegruppe G nach Südfrankreich versetzte Generalmajor Heinz von Gyldenfeldt. Vgl. BA-MA, MSg 1/1508. Kriegsaufzeichnungen aus den Jahren 1941/45 von Heinz von Gyldenfeldt. 2. Band, Eintrag vom 11. 5. 1944.

10 Vgl. Williamson Murray, „In the air, on the ground, and in the factories". Air Power, in: The D-Day Companion. Leading Historians explore History's greatest Amphibious Assault, hrsg. v. Jane Penrose, Oxford 2004, S. 111–126, hier: S. 120.

11 Näheres bei Peter Lieb, Konventioneller Krieg oder NS-Weltanschauungskrieg? Kriegführung und Partisanenbekämpfung in Frankreich 1943/44, München 2007, S. 82–130.

12 Vgl. BA-MA, RH 20–7/206. Tätigkeitsbericht der Abt. IIa/IIb für die Zeit von 1. 1.–31. 3. 1944.

13 Vgl. BA-MA, RH 19 XII/3. Oberkommando Armeegruppe G. Abt. Ia Nr. 92/44 g.Kdos. v. 16. 5. 1944. Bemerkungen zur Reise des Herrn Oberbefehlshabers in der Zeit vom 13. bis 15. 5. 1944 im Bereich des AOK 19.

14 Heinrich Böll, Briefe aus dem Krieg 1939–1945, hrsg. u. kommentiert v. Jochen Schubert, 2. Band, Köln 2001, S. 918. Brief an Annemarie Böll vom 9. 10. 1943.

15 Hitlers Lagebesprechungen. Die Protokollfragmente seiner militärischen Konferenzen, 1942–1945, hrsg. v. Helmut Heiber, Stuttgart 1962, S. 840. Lagebesprechung vom 23. März 1945.

16 BA-MA, RH 20–15/90. Arbeitsplan für die nationalsozialistische Führung im Bereich A.O.K.15. Die Invasion [Ende April/Anfang Mai 1944].

17 Bernd Wegner, Hitlers Politische Soldaten. Die Waffen-SS 1933–1945. Leitbild, Struktur und Funktion einer nationalsozialistischen Elite, Paderborn u. a. 1982.

18 Zitiert nach ebenda, S. 193.

19 Vgl. BA-MA, RS 3–17/4. 17. SS-Pz.Gren.Division „Götz von Berlichingen". Abt. Ia Nr. 93/43 geh. v. 3. 12. 1943.
20 Carlo d'Este, Decision in Normandy, New York 1983, S. 34. Original: „to defeat the German fighting forces in north-west Europe".
21 Ebenda, S. 37. Original: „important milestone in cross-Channel planning […] which could be acted upon by the Combined Chiefs of Staffs".
22 Montgomery soll in den späten 1960er Jahren an der Militärakademie Sandhurst einen Vortrag gehalten haben, worin er die drei seiner Meinung nach größten Feldherren der Weltgeschichte aufzählte: „Caesar, Napoleon and myself!" Als die Kadetten dies für einen Scherz hielten und lachten, soll Montgomery sehr ungehalten reagiert haben.
23 Vgl. BA-MA, RW 4/603. Chef des Transportwesens der Wehrmacht. Abt. (IIIb2). Nr. 04 399/44 geh. v. 8. 5. 1944. Betr.: Bandentätigkeit im Monat April 1944 in den besetzten Ost- und Westgebieten, im Südostraum und in Italien.
24 Vgl. Archives Nationales Paris (AN), F1a/3747. C.F.L.N. Commissariat à l'Intérieur. Service courrier. Documentation et Diffusion. Réf. à rappeler: ATE/13/36 800. Dif.: 24. 5. 44. Resultat des derniers bombardements sur la région Parisienne.
25 Zitiert nach: Gordon A. Harrison, Cross-Channel Attack, Washington D.C. 1951, S. 170. Original: „Give me five divisions or get someone else to command."
26 Vgl. Olivier Wieviorka, Normandy. The Landings to the Liberation of Paris, Cambridge und London 2008, S. 102.
27 Original: „You are about to embark upon the Great Crusade, toward which we have striven these many months. […] In company with our brave Allies and brothers-in-arms on other Fronts, you will bring about the destruction of the German war machine, the elimination of Nazi tyranny over the oppressed peoples of Europe, and security for ourselves in a free world. […] Good Luck! And let us all beseech the blessing of Almighty God upon this great and noble undertaking."
28 The National Archives Kew (TNA), WO 171/128. 21 Army Group. Personal Message from the C-in-C. To be read to all troops. Original: „To us is given the honour of striking a blow for freedom which will live in history; and in the better days that lie ahead men will speak with pride of our doings. We have a great and righteous cause. […] Good luck to each one of you. And good hunting on the mainland of Europe."

**4. Operation Neptune: Der D-Day, 6. Juni 1944**

1 Korsika war bereits im Herbst 1943 befreit worden. Es ließe sich sogar einwenden, dass die drei zum französischen Mutterland ge-

hörigen Départements im heutigen Algerien bereits Ende 1942 in die Hand der Freien Franzosen fielen.

2 Vgl. BA-MA, RH 19 IV/133. [OB West, Ic] Oberleutnant Heilmann. Meldung über die Fahrt zur 7. Armee vom 15.–18. 6. 1944.

3 Vgl. BA-MA, RH 20–7/154. Armeeoberkommando 7. Ia [...]/44 g. Kdos. v. 9. 6. 1944. Beurteilung der Lage.

4 Williamson Murray, „A visitor to hell". On the Beaches, in: Penrose (Hrsg.), D-Day Companion, S. 145–161, hier: S. 155. Original: „strictly bush-league stuff".

5 Für viele interessante Einblicke zum Omaha Beach vgl. Steven Zaloga, The Devil's Garden. Rommel's Desperate Defense of Omaha Beach D-Day 1944, Mechanicsburg 2013.

6 David Belchem, Victory in Normandy, London 1981, S. 109. Original: „the most disappointing of all assault sectors".

7 Vgl. Chester Wilmot, The Struggle for Europe, London 1952, S. 304/305.

8 Für diese Schätzungen vgl. Zaloga, Devil's Garden, S. 71. Die Besatzungen in den Widerstandsnestern am Omaha Beach gibt Zaloga allerdings vermutlich zu hoch an.

9 BA-MA, MSg 1/1508. Kriegsaufzeichnungen aus den Jahren 1941/45 von Heinz von Gyldenfeldt. 2. Band, Eintrag vom 6. Juni 1944.

### 5. Normandieschlacht I: Krieg von „oben"

1 Stephen Hart, Montgomery and „Colossal Cracks". The 21[st] Army Group in Northwest Europe, 1944–45, Westport und London 2000, S. 71. Original: „unimpressive combat performance of Anglo-Canadian forces troops in Northwest Europe".

2 Antony Beevor, D-Day. The Battle for Normandy, London 2009, S. 190. Orignal: „one of the most devastating ambushes in British military history."

3 Hart, Montgomery, S. 18, Endnote 11. Original: „concentrate great strength at some selected place and hit the Germans a colossal crack." Das Zitat stammt vom November 1944, doch hatte Montgomery das Wort „colossal crack" bereits in Nordafrika gebraucht.

4 Simon Trew und Stephen Badsey, Battle for Caen, Stroud 2004, S. 71/72 (= Battle Zone Normandy, Bd. 11).

5 Zetterling, Normandy 1944, S. 41. Ian Gooderson, Air Power at the Battlefront. Allied Close Air Support in Europe 1943–1945, Abingdon und New York 1997, S. 114, 121 und 250 f.

6 BA-MA, RH 19 XII/6. Oberkommando Armeegruppe G. Ia Nr. 756/44 geh. v. 19. 7. 1944. Invasionserfahrungen Nr. 9.

7 BA-MA, M-854. 12. SS-Pz.Div. „Hitlerjugend". Abt. Ic. 7. 7. 1944. Ic-Nachrichtenblatt.

8 D'Este, Decision, S. 252. Original: „The good general must not only win his battles; he must win them with a minimum of casualties and loss of life."

9 Imperial War Museum (IWM), Montgomery Ancillary Collection 16, BLM 119/9. Bericht Montgomery an Brooke, 15 Juli 1944. Original: „not battle worthy. It does not fight with determination and has failed in every operation it has been given to do."
10 Hart, Montgomery, S. 54.
11 Martin Blumenson, The most over-rated General of World War Two, in: Armor (May-June 1962), S. 4–10.
12 Vgl. Heiber, Lagebesprechungen, S. 600f. Diese Worte benutzte Hitler in einer Besprechung mit Jodl vom 31. 7. 1944.
13 Vgl. Roland G. Ruppenthal, Logistical Support of the Armies, Vol. I: May 1941 – September 1944, Washington 1953, S. 417.
14 Viel bedeutender für die Versorgung war hingegen der britische Mulberry B bei Arromanches: Über ihn lief knapp 50 Prozent des gesamten britischen Nachschubs.
15 Vgl. Steve R. Waddell, United States Army Logistics. The Normandy Campaign, 1944, Westport und London 1994, S. 86.
16 US Army Military History Institute (USAMHI), Bradley Papers. Hansen Diary, Eintrag vom 9. 6. 1944. Original: „damndest country you ever saw".
17 Captain Donald E. Bovee, How we cleaned out the Hedgerows, in: Infantry Journal, Vol. LV, No. 4, Oct. 1944, S. 9–18, hier: S. 9. Original: „This hedgerow business is a series of little skirmishes clear across the front, thousands and thousands of little skirmishes. No single one of them is very big. But add them all up over the days and weeks and you've got a man-sized war with thousands on both sides being killed."
18 Zitiert nach: Peter R. Mansoor, The GI Offensive in Europe. The Triumph of American Infantry Divisions, 1941–1945, Lawrence 2002, S. 143. Original: „The entire operation resolved itself into a species of jungle or Indian fighting, in which the individual soldier or small groups of soldiers play a dominant part."
19 Vgl. Michael Doubler, Busting the Bocage. American Combined Arms Operations in France, 6 June – 31 July 1944, Fort Leavenworth 1988, S. 49/50.
20 Vgl. Romie L. Brownlee und LtCol William J. Mullen III, Changing an Army. An Oral History of General William E. DePuy, United States Military History Institute, Carlisle Barracks 1986, S. 86.
21 Vgl. TNA, CAB 106/1008. First U. S. Army Report of Operations 20 October 1943–1 August 1944, Book VI, Annex 13, Ordnance Section, S. 73–75.
22 Patton sagte damals: „Wenn ihr auf den Feind trifft, werden wir ihn töten. Wir gewähren ihm keine Gnade. […] Dieser Bastard muss sterben! Ihr müsst ihn töten. Stecht ihm zwischen die dritte und vierte Rippe. Ihr müsst das euren Männern sagen. Sie müssen den Killer-Instinkt haben. Sagt ihnen, sie müssen ihn abstechen. Er

kann dann nichts mehr machen. Stecht ihnen in die Leber. Wir werden den Namen von Mördern kriegen und Mörder sind unsterblich." Zitiert nach James J. Weingartner, Massacre at Biscari. Patton and an American War Crime, in: The Historian 52 (1989), S. 24–39, S. 30. Original: „When you meet the enemy, we kill him. We will show him no mercy. […] That bastard will die! You must kill him. Stick him between the third and fourth ribs. You will tell your men that. They must have the killer instinct. Tell them to stick him. He can do no good then. Stick them in the liver. We will get the name of killers and killers are immortal."

23 Stanley P. Hirshson, General Patton. A Soldier's Life, New York 2002, S. 707. Original: „the American version of his ideal, ‚the warrior soul.'"

24 Vgl. IWM, AL 1697/3. Major i.G. v. Ekesparre. Ib HGr B, 17. Juni 1944. Bericht über den Führervortrag am 17. 6. 1944.

25 Archiv des Instituts für Zeitgeschichte (IfZ-Archiv), NOKW-1040. WFSt/Op. 2. 7. 1944. 2. Lage, 10,45 h.

26 BA-MA, RH 19 IX/85. Heeresgruppe B. Abt. Ia. KTB. Eintrag vom 1. 7. 1944.

27 Sein ehemaliger Chef des Stabes, Generalmajor Max Pemsel, behauptete, Dollmann habe Selbstmord begangen. Das Schicksal des Generaloberst lässt sich heute letztlich nicht mehr vollständig aufklären.

28 Vgl. Die Tagebücher des Joseph Goebbels, Teil 2, Bd. 13, hrsg. v. Elke Fröhlich, München 1995, S. 49. Eintrag vom 4. Juli 1944.

29 Vgl. BA-MA, RH 21–5/49. PzAOK 5. KTB Abt. Ia. Eintrag vom 19. 7. 1944.

30 Vgl. TNA, WO 208/4363. C.S. D.I.C. (U.K.). G.R.G.G. 187 (C) [ohne Datum, wohl ca. 2./3. September 1944].

31 Zitiert nach: Ose, Entscheidung, S. 167.

32 BA-MA, RH IX/8. Oberbefehlshaber West. Ia Nr. 5895/44 g.Kdos. v. 21. 7. 1944.

33 Zur Diskussion vgl. Peter Lieb, Erwin Rommel. Widerstandskämpfer oder Nationalsozialist?, in: Vierteljahrshefte für Zeitgeschichte 61 (2013), S. 321–361.

34 IfZ-Archiv, MA-1376. OB West. Ia Nr. 5895/44 g.Kdos. v. 21. 7. 1944.

35 BA-MA, RH 20–7/145. Ferngespräch Generalfeldmarschall Kluge mit General Warlimont vom 31. 7. 1944.

36 Von insgesamt etwa 165 Divisionen kamen acht von der Waffen-SS. Unter diesen acht Divisionen befanden sich wiederum nur vier deutsche, die anderen rekrutierten sich aus Letten, Esten und Ukrainern.

37 Karl-Heinz Jahnke, Hitlers letztes Aufgebot. Deutsche Jugend im sechsten Kriegsjahr 1944/45, Essen 1993, S. 58 f.

38 Vgl. TNA, WO 171/287. 8 Corps Intelligence Summary No. 50. (Up to 2359hrs 18 Aug 44).

39 Für die alliierten Zahlen vgl. Montgomery and the Battle of Normandy. A Selection from the Diaries, Correspondence and other Papers of Field Marshal The Viscount Montgomery of Alamein, January to August, 1944, hrsg. Stephen Brooks, Stroud 2008, S. 186. Die deutschen Zahlen wurden errechnet nach Zetterling, Normandy 1944. Nicht enthalten sind in dieser Rechnung die Panzer der 9., 11. und 116. Panzer Division, die zu diesem Zeitpunkt noch nicht in der Normandie eingesetzt waren.

40 BA-MA, RH 19 IX/8, Der Oberbefehlshaber der Heeresgruppe B. Betrachtungen zur Lage, 15. 7. 1944.

41 Zitiert nach Ose, Entscheidung, S. 210. Vollkommen „vernichtet" war die Division allerdings nicht, wie Bayerlein meldete. Sie hatten im Juni und Juli etwa 6000 Mann Verluste zu beklagen bei einer ursprünglichen Stärke von etwa 15 000 Mann. Allerdings traten die Verluste fast allesamt bei der Kampftruppe auf. Insofern hatte Bayerlein doch nicht ganz unrecht.

42 Vgl. BA-MA, RH 19 IV/51. Ferngespräch Feldmarschall v. Kluge – Gen.d.Inf. Blumentritt vom 31. 7. 1944. Zeit 19.23 h bis 19.28 h.

**6. Normandieschlacht II: Krieg von „unten"**

1 Vgl. John Ellis, The sharp End of War. The Fighting Man in World War II, London 1980, S. 88–90.

2 Vgl. David French, Raising Churchill's Army, The British Army and the War against Germany 1939–1945, Oxford u.a. 2000, S. 241.

3 Vgl. Graham A. Cosmas/Albert E. Cowdrey, The Medical Department. Medical Service in the European Theater of Operations, Washington 1992, S. 224/225. Die restlichen Verwundungen gingen auf Bomben (ca. 5 %), Minen („blast injuries", ca. 4 %) sowie andere zurück (ca. 10 %).

4 Vgl. Ronald F. Bellamy/Russ Zajtchuk, Assessing the Effectiveness of Conventional Weapons, in: dies., Conventional Warfare. Ballistic, Blast and Burn Injuries, Washington 1990, S. 53–82, hier: S. 62.

5 Mansoor, GI Offensive, S. 143.

6 BA-MA, RS 3–17/9. 17.SS-Pz.Gren.Division „Götz von Berlichingen". Ia. 17. 7. 1944. Betr.: Personeller Zustand der Division. BA-MA, RH 24–81/141. 346. Inf.Div. Abt. Ic. 20. 6. 1944. Betr.: Fernschreiben Gen.Kdo. LXXXI. A. K. Ic vom 15. 6. 44.

7 Vgl. Bellamy/Zajtchuk, Assessing, S. 61.

8 Vgl. French, Raising Churchill's Army, S. 147.

9 US Army Military History Institute, Hodges/Sylvan diary, Eintrag vom 17. 7. 1944.

10 Jeffrey J. Clarke und Robert Ross Smith, Riviera to the Rhine, Washington D.C. 1993, S. 568.

11 BA-MA RH 24–74/14. Der Kommandierende General des LXXIV. A. K. Abt. Ia Nr. 800/44 g.Kdos. v. 19. 5. 1944.

12 BA-MA, RH 19 IV/149. Oberbefehlshaber West. NSFO Nr. 5/44 geh. v. 23. 6. 1944. Betr.: NS-Führung.
13 IfZ-Archiv, MA-1376. OB West. Ia Nr. 5895/44 g.Kdos. v. 21. 7. 1944.
14 BA-MA, RH 20–7/397. AOK 7. KTB Abt. Ia. Eintrag vom 15. 7. 1944.
15 Vgl. Georg Berger, Die Beratenden Psychiater des deutschen Heeres 1939 bis 1945, Frankfurt/Main u. a. 1998, S. 246.
16 Vgl. French, Raising Churchill's Army, S. 77.
17 Vgl. Wieviorka, Normandy, S. 269.
18 Vgl. Marco Sigg, „Der Unterführer als Moltke im Taschenformat" – Auftragstaktik im deutschen Heer 1935–1945, Diss. Universität Bern 2011.
19 French, Raising Churchill's Army, S. 153. Original: „that their first duty was to obey their superior's orders."
20 BA-MA, RS 3–17/9. Meldung von SS-Pz.Gren.Rgt 37 vom 11. 7. 44.
21 Vgl. Samuel L. A. Marshall, Men against Fire: The Problem of Battle Command in Future War, Norman 2000 (Originalausgabe 1947), besonders S. 56, 71 u. 78.
22 Marshall, Men, S. 5. Original: „the murderous impulse of the hunter"
23 Peter S. Kindsvatter, American Soldiers. Ground Combat in the World Wars, Korea and Vietnam, Lawrence 2003, S. 192. Original: „accepted killing as a distasteful part of the job and did not dwell on this matter".
24 Vgl. TNA, CAB 106/1008. First U.S. Army Report of Operations 20 October 1943 – 1 August 1944, Book VI, Annex 13, Ordnance Section, S. 73–75.
25 Michael D. Doubler, Closing with the Enemy. How GIs fought the War in Europe, 1944–1945, Lawrence 1995, S. 39. Original: „lack of aggressiveness [...] a major problem in most infantry units."
26 Mansoor, GI Offensive, S. 143. Original: „a Hobbesian universe where life was solitary, poor, nasty, brutish and often short."
27 Für eine eher „soldatische Wehrmacht" vgl. Sönke Neitzel und Harald Welzer, Soldaten. Protokolle vom Kämpfen, Töten und Sterben, Frankfurt/Main 2011. Dagegen für eine eher NS-indoktrinierte Wehrmacht, v. a. im Führerkorps, vgl. Felix Römer, Kameraden. Die Wehrmacht von innen, München 2012.
28 BA-MA, RS 3–9/7. SS-Pz.Gren.Rgt. 19 „Hohenstaufen". Kommandeur. Ausbildungsrichtlinien zum Ausbildungsplan des Regiments v. 28. 10. 44.
29 Carl von Clausewitz, Vom Kriege. Hinterlassenes Werk des Generals Carl von Clausewitz, Bd. 1–3, Berlin 1832–1834, 1. Buch, 1. Kapitel.
30 Jünger, Ernst, Strahlungen I, 4. Auflage, München 1998, S. 443 f. Tagebucheintrag vom 11. Dezember 1942.
31 Vgl. Russell Miller (Hrsg.), Nothing less than Victory. An Oral History of D-Day, London 1993, S. 516 f. Original: „If a German soldier

appeared, everybody fired at him. It was no bother, we didn't think of them as human beings. When I say we were brainwashed that sounds a bit over the top, but you literally didn't even think about it. You are there, there is noise, everybody is shouting and screaming and suddenly you see this figure. In the excitement you fire at him. […] Even when he has fallen you still keep firing. […] Some Germans were trying to surrender but in the excitement we fired on them before they had any chance to put their hands up. […] Some people still kept firing, but I don't think our lads were saying, well, I don't care if that man wants to surrender or doesn't want to surrender. I'm going to shoot him anyway. I don't think that was in anyone's mind. I think it was the excitement of constantly stuffing fresh ammunitions into magazines and blazing away."

32 Vgl. BA-MA, M-854. 12. SS-Panzer-Division „Hitlerjugend". Kommandeur. Divisions-Tagesbefehl v. 3. 7. 1944.

33 George Henry Bennett, Destination Normandy: three American regiments on D-Day, Westport 2007, S. 78. Original: „rests on the assumption that the GI in World War II behaved with saint-like restraint in the midst of mass murder."

34 Vgl. BA-MA, RH 19 IV/134. OB West. Ic. KTB. Tägliche Kurznotizen 6. 6.–30. 6. 44. Gespräch mit Major v. Zastrow am 19.6. und Gespräch mit Major von Graevenitz vom 21. 6. 1944.

35 Vgl. BA-MA, RH 19 IV/133. Oberleutnant Heilmann. Meldung v. 18. 6. 1944 über die Fahrt zur 7. Armee vom 15.–18. 6. 1944.

36 Howard Margolian, Conduct Unbecoming. The Story of the Murder of Canadian Prisoners of War in Normandy, Toronto u. a. 1998, S. 124. Original: „a few old scores".

37 Forrest C. Pogue, Pogue's War. Diaries of a WWII Combat Historian, Lexington 2001, S. 327. Original: „„Many of them have developed a taste for killing to the extent that they cannot be sent on patrols when they want to take prisoners because they refuse to take them. One young, blue-eyed, baby-faced lieutenant had killed more than fifty and preferred to cut their throats."

38 „Einmal tötete ich eine sehr patzigen SS Kraut, der, als ich ihm sagte, ich würde ihn töten, wenn er mir nicht die Fluchtzeichen verraten würde, sagte: Du wirst mich nicht töten, behauptete der Kraut. Weil du Angst hast und weil Du eine degenerierte Mischrasse bist. Außerdem verstößt es gegen die Genfer Konvention. Was für ein Fehler, Bruder, sagte ich zu ihm und schoss ihm dreimal schnell in den Bauch und dann, als er in die Knie ging, schoss ich ihm dreimal oben drauf, so dass sein Gehirn aus seinem Mund rauskam oder, wie ich vermute, war es seine Nase." Vgl. Ernest Hemingway, Selected Letters 1917–1961, hrsg. v. Baker, Carlos, New York 1981, S. 672. Brief an Charles Scribner vom 27. 8. 1949. Original: „One time I killed a very snotty SS kraut who, when I told him

I would kill him unless he revealed what his escape route signs were said: You will not kill me, the kraut stated. Because you are afraid to and because you are a race of mongrel degenerates. Besides it is against the Geneva Convention. What a mistake you made, brother, I told him and shot him three times in the belly fast and then, when he went down on his knees, shot him on the topside so his brains came out of his mouth or I guess it was his nose."

39 IfZ-Archiv, NOKW-2533. Der Oberbefehlshaber der 15. Armee. Ia Nr. 0176/43 g.Kdos./Chefs. 26. Oktober 1943.

40 BA-MA, RH 19 IX/18. Obkdo. H. Gr. B. Ic Nr. 2301/44 geh. v. 4. 7. 1944. Betr.: Verhalten der Zivilbevölkerung bei Kampfhandlungen und Spannungslagen.

41 Vgl. AN, AJ40/536, dr. 2. Militärverwaltung in Frankreich. Abschlußbericht der Verwaltung. Allgemeines (Ziff. I bis VI). Gruppe „Allgemeine und innere Verwaltung" (Ziff. VII). Abgeschlossen am 25. 3. 1945.

42 Vgl. Michel Boivin/Gérard Bourdin/Bernard Garnier/Jean Quellien, Les Victimes Civiles de Basse Normandie dans la Bataille de Normandie, Caen 1996, S. vii f.

43 Vgl. Dwight D. Eisenhower, Invasion. General Eisenhowers eigener Kriegsbericht, Hamburg 1949, S. 48 f.

44 Vgl. TNA, WO 171/286. Operation Overlord. 8 Corps Planning Intelligence Notes No. 1 [Anfang Mai 1944]. Top secret.

45 Brooks, Montgomery, S. 143. Original: „I see the SHAEF communique said yesterday the town had been ‚liberated'. Actually it has been completely flattened and there is hardly a house intact; all the civilians have fled. It is a queer sort of libertation!!!"

46 Alanbrooke, War Diaries, S. 557, Eintrag vom 12. Juni 1944. Original: „how little affected the country had been by the German occupation and 5 years of war"; „The French population did not seem in any way pleased to see us arrive as a victorious country to liberate France. They had been quite content as they were, and we were bringing war and desolation to the country." Auch Montgomery meinte in einem Memorandum vom 12. Juni, die Zivilbevölkerung mochte die Briten nicht besonders, während die Deutschen „ziemlich gut" zu den Franzosen gewesen seien. Vgl. Brooks, Montgomery, S. 132.

47 Civil Affairs and Military Government. North-West Europe 1944–1946, hrsg. v. F. S. V. Donnison, London 1961, S. 74. Original: „Looting by troops pretty general. British prestige has fallen here today."

48 TNA, WO 171/336. Main HQ 30 Corps 111/21/GSI (b). 25 June 1944. Periodical Counter Intelligence Report No. 2 for Period ending 24 June 1944. Original: „Having waited four years to be liberated we did not expect to be pillaged; even the Germans did not that."

49 Vgl. Wieviorka, Normandy, S. 328 f.

50 TNA, WO 171/340. Main 30 HQ Corps. 111/21/GSI (b). Periodical Counter Intelligence Report No. 6 for Period ending 24 August 1944. Original: „The people of the Dep[artmen]t of Orne appear to be glad to see us. Welcome of forward troops has in many cases been enthusiastic."

51 TNA, WO 171/341. Main HQ 30 Corps. 111/21/GSI (b). Periodical Counter Intelligence Report No. 7 for period ending 9 Sep 44. Original: „The reception given to British t[roo]ps in Northern France and Belgium has been too widely broadcast in the British press and by the BBC to be enlarged upon this report. The enthusiasm of the population in some towns [...] was completely overwhelming in every sense of the word."

52 Vgl. IfZ-Archiv, MA-1376. Heeresgruppe B. Ia Wochenmeldung 12. 6.–19. 6. 1944. Ebenda. Heeresgruppe B. Ia Wochenmeldung 19. 6.–26. 6. 1944. BA-MA, RW 35/1250. Abschlußbericht der Verwaltungsgruppe der Feldkommandantur 722 in St. Lô. BA-MA, RH 20–7/398. AOK 7. Abt. Ia, KTB. Entwurf. Eintrag vom 1. 7. 1944. BA-MA, RH 20–7/197. AOK 7. Ic/AO Nr. 3482/44 geh. Ic-Morgenmeldung 10. 6. 1944. BA-MA, RH 19 IV/134. OB West. Ic. KTB. Tägliche Kurznotizen 6. 6.–30. 6. 44. Gespräch mit Major v. Grävenitz vom 17. 6. 1944 sowie Gespräch mit Major Hollscher vom 19. 6. 1944. BA-MA, RH 24–81/141. LXXXI. Armeekorps. Ic-Meldung vom 20. 6. 1944. BA-MA, RH 19 IV/134. OB West. Ic. KTB. Tägliche Kurznotizen 6. 6.–30. 6. 44. Gespräch mit Major von Aulock vom 19. 6. 1944.

53 BA-MA, RH 21–5/50. OB West. Ia Nr. 432/44 g.Kdos. v. 21. 6. 1944. Bezug: OKW/WFSt Nr 772006/44 g.K.Chef. gez. Jodl v. 20. 6. 1944.

54 BA-MA, RH 27–301/9. Der Oberbefehlshaber der 7. Armee. III/IVb. Az. 14/44. 24. 6. 1944.

55 AN, AJ40/898, dr. 3. Generalkommando XXXXVII. Pz.Korps. Abt Qu. 30. 6. 1944. Betr.: Ankauf und Entnahme aus dem Lande. Abschrift von Abschrift.

56 Vgl. TNA, WO 171/132. Supreme Headquarters Allied Expeditionary Force. AC of S, G-2 (Int) Division. Gp/INT/2037. 15 Aug 44. Army Group Periodical Counter-Intelligence Report No. 5 for Period ending 15 Aug 44.

**7. Befreiung: Frankreich im Sommer 1944**

1 BA-MA, RH 21–5/49. PzAOK 5. Abt. Ia. KTB. Eintrag vom 7. 8. 1944.

2 Mark J. Reardon, Victory at Mortain. Stopping Hitler's Panzer Counteroffensive, Lawrence 2002, S. 287. Original: „the catalyst for a German defeat in Normandy".

3 Vgl. Reardon, Victory at Mortain, S. 285.

4 Druck des Erlasses bei: „Führer-Erlasse" 1939–1945, zusammengestellt und eingeleitet von Martin Moll, Führererlasse, Stuttgart 1997, S. 440/441.

5 Vgl. IfZ-Archiv, MA-1376. Obkdo.d.H.Gr.B. Ia Nr. 6355/44 g.Kdos. Chefs. v. 23. 8. 1944.

6 Vgl. BA-MA, RH 19 IX/4. Obkdo.d.H.Gr.B. Ia Nr. 6316/44 g.Kdos. v. 20. 8. 1944. Bezug: Gen. Jodl, OKW/WFSt/Qu.1 Nr. 009 986/44 g. Kdos. v. 19. 8. 1944.

7 Vgl. BA-MA, RH 19 IV/51. Ferngespräch Feldmarschall v. Kluge – Gen.d.Inf. Blumentritt v. 31. 7. 1944. Zeit: 10.23 h bis 10.28 h.

8 Vgl. IfZ-Archiv, MA-356. Chef des NS-Führungsstabes. G. Kdos. v. 5. 10. 1944. Betr.: Kurze Aktennotiz über Frontbesuch im Westen in der Zeit vom 29. 9.–3. 10. 1944.

9 Martin Blumenson (Hrsg.), The Patton Papers 1940–1945, Neudruck, New York 1996, Eintrag v. 6. 8. 1944, S. 501. Original: „People are so damn slow, mentally and physically, and lack self-confidence. Am disgusted with human frailty. However, the lambent flame of my own self-confidence burns ever brighter."

10 Vgl. Samuel Eliot Morison, The Invasion of France and Germany: 1944–1945, Boston 1957 (= History of United States Naval Operations in World War II, vol. 11), S. 291. Original: „an example of an almost perfect amphibious operation from the point of view of training, timing, Army-Navy-Air Force cooperation, performance, and results."

11 Joachim Ludewig, Der deutsche Rückzug aus Frankreich 1944, Freiburg 1994, S. 290. Die Truppenteile östlich der Rhône, insgesamt zwei Divisionen (148. und 157. Reserve Division) und kleinere Besatzungseinheiten, kamen ab dem 17. August unter den Oberbefehlshaber Südwest in Italien und zogen sich mit etwa 35 000 Mann an die französisch-italienische Grenze zurück. Die Verluste dürften hier über 5000 Mann gelegen haben.

12 Vgl. ebenda., S. 318.

13 Die Darstellung in diesem Kapitel basiert vorrangig auf Lieb, Konventioneller Krieg.

14 AN, F1c III/1187. Préfecture de la Haute-Savoie. Rapport Mensuel d'Information. Période du 6 mars au 3 mai 1944. Original: „source d'un véritable roman"

15 Vgl. BA-MA, RW 4/603. Chef des Transportwesens der Wehrmacht. Abt. (IIIb2). Nr. 04 399/44 geh. v. 8. 5. 1944. Betr.: Bandentätigkeit im Monat April 1944 in den besetzten Ost- und Westgebieten, im Südostraum und in Italien.

16 Vgl. BA-MA, RH 19 IV/133. Ob. West. Ia/Ic Nr. 1503/44 g.Kdos. v. 8. 6. 1944.

17 Vgl. Paul Dreyfus, Vercors. Citadelle de Liberté, aktualisierte und erweiterte Auflage, Paris 1997, S. 356. Original: „criminels et laches".

18 Vgl. Carl Gentile, Wehrmacht und Waffen-SS im Partisanenkrieg: Italien 1943–1945, Paderborn u. a. 2012.

19 Vgl. IfZ-Archiv, NOKW-465. Armeegruppe G. Ia Nr. 1684/44 g.Kdos. v. 7. 8. 1944. Lagebeurteilung.
20 Service Historique de la Défense, Vincennes (SHD), 11 P 10. Forces Françaises Libres. 1ere Division. Etat-Major. 2° Bureau. N° 1901/2. 10 Octobre 1944. Synthese des rapports sur le moral de la troupe. Original: „Au total l'emploi de groupes F.F.I. organisés est un échéc total."
21 Zitiert nach Beevor, D-Day, S. 200. Original: „wrong-headed, ambitious and detestable Anglophobe".
22 Vgl. Histoire Militaire de la France, Bd. 4, Paris 1994, S. 234.
23 Olivier Wieviorka, Histoire de la Résistance 1940–1945. Obéir c'est trahir. Désobéir c'est servir, Paris 2013, S. 467.

**8. Stillstand: Herbst 1944**

1 Vgl. BA-MA, RM 7/809. OKH/GenStdH/Org.Abt. Nr. I/20 423/44 g. Kdos.v. 6. 11. 1944. Betr.: Blutige Verluste Ob. West.
2 Martin Blumenson, Breakout and Pursuit, Washington D.C. 1993, S. 676. Original: „At the end of August 1944 the Allied armies were like knights of old who set out in quest of the Holy Grail but were not averse to slaying dragons and rescuing damsels in distress along the way."
3 L. F. Ellis, Victory in the West, Volume II. The Defeat of Germany, London 1968, S. 6. Original: „I consider we have now reached a stage where one really powerful and full blooded thrust towards Berlin is likely to get there and thus end the German war."
4 Lloyd Clark, Arnhem. Jumping the Rhine 1944 and 1945. The Greatest Airborne Battle in History, London 2008, S. 332. Original: „far from […] being developed in a strategic vacuum, it was devised in a heady atmosphere of competing theories and uncompromising patriotism."
5 Vgl. Charles B. MacDonald, The Siegfried Line Campaign, Washington 1984, S. 229.
6 Vgl. Ellis, Victory, Bd. 2, S. 408.
7 Vgl. Clarke und Smith, Riviera, S. 300.
8 Vgl. Pierre-Emmanuel Klingbeil, Le front oublié des Alpes-Maritimes (15 août 1944 – 2 mai 1945), Nizza 2005.
9 Vgl. IfZ-Archiv, MA-1376. Obkdo.d.H.Gr. B. Ia Nr. 7466/44 g.Kdos. v. 16. 9. 1944.
10 Vgl. Goebbels, Tagebücher, Bd. 12, S. 540. Eintrag vom 24. Juni 1944.
11 Vgl. BA-MA, RH 19 IV/150. Oberbefehlshaber West. Adjutantur. Nr. 469/45 geh. v. 19. 2. 1945. Beitrag zum Kriegstagebuch. Tätigkeitsbericht er Abt. IIa/b für die Zeit vom 1.7. bis 31. 12. 1944.
12 Vgl. Obkdo H. Gr. B. Ia Nr. 7879/44 g.Kdos. v. 27. 9. 1944. Druck bei Model/Bradley, Generalfeldmarschall, S. 311.

13 Vgl. MacDonald, Siegfried Line Campaign S. 615. Original: „Though the Germans never held the initiative, they more than the Allies had controlled the outcome."

14 Zitiert nach: Hermann Jung, Die Ardennenoffensive 1944/45. Ein Beispiel für die Kriegführung Hitlers, Göttingen 1971, S. 351.

15 Vgl. Peter Schrijvers, The Unknown Dead. Civilians in the Battle of the Bulge, Lexington 2005.

16 Vgl. The Patton Papers, S. 615. Original: „The Eleventh Armored is very green and took unnecessary losses to no effect. There were also some unfortunate incidents in the shooting of prisoners (I hope we can conceal this)."

17 Die Amerikaner zählten gut 270 000 Verluste in den beiden Monaten, wobei allerdings wegen des Winters fast 125 000 Mann als „non-battle casualties" gezählt wurden. Vgl. Ruppenthal, Logistical, Bd. 2, S. 317.

### 9. Erbe und Mythos einer Schlacht

1 Heiber, Lagebesprechungen, S. 444.

2 Paul Kennedy, Die Casablanca-Strategie. Wie die Alliierten den Zweiten Weltkrieg gewannen. Januar 1943 bis Juni 1944, München 2012, S. 296.

3 Vgl. Rüdiger Overmans, Deutsche militärische Verluste im Zweiten Weltkrieg, München 1999, S. 274.

4 Johnson Hagood, The Services of Supply. A Memory of the Great War, Boston 1927, S. 22. Original: „lack of brains" und „lack of genius".

5 Max Hastings, Overlord. D-Day and the Battle for Normandy 1944, London 1984, S. 318. Original: „Normandy was a campaign which perfectly exemplified the strengths and weaknesses of the democracies."

6 Vgl. Blumenson, Breakout, S. 516.

7 So die unterschiedlichen Interpretationen bei Klaus-Dietmar Henke, Die amerikanische Besetzung Deutschlands, München $^{2}$1996 und John Zimmermann, Pflicht zum Untergang. Die deutsche Kriegsführung im Westen des Reiches 1944/45, Paderborn u. a. 2009.

8 Vgl. Overmans, Militärische Verluste, S. 270.

9 Vgl. Rolf-Dieter Müller, Der letzte deutsche Krieg: 1939–1945, Stuttgart 2005.

## Weiterführende Literatur


Mary K. Barbier, D-Day Deception. Operation Fortitude and the Normandy Invasion, Westport 2007.

Marc Olivier Baruch, Das Vichy-Regime. Frankreich 1940–1944, Stuttgart 2000 (Original: Le Régime de Vichy 1940–1944, Paris 1996).

Antony Beevor, D-Day. Die Schlacht um die Normandie, München 2010 (Original: D-Day. The Battle for Normandy, London u. a. 2009).

Martin Blumenson, Breakout and Pursuit, Washington D.C. 1961 (= United States Army in World War II Series, European Theater of Operations).

Martin Blumenson (Hrsg.), The Patton Papers 1940–1945, Neudruck, New York 1996.

Horst Boog/Gerhard Krebs/Detlef Vogel, Das Deutsche Reich in der Defensive – Strategischer Luftkrieg in Europa, Krieg im Westen und in Ostasien 1943 bis 1944/45, Stuttgart 2001 (= Das Deutsche Reich und der Zweite Weltkrieg, Bd. 7)

Stephen Brooks (Hrsg.), Montgomery and the Battle of Normandy, Stroud 2008.

John Buckley, British Armour in the Normandy Campaign, London 2004.

James J. Carafano, After D-Day. Operation Cobra and the Normandy Breakout, Boulder 2000.

James L. Cate und Wesley F. Cravene, Europe. Argument to V-E Day, January 1944 to May 1945, Chicago 1951 (= The Army Air Forces in World War II, Bd. 3).

Antoine Champeaux und Paul Gaujac (Hrsg.), Le Débarquement de Provence, Panazol 2008.

Lloyd Clark, Arnhem. Jumping the Rhine 1944 and 1945. The Greatest Airborne Battle in History, London 2008.

Jeffrey J. Clarke und Robert Ross Smith, Riviera to the Rhine, Washington D.C. 1993 (= United States Army in World War II Series, European Theater of Operations).

Hugh M. Cole, The Ardennes. Battle of the Bulge, Washington D.C. 1965 (= United States Army in World War II Series, European Theater of Operations).

Hugh M. Cole, The Lorraine Campaign, Washington D.C. 1950 (= United States Army in World War II Series, European Theater of Operations).

Terry Copp, Fields of Fire. The Canadians in Normandy, Toronto 2003.

Alex Danchev und Daniel Todman (Hrsg.), Field-Marshal Lord Alanbrooke, War Diaries 1939–1945, Berkley u. a. 2001

Carlo D'Este, Decision in Normandy, New York 1983.
Michael D. Doubler, Closing with the Enemy. How GIs fought the War in Europe, 1944–1945, Lawrence 1995.
Dwight D. Eisenhower, Kreuzzug in Europa, Amsterdam 1948 (Original: Crusade in Europe, New York 1948).
John Ellis, The Sharp End. The Fighting Man in World War II, London 1980.
L.F. Ellis, Victory in the West, Bd. 1, Battle of Normandy, London 1962 (= History of the Second World War. United Kingdom Military Series).
L.F. Ellis, Victory in the West, Bd. 2, The Defeat of Germany, London 1968 (= History of the Second World War. United Kingdom Military Series).
John English, The Canadian Army and the Normandy Campaign, Westport 1991.
David French, Raising Churchill's Army. The British Army and the War against Germany 1939–1945, Oxford u. a. 2000.
Ian Gooderson, Air Power at the Battlefront. Allied Close Air Support in Europe 1943–1945, Abingdon und New York 1997.
Gerhard P. Groß, Mythos und Wirklichkeit. Geschichte des operativen Denkens im deutschen Heer von Moltke d. Ä. bis Heusinger, Paderborn 2012.
Gordon A. Harrison, Cross-Channel Attack, Washington D.C. 1951 (= United States Army in World War II Series, European Theater of Operations).
Russell Hart, Clash of Arms. How the Allies won in Normandy, Kansas 2004.
Stephen Hart, Montgomery and „Colossal Cracks". The 21st Army Group in Northwest Europe, 1944–45, Westport und London 2000.
Max Hastings, Overlord. D-Day and the Battle for Normandy 1944, London 1984.
Eberhard Jäckel, Frankreich in Hitlers Europa. Die Deutsche Frankreichpolitik im Zweiten Weltkrieg, Stuttgart 1966.
Hermann Jung, Die Ardennenoffensive 1944/45. Ein Beispiel für die Kriegführung Hitlers, Göttingen 1971.
John Keegan, Six Armies in Normandy. From D-Day to the Liberation of Paris, London 1982.
Paul Kennedy, Die Casablanca-Strategie. Wie die Alliierten den Zweiten Weltkrieg gewannen. Januar 1943 bis Juni 1944, München 2012 (Original: Engineers of Victory. The Problem Solvers who turned the Tide of the War, London u. a. 2013)
Peter S. Kindsvatter, American Soldiers. Ground Combat in the World Wars, Korea & Vietnam, Lawrence 2003.
Bernhard R. Kroener/Rolf-Dieter Müller/Hans Umbreit, Organisation und Mobilisierung des deutschen Machtbereichs. Kriegsverwaltung,

Wirtschaft und personelle Ressourcen 1939 bis 1941, Stuttgart 1988 (= Das Deutsche Reich und der Zweite Weltkrieg, Bd. 5/1).
Bernhard R. Kroener/Rolf-Dieter Müller/Hans Umbreit, Organisation und Mobilisierung des deutschen Machtbereichs. Kriegsverwaltung, Wirtschaft und personelle Ressourcen 1942 bis 1944/45, Stuttgart 1999 (= Das Deutsche Reich und der Zweite Weltkrieg, Bd. 5/2).
Peter Lieb, Konventioneller Krieg oder NS-Weltanschauungskrieg? Kriegführung und Partisanenbekämpfung in Frankreich 1943/44, München 2007.
Peter Lieb, Vercors 1944. Resistance in the French Alps, Oxford 2012.
Sean Longden, To the Victor the Spoils. Soldiers' Lives from D-Day to VE-Day, London 2007.
Joachim Ludewig, Der deutsche Rückzug aus Frankreich 1944, Freiburg 1994.
Charles B. MacDonald, The Siegfried Line Campaign, Washington 1984 (= United States Army in World War II Series, European Theater of Operations).
Peter R. Mansoor, The GI Offensive in Europe. The Triumph of American Infantry Divisions, 1941–1945, Lawrence 2002.
François Marcot (Hrsg.), Dictionnaire Historique de la Résistance, Paris 2006.
Howard Margolian, Conduct Unbecoming. The Story of the Murder of Canadian Prisoners of War in Normandy, Toronto u. a. 1998.
Samuel L.A. Marshall, Men against Fire: The Problem of Battle Command in Future War, Norman 2000 (Originalausgabe 1947).
Russell Miller (Hrsg.), Nothing less than Victory. An Oral History of D-Day, London 1993.
Sönke Neitzel und Harald Welzer, Soldaten. Protokolle vom Kämpfen, Töten und Sterben, Frankfurt/Main 2011.
Dieter Ose, Entscheidung im Westen 1944. Der Oberbefehlshaber West und die Abwehr der alliierten Invasion, Stuttgart 1982.
Richard Overy, Die Wurzeln des Sieges. Warum die Alliierten den Zweiten Weltkrieg gewannen, Stuttgart und München 2000 (Original: Why the Allies won, London 1995).
Robert O. Paxton, Vichy France. Old Guard and New Order 1940–1944, New York 1972.
Jane Penrose (Hrsg.), The D-Day Companion. Leading Historians explore History's greatest Amphibious Assault, Oxford 2004.
Mark J. Reardon, Victory at Mortain. Stopping Hitler's Panzer Counteroffensive, Lawrence 2002.
Felix Römer, Kameraden. Die Wehrmacht von innen, München 2012.
Henry Rousso, Vichy. Frankreich unter deutscher Besatzung 1940–1944, München 2009.
Roland G. Ruppenthal, Logistical Support of the Armies, Bd. 1,

May 1941 – September 1944, Washington D.C. 1953 (= United States Army in World War II Series, European Theater of Operations).

Peter Schrijvers, The Unknown Dead. Civilians in the Battle of the Bulge, Lexington 2005.

Simon Trew (Hrsg.), Battle Zone Normandy, 14 Bände, Stroud 2004.

Simon Trew, D-Day and the Battle of Normandy. A Photographic History, Sparkford 2012.

Hans Umbreit (Hrsg.), Invasion 1944, Hamburg 1998.

Hans Umbreit, Der Militärbefehlshaber in Frankreich 1940–1944, Boppard/Rhein 1968.

Gilles Vergnon, Résistance dans le Vercors. Histoire et Lieux de Mémoire, Grenoble 2012.

Hans Wegmüller, Die Abwehr der Invasion. Die Konzeption des Oberbefehlshabers West 1940–1944, Freiburg 1979.

Olivier Wieviorka, Histoire de la Résistance 1940–1945. Obéir c'est trahir. Désobéir c'est servir, Paris 2013.

Olivier Wieviorka, Histoire du Débarquement en Normandie. Des Origines à la Libération de Paris, 1941–1944, Paris 2007.

Niklas Zetterling, Normandy 1944. German Military Organization, Combat Power and Organizational Effectiveness, Winnipeg 2000.

# Danksagung

Das vorliegende Buch speist sich aus zwei Quellen in meinem Lebenslauf. Erstens begleiten mich seit meiner Magisterarbeit vor nunmehr 13 Jahren die Themen „Normandie" und „deutsche Besatzung in Frankreich" konstant und hartnäckig durch mein Forscherleben – diverser akademischer Ausflüge in andere Epochen zum Trotz. Zweitens habe ich im Rahmen der „Exercise Normandy Scholar" mit britischen Offiziersanwärtern der Royal Military Academy Sandhurst vielfach die Schlachtfelder der Normandie besucht. Mit jeder Lektüre und mit jedem Besuch vor Ort lerne ich wieder etwas Neues über diese gigantische Schlacht hinzu. Die vorliegende Studie bildet also meinen derzeitigen Wissenstand ab. Eine definitive Geschichte kann man als Historiker ohnehin nie schreiben.

Besonders freut es mich, zum Schluss all denjenigen Leuten zu danken, die zum Zustandekommen dieses Werks einen wesentlichen Anteil beigetragen haben. Hier steht zu allererst mein ehemaliger Kollege und Projektleiter aus vergangenen Münchner Tagen, Dr. Christian Hartmann. Er war und ist nicht nur mein akademischer Lehrmeister, Vorbild als Historiker und guter Freund, sondern er lieferte auch die Initialzündung für dieses Buch. Im Department of War Studies in Sandhurst danke ich vor allem Dr. Klaus Schmider sowie Dr. Chris Mann und Dr. Claus Telp für stete Hinweise und Ratschläge für das Manuskript. Glücklicherweise arbeite ich in Sandhurst auch mit zwei lebenden Enzyklopädien zur Normandie-Schlacht zusammen: Dr. Simon Trew für die US Army und Dr. Stephen Hart für die British Army. Anstatt stundenlang in Büchern nach dieser oder jener Information zu suchen, konnte ich mich stets vertrauensvoll an diese beiden Gentlemen wenden und war gleich wieder in eine angeregte Diskussion über die Normandieschlacht verwickelt. Auch meinen zahlreichen anderen Kollegen in Sandhurst, dem Director of Studies Sean McKnight sowie Andrew Orgill und seinem Team in der Bibliothek bin ich für viele kleinere und größere Hilfen dankbar. Steffen Prauser (Paris/Birmingham) hat mich für die zweite Auflage auf einige Ungenauigkeiten bei der französischen Résistance aufmerksam gemacht. Für die kostenlose Veröffentlichung von Bildern möchte ich Pierre-Louis Fillet danken, dem Direktor des *Musée Départemental de la Résistance du Vercors de Vassieux*. Sein Museum ist übrigens bei einem Urlaub im Vercors einen Besuch wert. Für die Anfertigung der Karten danke ich Herrn Peter Palm. Beim Beck-Verlag hatte ich das Glück mit Dr. Sebastian Ullrich als Lektor sowie seiner Assistenz, Frau Carola Samlowsky, zusammenarbeiten zu dürfen. Herr Ullrich war nicht nur sehr angenehm im menschlichen Umgang, sondern auch fachlich äußerst kompetent und professionell, wodurch mir sehr schnell klar wurde, warum der Beck-Verlag einen so ausgezeichneten Ruf hat.

Schließlich danke ich noch meiner Familie für den steten Rückhalt: Meiner Frau Tina sowie meinen Kindern Magdalena, Franziska und Xaver. Mögen sie ein friedlicheres Leben als ihr Ur-Großvater haben. Er kam 1944 aus Frankreich nicht mehr lebend zurück. Auch ihm sei dieses Buch gewidmet.

Sandhurst, im Herbst 2013

## Bildnachweis

S. 21 Privatbesitz
S. 41 ullstein bild – Roger-Viollet
S. 49 Bundesarchiv, Fotograf: Jesse – Bild 101I-719-0223-30
S. 63 IWM – CL 1005
S. 71 IWM – EA 25491
S. 93 IWM – B 5452
S. 108 USNA
S. 116 Bundesarchiv, Fotograf: Zwirner – Bild 101I-494-3376-11A
S. 149 IWM/Sean Carney – B 6888
S. 167 Musée Départemental de la Résistance du Vercors de Vassieux
S. 178 Musée Départemental de la Résistance du Vercors de Vassieux
S. 184 IWM – B 5481
S. 203 Bundesarchiv, Fotograf: Lohrer – Bild 183-J28344

S. 37, 79, 101, 159, 196 Karten © Peter Palm, Berlin

## Personenregister


Abetz, Otto (Deutscher Botschafter Paris) 22
Alexander, Harold (OB 15th Army Group) 42

Badoglio, Pietro (italienischer Marschall) 42
Balck, Hermann (OB HGr G) 203
Bauch, Edmond (Chef 3./GrenRegt 726) 7–9, 11
Bayerlein, Fritz (Kdr. Pz-Lehr-Div) 125
Best, Werner (Chef Militärverwaltung Frankreich) 22
Blackwell, C.L. (Chef C Coy, 5 DCLI) 12–16
Blaskowitz, Johannes (OB AGr G) 52, 166, 169, 193
Böll, Heinrich (Schriftsteller und Obergefreiter) 54
Bradley, Omar N. (OB 1st US Army/12th US Army Group) 61, 70, 76, 103f., 106f. 112, 155, 157
Brandenberger, Erich (OB 7. Armee) 206
Brinon, Fernand de (Regierungschef der Vichy Exil-Regierung) 189
Brooke, Alan (britischer Chief of the Imperial Staff) 40, 150, 164

Chavant, Eugène (ziviler Chef Vercors) 177, 179
Chirac, Jacques (französischer Präsident) 212
Choltitz, Dietrich von (KomGen LXXXIV. AK bzw. Wehrmachtbefehlshaber Groß-Paris) 130, 160f.
Churchill, Winston (britischer Premier) 19, 36, 39–41, 44, 59f., 62, 64, 69, 150, 153, 164f., 170, 186, 195, 210
Clark, Mark W. (OB 5th US Army) 43
Claus (Kdt. WN 62) 7
Clausewitz, Carl von (preußischer Militärtheoretiker) 136
Collins, J. Lawton (KomGen US VII Corps) 76
Corlett, Charles H. (KomGen US XIX Corps) 76
Crerar,Harry (OB 1st Canadian Army) 90, 99

Darlan, François (französischer Regierungschef) 28
Darnand, Joseph (französischer Polizeiminister) 31, 189
Déat, Marcel (französischer Arbeitsminister) 29, 31
Déléstraint, Charles (französischer Widerstandskämpfer) 34
Dempsey, Miles (OB 2nd British Army) 61, 91, 98f.
Devers, Jacob L. (OB US 6th Army Group) 164
Diekmann, Adolf (Kdr. I./SS-PzGrenRegt „Der Führer") 175
Dietrich, Josef (OB 5. PzArmee bzw. 6. SS-PzArmee) 121, 206
Dollmann, Friedrich (OB 7. Armee) 52, 84, 114, 118, 152
Doriot, Jacques (französischer Faschist und Kollaborateur) 29

Eberbach, Heinrich (OB PzGr West bzw. 5. PzArmee) 118f., 122f., 156, 204

Eisenhower, Dwight D. (Supreme Allied Commander) 42, 44, 60 f., 64, 67, 71, 76, 83, 134, 148, 162–164, 183, 193–195, 198 f., 209

Falley, Wilhelm (Kdr. 91. (LL) InfDiv) 74
Feuchtinger, Edgar (Kdr. 21. PzDiv) 86 f.
Fischer von Treuenfeld, Karl (Kdr. 10. SS-Panzer Division „Frundsberg") 57
Förster (Unteroffizier, stellv. Kdt. WN 62) 7,9–11
Frerking, Bernhard (Chef 1./ ArtRegt 352) 7, 12
Fry, J.E.E. (Führer 5 DCLI) 16

Gaulle, Charles de (französischer General und Staatsmann) 30, 32 f., 62, 64, 164, 171, 175, 179, 185–192, 211
Gavin, James (Kdr. US 82nd Airborne Div) 70
Geyr von Schweppenburg, Leo (OB PzGr West) 18, 50–52, 114, 117 f., 122
Giraud, Henri (französischer General) 32
Gockel, Franz (Gefreiter, WN 62) 12
Goebbels, Joseph (Propagandaminister) 56, 118, 202
Göring, Hermman (OB Luftwaffe) 54
Guingand, Francis de (Stabschef 21st Army Group) 61

Harris, Arthur (OB RAF Bomber Command) 38
Hastings, Max (britischer Historiker) 217
Hausser, Paul (OB 7. Armee) 118, 121, 156
Hemingway, Ernest (Schriftsteller und US Kriegsberichtserstatter) 142
Hengl, Georg Ritter von (Chef NS-Führungsstab) 162
Henriot, Philippe (französischer Propagandaminister) 31
Himmler, Heinrich (Reichsführer-SS) 23, 121, 123, 202 f., 207
Hitler, Adolf 18, 19, 23, 25 f., 28, 30, 36, 38 f., 46–48, 51, 53, 56, 62, 69, 85, 104, 112, 115, 117–120, 155 f., 158, 160–162, 166, 169, 199, 200–202, 205, 207, 209, 213
Hobart, Percy (Kdr. 79th Armoured Div) 78
Huet, François (Chef der FFI Vercors) 177, 179

James, R.W. (Kdr. 5 DCLI) 14–16
Jeanne d'Arc (frz. Freiheitsheldin) 62, 64
Jodl, Alfred (Chef Wehrmachtführungsstab) 46, 115, 117, 161, 174, 219
Jünger, Ernst (Schriftsteller) 136

Keitel, Wilhelm (Chef OKW) 174, 219
Kesselring, Albert (OB Südwest) 43, 44
Kieffer, Philippe (Kdr. „Kommando Kieffer") 80
Kitzinger, Karl (MilBefh Frankreich) 20
Kluge, Günther-Hans von (OB West und HGr B) 118, 119–121, 125, 144, 155, 158, 161, 204
Kœnig, Marie-Pierre (Chef der FFI) 171
Kraiß, Dietrich (Kdr. 352. InfDiv) 85

Lattre, Jean de Lattre de (OB 1[re] Armée) 164, 200 f.
Laval, Pierre (französischer Regierungschef) 28 f., 189
Leclerq de Hautecloque, Philippe (Kdr. 2[e] Division Blindée) 63, 187
Leigh-Mallory, Trafford (Commander Allied Expeditionary Air Force) 61, 70, 91
Lipscombe, C.G. (Kdr. 4 Somersets) 16

Maczek, Stanisław (Kdr. 1. Polnische PzDiv) 62
Manstein, Erich von (deutscher Generalfeldmarschall) 217
Manteuffel, Hasso von (OB 5. PzArmee) 206
Marshall, George C. (US Chief of Staff) 39, 198
Marshall, Samuel L.A. (US Combat Historian) 132 f.
McAuliffe, Anthony (Kdr. US 101[st] Airborne Div) 207
McNair, Lesley J. (Commanding General, Army Ground Forces) 110
Meise, Wilhelm (Pioniergeneral HGr B) 48
Meyer, Kurt (Kdr. 12. SS-PzDiv „Hitlerjugend“) 137 f.
Model, Walter (OB HGr B bzw. OB West) 158, 160, 166, 193, 196, 203–205, 207
Mohnke, Wilhelm (Kdr. SS-PzGrenRegt 26 bzw. 1. SS-PzDiv „LSSAH“ 139
Montgomery, Bernard (OB 21[st] Army Group) 40, 44, 61, 64, 66 f., 83, 88, 90–92, 94, 96, 97–100, 102, 110, 124, 143, 149, 150, 157, 183, 194 f., 198, 209
Morgan, Frederick (COSSAC) 59
Moulin, Jean (französischer Widerstandskämpfer) 33 f.
Mussolini, Benito (italienischer „Duce“) 38 f., 42, 44

Neuling, Ferdinand (KomGen LXII. AK) 165

Oberg, Carl Albrecht (HSSPF Frankreich) 23
Ottemeyer (Chef 3./GrenRegt 726) 8
Otway, Terence (Kdr. 9[th] Parachute Battalion) 72

Patch, Alexander (OB 7[th] US Army) 164
Patton, George S. (OB 3[rd] US Army) 66, 110 f., 155–157, 163, 199, 208, 215
Pétain, Philippe (Chef d’Etat Français) 19 f., 28- 31, 174, 187–189
Polt, Gerhard (Kabarettist) 18
Priller, Josef (Kommodore Jagdgeschwader 26) 87

Ramsay, Bertram (Commander Allied Naval Expeditionary Force) 61
Reagan, Ronald (US Präsident) 211
Rennie, Tom G. (Kdr. 3[rd] InfDiv) 84
Rol-Tanguy, Henri (Chef der FFI Paris) 187
Rommel, Erwin (OB HGr B) 8, 38, 47–53, 85–89, 98, 104, 112, 114 f., 117–120, 125, 129, 140, 147, 204, 216 f.
Roosevelt Jr., Theodore (stellv Kdr. US 4[th] InfDiv) 80
Roosevelt, Franklin, D. (US Präsident) 39, 40, 59 f., 62, 164, 186, 195, 210
Rundstedt, Gerd von (OB West) 24, 46, 50–53, 84 f., 112,

114f., 140, 146, 174, 193, 203, 205, 207

Salmuth, Hans von (OB 15. Armee) 46, 145
Sauckel, Fritz (Generalbevollmächtigter für den Arbeitseinsatz) 24
Schlieben, Karl-Wilhelm von („Festungskommandant“ Cherbourg) 104
Schröder, Gerhard (deutscher Bundeskanzler) 212
Schwerin, Gerhard von (Kdr. 116. PzDiv) 200
Severloh, Hein (Obergefreiter, WN 62) 12
Seyß-Inquart, Arthur (Reichskommissar Niederlande) 20
Silva, David (Private, US 1st Infantry Division) 12
Speidel, Hans (Stabschef HGr B) 86, 119, 147
Sperrle, Hugo (OB Luftflotte 3) 53
Stalin, Josef 42, 58, 210
Steele, John (Private, US 82nd Airborne Div) 73
Stülpnagel, Carl-Heinrich von (MilBefh Frankreich) 20, 24, 120
Stülpnagel, Otto von (MilBefh Frankreich) 20, 22f.

Tedder, Arthur W. (stellv Supreme Allied Commander) 61
Thomas, Ivor (Kdr. 43rd Wessex Division) 13f.
Truscott, Lucian K. (KomGen US VI Corps) 164, 168

Wiese, Friedrich (OB 19. Armee) 166
Wilson, Henry Maitland (Supreme Allied Commander Mediterranean) 163f.
Wittmann, Michael (Chef 2./schw SS-PzAbt 101) 92, 122